T&P BOOKS

I0150846

LITOUWS

WOORDENSCHAT

THEMATISCHE WOORDENLIJST

NEDERLANDS LITOUWS

De meest bruikbare woorden
Om uw woordenschat uit te breiden en
uw taalvaardigheid aan te scherpen

7000 woorden

Thematische woordenschat Nederlands-Litouws - 7000 woorden

Door Andrey Taranov

Woordenlijsten van T&P Books zijn bedoeld om u woorden van een vreemde taal te helpen leren, onthouden, en bestudering. Dit woordenboek is ingedeeld in thema's en behandelt alle belangrijk terreinen van het dagelijkse leven, bedrijven, wetenschap, cultuur, etc.

Het proces van het leren van woorden met behulp van de op thema's gebaseerde aanpak van T&P Books biedt u de volgende voordelen:

- Correct gegroepeerde informatie is bepalend voor succes bij opeenvolgende stadia van het leren van woorden
- De beschikbaarheid van woorden die van dezelfde stam zijn maakt het mogelijk om woordgroepen te onthouden (in plaats van losse woorden)
- Kleine groepen van woorden faciliteren het proces van het aanmaken van associatieve verbindingen, die nodig zijn bij het consolideren van de woordenschat
- Het niveau van talenkennis kan worden ingeschat door het aantal geleerde woorden

Copyright © 2016 T&P Books Publishing

Alle rechten voorbehouden. Niets uit deze uitgave mag worden verveelvoudigd, opgeslagen in een geautomatiseerd gegevensbestand en/of openbaar gemaakt in enige vorm of op enige wijze, hetzij elektronisch, mechanisch, door fotokopieën, opnamen of op enige andere manier zonder voorafgaande schriftelijke toestemming van de uitgever. U mag dit boek niet verspreiden in welk formaat dan ook.

T&P Books Publishing
www.tpbooks.com

ISBN: 978-1-78492-313-6

Dit boek is ook beschikbaar in e-boek formaat.
Gelieve www.tpbooks.com te bezoeken of de belangrijkste online boekwinkels.

LITOUWSE WOORDENSCHAT
nieuwe woorden leren

T&P Books woordenlijsten zijn bedoeld om u te helpen vreemde woorden te leren, te onthouden, en te bestuderen. De woordenschat bevat meer dan 7000 veel gebruikte woorden die thematisch geordend zijn.

- De woordenlijst bevat de meest gebruikte woorden
- Aanbevolen als aanvulling bij welke taalcursus dan ook
- Voldoet aan de behoeften van de beginnende en gevorderde student in vreemde talen
- Geschikt voor dagelijks gebruik, bestudering en zelftestactiviteiten
- Maakt het mogelijk om uw woordenschat te evalueren

Bijzondere kenmerken van de woordenschat

- De woorden zijn gerangschikt naar hun betekenis, niet volgens alfabet
- De woorden worden weergegeven in drie kolommen om bestudering en zelftesten te vergemakkelijken
- Woorden in groepen worden verdeeld in kleine blokken om het leerproces te vergemakkelijken
- De woordenschat biedt een handige en eenvoudige beschrijving van elk buitenlands woord

De woordenschat bevat 198 onderwerpen zoals:

Basisconcepten, getallen, kleuren, maanden, seizoenen, meeteenheden, kleding en accessoires, eten & voeding, restaurant, familieleden, verwanten, karakter, gevoelens, emoties, ziekten, stad, dorp, bezienswaardigheden, winkelen, geld, huis, thuis, kantoor, werken op kantoor, import & export, marketing, werk zoeken, sport, onderwijs, computer, internet, gereedschap, natuur, landen, nationaliteiten en meer ...

INHOUDSOPGAVE

UITSPRAAKGIDS

Letter	Litouws voorbeeld	T&P fonetisch alfabet	Nederlands voorbeeld
Aa	adata	[a]	acht
Ąą	ąžuolas	[aː]	aan, maart
Bb	badas	[b]	hebben
Cc	cukrus	[ʦ]	niets, plaats
Čč	česnakas	[ʧ]	Tsjechië, cello
Dd	dumblas	[d]	Dank u, honderd
Ee	eglė	[æ]	Nederlands Nedersaksisch - dät, Engels - cat
Ęę	vedęs	[æː]	Nederlands Nedersaksisch - dät, Engels - cat
Ėė	ėdalas	[eː]	twee, ongeveer
Ff	fleita	[f]	feestdag, informeren
Gg	gandras	[g]	goal, tango
Hh	husaras	[ɣ]	liegen, gaan
I i	ižas	[i]	bidden, tint
Į į	mįslė	[iː]	team, portier
Yy	vynas	[iː]	team, portier
J j	juokas	[j]	New York, januari
Kk	kilpa	[k]	kennen, kleur
L l	laisvė	[l]	delen, luchter
Mm	mama	[m]	morgen, etmaal
Nn	nauda	[n]	nemen, zonder
Oo	ola	[o], [oː]	aankomst, rood
Pp	pirtis	[p]	parallel, koper
Rr	ragana	[r]	roepen, breken
Ss	sostinė	[s]	spreken, kosten
Šš	šūvis	[ʃ]	shampoo, machine
Tt	tėvynė	[t]	tomaat, taart
Uu	upė	[u]	hoed, doe
Ųų	siųsti	[uː]	fuut, uur
Ūū	ūmėdė	[uː]	fuut, uur
Vv	vabalas	[ʋ]	als in Noord-Nederlands - water
Zz	zuikis	[z]	zeven, zesde
Žž	žiurkė	[ʒ]	journalist, rouge

Opmerkingen

Een macron (ū), en een ogonek (ą, ę, į, ų) kunnen allemaal gebruikt worden om de klinkerlengte in het Modern Standaard Litouws te markeren. De diakritische tekens Acute (Áá Ą́ą̨), grave (Àà), en tilde (Ãã Ą̃ą̨) worden gebruikt om de toonhoogte accenten aan te geven. Echter, deze toonhoogte-accenten worden over het algemeen niet geschreven, behalve in woordenboeken, grammatica's, en waar nodig voor de duidelijkheid, zoals bij homoniemen en om dialectische gebruik te differentiëren.

AFKORTINGEN
gebruikt in de woordenschat

Nederlandse afkortingen

abn	-	als bijvoeglijk naamwoord
bijv.	-	bijvoorbeeld
bn	-	bijvoeglijk naamwoord
bw	-	bijwoord
enk.	-	enkelvoud
enz.	-	enzovoort
form.	-	formele taal
inform.	-	informele taal
mann.	-	mannelijk
mil.	-	militair
mv.	-	meervoud
on.ww.	-	onovergankelijk werkwoord
ontelb.	-	ontelbaar
ov.	-	over
ov.ww.	-	overgankelijk werkwoord
telb.	-	telbaar
vn	-	voornaamwoord
vrouw.	-	vrouwelijk
vw	-	voegwoord
vz	-	voorzetsel
wisk.	-	wiskunde
ww	-	werkwoord

Nederlandse artikelen

de	-	gemeenschappelijk geslacht
de/het	-	gemeenschappelijk geslacht, onzijdig
het	-	onzijdig

Litouwse afkortingen

dgs	-	meervoud
m	-	vrouwelijk zelfstandig naamwoord
m dgs	-	vrouwelijk meervoud
v	-	mannelijk zelfstandig naamwoord
v dgs	-	mannelijk meervoud

BASISBEGRIPPEN

Basisbegrippen Deel 1

1. Voornaamwoorden

ik	àš	['aʃ]
jij, je	tù	['tu]
hij	jìs	[jɪs]
zij, ze	jì	[jɪ]
wij, we	mẽs	['mʲæs]
jullie	jūs	['ju:s]
zij, ze	jiẽ	['jiɛ]

2. Begroetingen. Begroetingen. Afscheid

Hallo! Dag!	Sveĩkas!	['svʲɛɪkas!]
Hallo!	Sveikì!	[svʲɛɪ'kʲɪ!]
Goedemorgen!	Lãbas rýtas!	['lʲa:bas 'rʲi:tas!]
Goedemiddag!	Labà dienà!	[lʲa'ba dʲiɛ'na!]
Goedenavond!	Lãbas vãkaras!	['lʲa:bas 'va:karas!]
gedag zeggen (groeten)	sveĩkintis	['svʲɛɪkʲɪntʲɪs]
Hoi!	Lãbas!	['lʲa:bas!]
groeten (het)	linkéjimas (v)	[lʲɪŋ'kʲɛjɪmas]
verwelkomen (ww)	sveĩkinti	['svʲɛɪkʲɪntʲɪ]
Hoe gaat het?	Kaĩp sẽkasi?	['kʌɪp 'sʲækasʲɪ?]
Is er nog nieuws?	Kàs naũjo?	['kas 'nɑʊjɔ?]
Dag! Tot ziens!	Ikì pasimãtymo!	[ɪkʲɪ pasʲɪmatʲi:mo!]
Tot snel! Tot ziens!	Ikì greĩto susitikimo!	[ɪ'kʲɪ 'grʲɛɪtɔ susʲɪtʲɪ'kʲɪmɔ!]
Vaarwel!	Lìkite sveikì!	['lʲɪkʲɪtʲɛ svʲɛɪ'kʲɪ!]
afscheid nemen (ww)	atsisveĩkinti	[atsʲɪ'svʲɛɪkʲɪntʲɪ]
Tot kijk!	Ikì!	[ɪ'kʲɪ!]
Dank u!	Ãčiū!	['a:tʂʲu:!]
Dank u wel!	Labaĩ ãčiū!	[lʲa'bʌɪ 'a:tʂʲu:!]
Graag gedaan	Prãšom.	['pra:ʃom]
Geen dank!	Nevertà padėkõs.	[nʲɛver'ta padʲe:'ko:s]
Geen moeite.	Nėrà už kā̃.	[nʲe:'ra 'ʊʒ ka:]
Excuseer me, ... (inform.)	Atléisk!	[at'lʲɛɪsk!]
Excuseer me, ... (form.)	Atléiskite!	[at'lʲɛɪskʲɪtʲɛ!]
excuseren (verontschuldigen)	atléisti	[at'lʲɛɪstʲɪ]
zich verontschuldigen	atsiprašýti	[atsʲɪpra'ʃɪ:tʲɪ]

Mijn excuses.	Māno atsiprašymas.	['ma:nɔ atsʲɪ'praːʃɪːmas]
Het spijt me!	Atléiskite!	[atʲlʲɛɪskʲɪtʲɛ!]
vergeven (ww)	atleisti	[atʲlʲɛɪstʲɪ]
Maakt niet uit!	Nieko baisaūs.	['nʲɛkɔ bʌɪ'sɑʊs]
alsjeblieft	prāšom	['praːʃom]

Vergeet het niet!	Nepamírškite!	[nʲɛpa'mʲɪrʃkʲɪtʲɛ!]
Natuurlijk!	Žìnoma!	['ʒɪnoma!]
Natuurlijk niet!	Žìnoma nè!	['ʒɪnoma nʲɛ!]
Akkoord!	Sutinkù!	[sʊtʲɪŋ'kʊ!]
Zo is het genoeg!	Užtèks!	[ʊʒ'tʲɛks!]

3. Kardinale getallen. Deel 1

nul	nùlis	['nʊlʲɪs]
een	víenas	['vʲiɛnas]
twee	dù	['dʊ]
drie	trìs	['trʲɪs]
vier	keturì	[kʲɛtʊ'rʲɪ]

vijf	penkì	[pʲɛŋ'kʲɪ]
zes	šešì	[ʃɛ'ʃɪ]
zeven	septynì	[sʲɛptʲiː'nʲɪ]
acht	aštuonì	[aʃtʊɑ'nʲɪ]
negen	devynì	[dʲɛvʲiː'nʲɪ]

tien	dēšimt	['dʲæʃɪmt]
elf	vienúolika	[vʲiɛ'nʊɑlʲɪka]
twaalf	dvýlika	['dvʲiːlʲɪka]
dertien	trýlika	['trʲiːlʲɪka]
veertien	keturiólika	[kʲɛtʊ'rʲolʲɪka]

vijftien	penkiólika	[pʲɛŋ'kʲolʲɪka]
zestien	šešiólika	[ʃɛ'ʃolʲɪka]
zeventien	septyniólika	[sʲɛptʲiː'nʲolʲɪka]
achttien	aštuoniólika	[aʃtʊɑ'nʲolʲɪka]
negentien	devyniólika	[dʲɛvʲiː'nʲolʲɪka]

twintig	dvìdešimt	['dvʲɪdʲɛʃɪmt]
eenentwintig	dvìdešimt víenas	['dvʲɪdʲɛʃɪmt 'vʲiɛnas]
tweeëntwintig	dvìdešimt dù	['dvʲɪdʲɛʃɪmt 'dʊ]
drieëntwintig	dvìdešimt trìs	['dvʲɪdʲɛʃɪmt 'trʲɪs]

dertig	trìsdešimt	['trʲɪsdʲɛʃɪmt]
eenendertig	trìsdešimt víenas	['trʲɪsdʲɛʃɪmt 'vʲiɛnas]
tweeëndertig	trìsdešimt dù	['trʲɪsdʲɛʃɪmt 'dʊ]
drieëndertig	trìsdešimt trìs	['trʲɪsdʲɛʃɪmt 'trʲɪs]

veertig	kēturiasdešimt	['kʲætʊrʲæsdʲɛʃɪmt]
eenenveertig	kēturiasdešimt víenas	['kʲætʊrʲæsdʲɛʃɪmt 'vʲiɛnas]
tweeënveertig	kēturiasdešimt dù	['kʲætʊrʲæsdʲɛʃɪmt 'dʊ]
drieënveertig	kēturiasdešimt trìs	['kʲætʊrʲæsdʲɛʃɪmt 'trʲɪs]
vijftig	peñkiasdešimt	['pʲɛŋkʲæsdʲɛʃɪmt]
eenenvijftig	peñkiasdešimt víenas	['pʲɛŋkʲæsdʲɛʃɪmt 'vʲiɛnas]

| tweeënvijftig | peñkiasdešimt dù | ['pⁱɛŋkⁱæsdⁱɛʃɪmt 'dʊ] |
| drieënvijftig | peñkiasdešimt trìs | ['pⁱɛŋkⁱæsdⁱɛʃɪmt 'trⁱɪs] |

zestig	šẽšiasdešimt	['ʃæʃæsdⁱɛʃɪmt]
eenenzestig	šẽšiasdešimt víenas	['ʃæʃæsdⁱɛʃɪmt 'vⁱiɛnas]
tweeënzestig	šẽšiasdešimt dù	['ʃæʃæsdⁱɛʃɪmt 'dʊ]
drieënzestig	šẽšiasdešimt trìs	['ʃæʃæsdⁱɛʃɪmt 'trⁱɪs]

zeventig	septýniasdešimt	[sⁱɛp'tⁱi:nⁱæsdⁱɛʃɪmt]
eenenzeventig	septýniasdešimt víenas	[sⁱɛp'tⁱi:nⁱæsdⁱɛʃɪmt 'vⁱiɛnas]
tweeënzeventig	septýniasdešimt dù	[sⁱɛp'tⁱi:nⁱæsdⁱɛʃɪmt 'dʊ]
drieënzeventig	septýniasdešimt trìs	[sⁱɛptⁱi:nⁱæsdⁱɛʃɪmt 'trⁱɪs]

tachtig	aštúoniasdešimt	[aʃ'tʊɑnⁱæsdⁱɛʃɪmt]
eenentachtig	aštúoniasdešimt víenas	[aʃ'tʊɑnⁱæsdⁱɛʃɪmt 'vⁱiɛnas]
tweeëntachtig	aštúoniasdešimt dù	[aʃ'tʊɑnⁱæsdⁱɛʃɪmt 'dʊ]
drieëntachtig	aštúoniasdešimt trìs	[aʃ'tʊɑnⁱæsdⁱɛʃɪmt 'trⁱɪs]

negentig	devýniasdešimt	[dⁱɛ'vⁱi:nⁱæsdⁱɛʃɪmt]
eenennegentig	devýniasdešimt víenas	[dⁱɛ'vⁱi:nⁱæsdⁱɛʃɪmt 'vⁱiɛnas]
tweeënnegentig	devýniasdešimt dù	[dⁱɛ'vⁱi:nⁱæsdⁱɛʃɪmt 'dʊ]
drieënnegentig	devýniasdešimt trìs	[dⁱɛ'vⁱi:nⁱæsdⁱɛʃɪmt 'trⁱɪs]

4. Kardinale getallen. Deel 2

honderd	šim̃tas	['ʃɪmtas]
tweehonderd	dù šimtaĩ	['dʊ ʃɪm'tʌɪ]
driehonderd	trìs šimtaĩ	['trⁱɪs ʃɪm'tʌɪ]
vierhonderd	keturì šimtaĩ	[kⁱɛtʊ'rⁱɪ ʃɪm'tʌɪ]
vijfhonderd	penkì šimtaĩ	[pⁱɛŋ'kⁱɪ ʃɪm'tʌɪ]

zeshonderd	šešì šimtaĩ	[ʃɛ'ʃɪ ʃɪm'tʌɪ]
zevenhonderd	septynì šimtaĩ	[sⁱɛptⁱi:nⁱɪ 'ʃɪmtʌɪ]
achthonderd	aštuonì šimtaĩ	[aʃtʊɑ'nⁱɪ ʃɪm'tʌɪ]
negenhonderd	devynì šimtaĩ	[dⁱɛvⁱi:'nⁱɪ ʃɪm'tʌɪ]

duizend	tū́kstantis	['tu:kstantⁱɪs]
tweeduizend	dù tū́kstančiai	['dʊ 'tu:kstantʂⁱɛɪ]
drieduizend	trỹs tū́kstančiai	['trⁱi:s 'tu:kstantʂⁱɛɪ]
tienduizend	dẽšimt tū́kstančių	['dⁱæʃɪmt 'tu:kstantʂⁱu:]
honderdduizend	šim̃tas tū́kstančių	['ʃɪmtas 'tu:kstantʂⁱu:]
miljoen (het)	milijõnas (v)	[mⁱɪlⁱɪ'jo:nas]
miljard (het)	milijárdas (v)	[mⁱɪlⁱɪ'jardas]

5. Getallen. Breuken

breukgetal (het)	trùpmena (m)	['trʊpmⁱɛna]
half	víena antróji	['vⁱiɛna an'tro:jɪ]
een derde	víena trečiojì	['vⁱiɛna trⁱɛ'tʂⁱo:jɪ]
kwart	víena ketvirtójì	['vⁱiɛna kⁱɛtvⁱɪr'to:jɪ]
een achtste	víena aštuntójì	['vⁱiɛna aʃtʊn'to:jɪ]
een tiende	víena dešimtójì	['vⁱiɛna dⁱɛʃɪm'to:jɪ]

15

| twee derde | dvì trečioosios | [dvʲɪ 'trʲætʂʲoosʲos] |
| driekwart | trỹs ketvìrtosios | ['trʲi:s kʲɛt'vʲɪrtosʲos] |

6. Getallen. Eenvoudige berekeningen

aftrekking (de)	atimtìs (m)	[atʲɪm'tʲɪs]
aftrekken (ww)	atimti	[a'tʲɪmtʲɪ]
deling (de)	dalýba (m)	[da'lʲi:ba]
delen (ww)	dalìnti	[da'lʲɪntʲɪ]

optelling (de)	sudėjìmas (v)	[sʊdʲe:'jɪmas]
erbij optellen	sudéti	[sʊ'dʲe:tʲɪ]
(bij elkaar voegen)		
optellen (ww)	pridéti	[prʲɪ'dʲe:tʲɪ]
vermenigvuldiging (de)	daugýba (m)	[dɑʊ'gʲi:ba]
vermenigvuldigen (ww)	dáuginti	['dɑʊgʲɪntʲɪ]

7. Getallen. Diversen

cijfer (het)	skaitmuõ (v)	[skʌɪt'mʊɑ]
nummer (het)	skaĩčius (v)	['skʌɪtʂʲʊs]
telwoord (het)	skaĩtvardis (v)	['skʌɪtvardʲɪs]
mintekan (het)	mìnusas (v)	['mʲɪnʊsas]
plusteken (het)	pliùsas (v)	['plʲʊsas]
formule (de)	fòrmulė (m)	['formʊlʲe:]

berekening (de)	išskaičiãvimas (v)	[ɪʃskʌɪ'tʂʲævʲɪmas]
tellen (ww)	skaičiúoti	[skʌɪ'tʂʲʊɑtʲɪ]
bijrekenen (ww)	apskaičiúoti	[apskʌɪ'tʂʲʊɑtʲɪ]
vergelijken (ww)	sulýginti	[sʊ'lʲi:gʲɪntʲɪ]

Hoeveel?	Kíek?	['kʲiɛk?]
som (de), totaal (het)	sumà (m)	[sʊ'ma]
uitkomst (de)	rezultãtas (v)	[rʲezʊlʲ'ta:tas]
rest (de)	likùtis (v)	[lʲɪ'kʊtʲɪs]
enkele (bijv. ~ minuten)	kėletas	['kʲælʲɛtas]
weinig (bw)	nedaũg ...	[nʲɛ'dɑʊg ...]
restant (het)	vìsa kìta	['vʲɪsa 'kʲɪta]
anderhalf	pusañtro	[pʊ'santrɔ]
dozijn (het)	tùzinas (v)	['tʊzʲɪnas]

middendoor (bw)	peř pùsę	['pʲɛr 'pʊsʲɛ:]
even (bw)	põ lýgiai	['po: lʲi:gʲɛɪ]
helft (de)	pùsė (m)	['pʊsʲe:]
keer (de)	kártas (v)	['kartas]

8. De belangrijkste werkwoorden. Deel 1

| aanbevelen (ww) | rekomendúoti | [rʲɛkomʲɛn'dʊɑtʲɪ] |
| aandringen (ww) | reikaláuti | [rʲɛɪka'lʲɑʊtʲɪ] |

aankomen (per auto, enz.)	atvažiúoti	[atva'ȝʲʊatʲɪ]
aanraken (ww)	čiupinéti	[tʂʲʊpʲɪ'nʲeːtʲɪ]
adviseren (ww)	patarinéti	[patarʲɪ'nʲeːtʲɪ]

afdalen (on.ww.)	léistis	[ˈlʲɛɪstʲɪs]
afslaan (naar rechts ~)	súkti	[ˈsʊktʲɪ]
antwoorden (ww)	atsakýti	[atsa'kʲiːtʲɪ]
bang zijn (ww)	bijóti	[bʲɪ'jotʲɪ]
bedreigen	grasìnti	[gra'sʲɪntʲɪ]
(bijv. met een pistool)		

bedriegen (ww)	apgaudinéti	[apgaʊdʲɪ'nʲeːtʲɪ]
beëindigen (ww)	užbaìgti	[ʊȝ'bʌɪktʲɪ]
beginnen (ww)	pradéti	[pra'dʲeːtʲɪ]
begrijpen (ww)	supràsti	[sʊp'rastʲɪ]
beheren (managen)	vadováuti	[vado'vaʊtʲɪ]

beledigen	įžeidinéti	[iːȝʲɛɪdʲɪ'nʲeːtʲɪ]
(met scheldwoorden)		
beloven (ww)	žadéti	[ȝa'dʲeːtʲɪ]
bereiden (koken)	gamìnti	[ga'mʲɪntʲɪ]
bespreken (spreken over)	aptarinéti	[aptarʲɪ'nʲætʲɪ]

bestellen (eten ~)	užsakinéti	[ʊȝsakʲɪ'nʲeːtʲɪ]
bestraffen (een stout kind ~)	baũsti	[ˈbaʊstʲɪ]
betalen (ww)	mokéti	[mo'kʲeːtʲɪ]
betekenen (beduiden)	réikšti	[ˈrʲɛɪkʃtʲɪ]
betreuren (ww)	gailétis	[gʌɪ'lʲeːtʲɪs]

bevallen (prettig vinden)	patìkti	[pa'tʲɪktʲɪ]
bevelen (mil.)	nurodinéti	[nʊrodʲɪ'nʲeːtʲɪ]
bevrijden (stad, enz.)	išláisvinti	[ɪʃˈlʌɪsvʲɪntʲɪ]
bewaren (ww)	sáugoti	[ˈsaʊgotʲɪ]
bezitten (ww)	mokéti	[mo'kʲeːtʲɪ]

bidden (praten met God)	melstis	[ˈmʲɛlˀstʲɪs]
binnengaan (een kamer ~)	įeĩti	[iː'ɛɪtʲɪ]
breken (ww)	láužyti	[ˈlʲaʊȝʲɪːtʲɪ]
controleren (ww)	kontroliúoti	[kontro'lʲʊatʲɪ]
creëren (ww)	sukùrti	[sʊ'kʊrtʲɪ]

deelnemen (ww)	dalyváuti	[dalʲiː'vaʊtʲɪ]
denken (ww)	galvóti	[galʲ'votʲɪ]
doden (ww)	žudýti	[ȝʊ'dʲiːtʲɪ]
doen (ww)	darýti	[da'rʲiːtʲɪ]
dorst hebben (ww)	noréti gérti	[no'rʲeːtʲɪ 'gʲærtʲɪ]

9. De belangrijkste werkwoorden. Deel 2

een hint geven	užsimiñti	[ʊȝsʲɪ'mʲɪntʲɪ]
eisen (met klem vragen)	reikaláuti	[rʲɛɪka'lʲaʊtʲɪ]
excuseren (vergeven)	atléisti	[at'lʲɛɪstʲɪ]
existeren (bestaan)	egzistúoti	[ɛgzʲɪs'tʊatʲɪ]
gaan (te voet)	eĩti	[ˈɛɪtʲɪ]

17

gaan zitten (ww)	séstis	['sⁱe:stⁱɪs]
gaan zwemmen	máudytis	['mɑʊdⁱi:tⁱɪs]
geven (ww)	dúoti	['dʊatⁱɪ]
glimlachen (ww)	šypsótis	[ʃɪ:p'sotⁱɪs]
goed raden (ww)	atspéti	[at'spⁱe:tⁱɪ]

| grappen maken (ww) | juokáuti | [jʊa'kɑʊtⁱɪ] |
| graven (ww) | raũsti | ['rɑʊstⁱɪ] |

hebben (ww)	turéti	[tʊ'rⁱe:tⁱɪ]
helpen (ww)	padéti	[pa'dⁱe:tⁱɪ]
herhalen (opnieuw zeggen)	kartóti	[kar'totⁱɪ]
honger hebben (ww)	noréti válgyti	[no'rⁱe:tⁱɪ 'valⁱgⁱi:tⁱɪ]

hopen (ww)	tikétis	[tⁱɪ'kⁱe:tⁱɪs]
horen	girdéti	[gⁱɪr'dⁱe:tⁱɪ]
(waarnemen met het oor)		
huilen (wenen)	veŕkti	['vⁱɛrktⁱɪ]
huren (huis, kamer)	núomotis	['nʊamotⁱɪs]
informeren (informatie geven)	informúoti	[ɪnfor'mʊatⁱɪ]

instemmen (akkoord gaan)	sutìkti	[sʊ'tⁱɪktⁱɪ]
jagen (ww)	medžióti	[mⁱɛ'dʒⁱotⁱɪ]
kennen (kennis hebben	pažinóti	[paʒⁱɪ'notⁱɪ]
van iemand)		
kiezen (ww)	išsirìnkti	[ɪʃⁱɪ'rⁱɪŋktⁱɪ]
klagen (ww)	skústis	['sku:stⁱɪs]

kosten (ww)	kainúoti	[kʌɪ'nʊatⁱɪ]
kunnen (ww)	galéti	[ga'lⁱe:tⁱɪ]
lachen (ww)	juõktis	['jʊaktⁱɪs]
laten vallen (ww)	numèsti	[nʊ'mⁱɛstⁱɪ]
lezen (ww)	skaitýti	[skʌɪ'tⁱi:tⁱɪ]

liefhebben (ww)	myléti	[mⁱi:'lⁱe:tⁱɪ]
lunchen (ww)	pietáuti	[pⁱiɛ'tɑʊtⁱɪ]
nemen (ww)	im̃ti	['ɪmtⁱɪ]
nodig zijn (ww)	bũti reikalìngu	['bu:tⁱɪ rⁱɛɪka'lⁱɪngʊ]

10. De belangrijkste werkwoorden. Deel 3

onderschatten (ww)	neĮvértinti	[nⁱɛɪ:'vⁱɛrtⁱɪntⁱɪ]
ondertekenen (ww)	pasirašinéti	[pasⁱɪraʃⁱɪ'nⁱe:tⁱɪ]
ontbijten (ww)	pùsryčiauti	['pʊsrⁱi:tʂⁱɛʊtⁱɪ]
openen (ww)	atidarýti	[atⁱɪda'rⁱi:tⁱɪ]
ophouden (ww)	nustóti	[nʊ'stotⁱɪ]
opmerken (zien)	pastebéti	[pasteb'bⁱe:tⁱɪ]

opscheppen (ww)	gìrtis	['gⁱɪrtⁱɪs]
opschrijven (ww)	užrašinéti	[ʊʒraʃⁱɪ'nⁱe:tⁱɪ]
plannen (ww)	planúoti	[plⁱa'nʊatⁱɪ]
prefereren (verkiezen)	teĩkti pirmenýbę	['tⁱɛɪktⁱɪ pⁱɪrmⁱɛ'nⁱi:bⁱɛ:]
proberen (trachten)	bandýti	[ban'dⁱi:tⁱɪ]
redden (ww)	gélbéti	['gⁱælⁱbⁱe:tⁱɪ]

rekenen op ...	tikétis ...	[tʲɪˈkʲeːtʲɪs ...]
rennen (ww)	bégti	[ˈbʲeːktʲɪ]
reserveren	rezervúoti	[rʲɛzʲɛrˈvuɑtʲɪ]
(een hotelkamer ~)		
roepen (om hulp)	kviẽsti	[ˈkvʲɛstʲɪ]
schieten (ww)	šáudyti	[ˈʃɑudʲiːtʲɪ]
schreeuwen (ww)	šaũkti	[ˈʃɑuktʲɪ]

schrijven (ww)	rašýti	[raˈʃɪːtʲɪ]
souperen (ww)	vakarieniáuti	[vakarʲiɛˈnʲæutʲɪ]
spelen (kinderen)	žaĩsti	[ˈʒʌɪstʲɪ]
spreken (ww)	sakýti	[saˈkʲiːtʲɪ]
stelen (ww)	võgti	[ˈvoːktʲɪ]
stoppen (pauzeren)	sustóti	[susˈtotʲɪ]

studeren (Nederlands ~)	studijúoti	[studʲɪˈjuɑtʲɪ]
sturen (zenden)	išsiũsti	[ɪʃsʲuːstʲɪ]
tellen (optellen)	skaičiúoti	[skʌɪˈtʂuɑtʲɪ]
toebehoren ...	priklausýti	[prʲɪklʲɑuˈsʲiːtʲɪ]
toestaan (ww)	leĩsti	[ˈlʲɛɪstʲɪ]
tonen (ww)	ródyti	[ˈrodʲiːtʲɪ]

twijfelen (onzeker zijn)	abejóti	[abʲɛˈjotʲɪ]
uitgaan (ww)	išeĩti	[ɪˈʃɛɪtʲɪ]
uitnodigen (ww)	kviẽsti	[ˈkvʲɛstʲɪ]
uitspreken (ww)	ištarti	[ɪʃˈtartʲɪ]
uitvaren tegen (ww)	barti	[ˈbartʲɪ]

11. De belangrijkste werkwoorden. Deel 4

vallen (ww)	krìsti	[ˈkrʲɪstʲɪ]
vangen (ww)	gáudyti	[ˈgɑudʲiːtʲɪ]
veranderen (anders maken)	pakeĩsti	[paˈkʲɛɪstʲɪ]
verbaasd zijn (ww)	stebétis	[stʲɛˈbʲeːtʲɪs]
verbergen (ww)	slėpti	[ˈslʲeːptʲɪ]

verdedigen (je land ~)	gìnti	[ˈgʲɪntʲɪ]
verenigen (ww)	apjùngti	[aˈpjuŋktʲɪ]
vergelijken (ww)	lyginti	[ˈlʲiːgʲɪntʲɪ]
vergeten (ww)	užmìršti	[uʒˈmʲɪrʲʃtʲɪ]
vergeven (ww)	atleĩsti	[atˈlʲɛɪstʲɪ]

verklaren (uitleggen)	paaĩškinti	[paˈʌɪʃkʲɪntʲɪ]
verkopen (per stuk ~)	pardavinéti	[pardavʲɪˈrʲnʲeːtʲɪ]
vermelden (praten over)	minéti	[mʲɪˈnʲeːtʲɪ]
versieren (decoreren)	puõšti	[ˈpuɑʃtʲɪ]
vertalen (ww)	ver̃sti	[ˈvʲɛrstʲɪ]

vertrouwen (ww)	pasitikéti	[pasʲɪtʲɪˈkʲeːtʲɪ]
vervolgen (ww)	tẹsti	[ˈtʲɛːstʲɪ]
verwarren (met elkaar ~)	suklýsti	[sukˈlʲiːstʲɪ]
verzoeken (ww)	prašýti	[praˈʃɪːtʲɪ]
verzuimen (school, enz.)	praleidinéti	[pralʲɛɪdʲɪˈnʲeːtʲɪ]
vinden (ww)	ràsti	[ˈrastʲɪ]

19

vliegen (ww)	skrìsti	['skrʲɪstʲɪ]
volgen (ww)	sèkti ...	['sʲɛktʲɪ ...]
voorstellen (ww)	siūlyti	['sʲuːlʲiːtʲɪ]
voorzien (verwachten)	numatýti	[nʊma'tʲiːtʲɪ]
vragen (ww)	kláusti	['klʲɑʊstʲɪ]

waarnemen (ww)	stebéti	[ste'bʲeːtʲɪ]
waarschuwen (ww)	pérspéti	['pʲɛrspʲeːtʲɪ]
wachten (ww)	láukti	['lʲɑʊktʲɪ]
weerspreken (ww)	prieštaráuti	[prʲiɛʃta'rɑʊtʲɪ]
weigeren (ww)	atsisakýti	[atsʲɪsa'kʲiːtʲɪ]

werken (ww)	dìrbti	['dʲɪrptʲɪ]
weten (ww)	žinóti	[ʒʲɪ'notʲɪ]
willen (verlangen)	noréti	[no'rʲeːtʲɪ]
zeggen (ww)	pasakýti	[pasa'kʲiːtʲɪ]
zich haasten (ww)	skubéti	[skʊ'bʲeːtʲɪ]

zich interesseren voor ...	dométis	[do'mʲeːtʲɪs]
zich vergissen (ww)	klýsti	['klʲiːstʲɪ]
zich verontschuldigen	atsiprašinéti	[atsʲɪpraʃrʲnʲe:tʲɪ]
zien (ww)	matýti	[ma'tʲiːtʲɪ]

zoeken (ww)	ieškóti	[ɪɛʃ'kotʲɪ]
zwemmen (ww)	plaūkti	['plʲɑʊktʲɪ]
zwijgen (ww)	tyléti	[tʲiː'lʲeːtʲɪ]

12. Kleuren

kleur (de)	spalvà (m)	[spalʲʲ'va]
tint (de)	ãtspalvis (v)	['aːtspalʲʲvʲɪs]
kleurnuance (de)	tònas (v)	['tonas]
regenboog (de)	vaivórykštė (m)	[vʌɪ'vorʲiːkʃtʲe:]

wit (bn)	baltà	[balʲʲ'ta]
zwart (bn)	juodà	[jʊɑ'da]
grijs (bn)	pilkà	[pʲɪlʲʲ'ka]

groen (bn)	žalià	[ʒa'lʲæ]
geel (bn)	geltóna	[gʲɛlʲʲ'tona]
rood (bn)	raudóna	[rɑʊ'dona]

blauw (bn)	mélyna	['mʲeːlʲiːna]
lichtblauw (bn)	žydrà	[ʒʲiːd'ra]
roze (bn)	rõžinė	['roːʒʲɪnʲe:]
oranje (bn)	oránžinė	[o'ranʒʲɪnʲe:]
violet (bn)	violètinė	[vʲɪjɔ'lʲɛtʲɪnʲe:]
bruin (bn)	rudà	[rʊ'da]

| goud (bn) | auksìnis | [ɑʊk'sʲɪnʲɪs] |
| zilverkleurig (bn) | sidabrìnis | [sʲɪda'brʲɪnʲɪs] |

| beige (bn) | smėlio spalvõs | ['smʲeːlʲɔ spalʲʲ'voːs] |
| roomkleurig (bn) | krèminės spalvõs | ['krʲɛmʲɪnʲe:s spalʲʲ'voːs] |

turkoois (bn)	turkio spalvõs	['turkʲɔ spalʲ'voːs]
kersrood (bn)	vyšnių spalvõs	[vʲiːʃnʲu: spalʲ'voːs]
lila (bn)	alyvų spalvõs	[a'lʲiːvu: spalʲ'voːs]
karmijnrood (bn)	avietinės spalvõs	[a'vʲɛtʲɪnʲeːs spalʲ'voːs]

licht (bn)	šviesì	[ʃvʲiɛ'sʲɪ]
donker (bn)	tamsì	[tam'sʲɪ]
fel (bn)	ryškì	[rʲiːʃkʲɪ]

kleur-, kleurig (bn)	spalvõtas	[spalʲ'votas]
kleuren- (abn)	spalvõtas	[spalʲ'votas]
zwart-wit (bn)	juodaĩ báltas	[juɑ'dʌɪ 'balʲtas]
eenkleurig (bn)	vienspálvis	[vʲiɛns'palʲvʲɪs]
veelkleurig (bn)	įvairiaspálvis	[iːvʌɪrʲæs'palʲvʲɪs]

13. Vragen

Wie?	Kàs?	['kas?]
Wat?	Ką̃?	['kaː?]
Waar?	Kur̃?	['kur?]
Waarheen?	Kur̃?	['kur?]
Waar ... vandaan?	Ìš kur̃?	[ɪʃ 'kur?]
Wanneer?	Kadà?	[ka'da?]
Waarom?	Kám?	['kam?]
Waarom?	Kodėl?	[kɔ'dʲeːlʲ?]

Waarvoor dan ook?	Kám?	['kam?]
Hoe?	Kaĩp?	['kʌɪp?]
Wat voor ...?	Kóks?	['koks?]
Welk?	Kurìs?	[ku'rʲɪs?]

Aan wie?	Kám?	['kam?]
Over wie?	Apiẽ ką̃?	[a'pʲɛ 'kaː?]
Waarover?	Apiẽ ką̃?	[a'pʲɛ 'kaː?]
Met wie?	Sù kuõ?	['su 'kuɑ?]

| Hoeveel? | Kíek? | ['kʲiɛk?] |
| Van wie? | Kienõ? | [kʲiɛ'noː?] |

14. Functiewoorden. Bijwoorden. Deel 1

Waar?	Kur̃?	['kur?]
hier (bw)	čià	['tʂʲæ]
daar (bw)	teñ	['tʲɛn]

| ergens (bw) | kažkur̃ | [kaʒ'kur] |
| nergens (bw) | niẽkur | ['nʲɛkur] |

bij ... (in de buurt)	priẽ ...	['prʲɛ ...]
bij het raam	priẽ lángo	['prʲɛ 'lʲango]
Waarheen?	Kur̃?	['kur?]
hierheen (bw)	čià	['tʂʲæ]

21

daarheen (bw)	teñ	['tʲɛn]
hiervandaan (bw)	ìš čià	[ɪʃ tʂʲæ]
daarvandaan (bw)	ìš teñ	[ɪʃ tʲɛn]

dichtbij (bw)	šalià	[ʃaˈlʲæ]
ver (bw)	tolì	[toˈlʲɪ]

in de buurt (van …)	šalià	[ʃaˈlʲæ]
vlakbij (bw)	artì	[arˈtʲɪ]
niet ver (bw)	netolì	[nʲɛˈtolʲɪ]

linker (bn)	kairỹs	[kʌɪˈrʲiːs]
links (bw)	ìš kairė̃s	[ɪʃ kʌɪˈrʲeːs]
linksaf, naar links (bw)	į̃ kaĩrę	[iː ˈkʌɪrʲɛː]

rechter (bn)	dešinỹs	[dʲɛʃɪˈnʲiːs]
rechts (bw)	ìš dešinė̃s	[ɪʃ dɛʃɪˈnʲeːs]
rechtsaf, naar rechts (bw)	į̃ dẽšinę	[iː ˈdʲæʃɪnʲɛː]

vooraan (bw)	príekyje	['prʲiɛkʲiːjɛ]
voorste (bn)	príekinis	['prʲiɛkʲɪnʲɪs]
vooruit (bw)	pirmỹn	[pʲɪrˈmʲiːn]

achter (bw)	galė̃	[gaˈlʲɛ]
van achteren (bw)	ìš gãlo	[ɪʃ ˈgaːlʲɔ]
achteruit (naar achteren)	atgãl	[atˈgalʲ]

midden (het)	vidurỹs (v)	[vʲɪduˈrʲiːs]
in het midden (bw)	per̃ vìdurį	['pʲɛr 'vʲɪːdʊrʲɪː]

opzij (bw)	šóne	['ʃonʲɛ]
overal (bw)	visur̃	[vʲɪˈsʊr]
omheen (bw)	apliñkui	[apˈlʲɪŋkʊi]

binnenuit (bw)	ìš vidaũs	[ɪʃ vʲɪˈdɑʊs]
naar ergens (bw)	kažkur̃	[kaʒˈkʊr]
rechtdoor (bw)	tiẽsiai	['tʲɛsʲɛɪ]
terug (bijv. ~ komen)	atgãl	[atˈgalʲ]

ergens vandaan (bw)	ìš kur̃ nórs	[ɪʃ 'kʊr 'nors]
ergens vandaan (en dit geld moet ~ komen)	ìš kažkur̃	[ɪʃ kaʒˈkʊr]

ten eerste (bw)	pìrma	['pʲɪrma]
ten tweede (bw)	añtra	['antra]
ten derde (bw)	trẽčia	['trʲætʂʲæ]

plotseling (bw)	staigà	[stʌɪˈga]
in het begin (bw)	pradžiõj	[pradˈʒʲoːj]
voor de eerste keer (bw)	pìrmą kártą	['pʲɪrmaː 'karta:]
lang voor … (bw)	daũg laĩko priẽš …	['dɑʊg 'lʲʌɪkɔ 'prʲɛʃ …]
opnieuw (bw)	ìš naũjo	[ɪʃ 'nɑʊjɔ]
voor eeuwig (bw)	visám laĩkui	[vʲɪˈsam 'lʲʌɪkʊi]

nooit (bw)	niekadà	[nʲiɛkadˈa]
weer (bw)	vė̃l	['vʲeːlʲ]

nu (bw)	dabar̃	[da'bar]
vaak (bw)	dažnaĩ	[daʒ'nʌɪ]
toen (bw)	tadà	[ta'da]
urgent (bw)	skubiaĩ	[skʊ'bʲɛɪ]
meestal (bw)	įprastaĩ	[iːpras'tʌɪ]

trouwens, ... (tussen haakjes)	bejè, ...	[bɛ'jæ, ...]
mogelijk (bw)	įmãnoma	[iː'maːnoma]
waarschijnlijk (bw)	tikétina	[tʲɪ'kʲeːtʲɪna]
misschien (bw)	gãli bũti	['gaːlʲɪ 'buːtʲɪ]
trouwens (bw)	bè tõ, ...	['bʲɛ toː, ...]
daarom ...	todėl ...	[to'dʲeːlʲ ...]
in weerwil van ...	nepaĩsant ...	[nʲɛ'pʌɪsant ...]
dankzij ...	... dėkà	[... dʲeː'ka]

wat (vn)	kàs	['kas]
dat (vw)	kàs	['kas]
iets (vn)	kažkàs	[kaʒ'kas]
iets	kažkàs	[kaʒ'kas]
niets (vn)	niẽko	['nʲɛkɔ]

wie (~ is daar?)	kàs	['kas]
iemand (een onbekende)	kažkàs	[kaʒ'kas]
iemand (een bepaald persoon)	kažkàs	[kaʒ'kas]

niemand (vn)	niẽkas	['nʲɛkas]
nergens (bw)	niẽkur	['nʲɛkʊr]
niemands (bn)	niẽkieno	['nʲɛ'kʲiɛnɔ]
iemands (bn)	kažkienõ	[kaʒkʲiɛ'noː]

zo (Ik ben ~ blij)	taĩp	['tʌɪp]
ook (evenals)	taĩp pàt	['tʌɪp 'pat]
alsook (eveneens)	ir̃gi	['ɪrgʲɪ]

15. Functiewoorden. Bijwoorden. Deel 2

Waarom?	Kodėl?	[ko'dʲeːlʲ?]
om een bepaalde reden	kažkodėl	[kaʒko'dʲeːlʲ]
omdat ...	... todėl, kàd	[... to'dʲeːlʲ, 'kad]
voor een bepaald doel	kažkodėl	[kaʒko'dʲeːlʲ]

en (vw)	ir̃	[ɪr]
of (vw)	arbà	[ar'ba]
maar (vw)	bèt	['bʲɛt]

te (~ veel mensen)	pernelýg	[pʲɛrnʲɛ'lʲiːg]
alleen (bw)	tiktaĩ	[tʲɪk'tʌɪ]
precies (bw)	tiksliaĩ	[tʲɪks'lʲɛɪ]
ongeveer (~ 10 kg)	maždaũg	[maʒ'daʊg]

omstreeks (bw)	apýtikriai	[a'pʲiːtʲɪkrʲɛɪ]
bij benadering (bn)	apýtikriai	[a'pʲiːtʲɪkrʲɛɪ]

bijna (bw)	beveík	[bʲɛ'vʲɛɪk]
rest (de)	vìsa kìta (m)	['vʲɪsa 'kʲɪta]
elk (bn)	kiekvíenas	[kʲiɛk'vʲiɛnas]
om het even welk	bèt kurìs	['bʲɛt kʊ'rʲɪs]
veel (grote hoeveelheid)	daūg	['dɑʊg]
veel mensen	daūgelis	['dɑʊgʲɛlʲɪs]
iedereen (alle personen)	visì	[vʲɪ'sʲɪ]
in ruil voor ...	mainaìs į̃ ...	[mʌɪ'nʌɪs iː ..]
in ruil (bw)	mainaìs	[mʌɪ'nʌɪs]
met de hand (bw)	rañkiniu būdù	['raŋkʲɪnʲʊ buː'dʊ]
onwaarschijnlijk (bw)	kažì	[ka'ʒʲɪ]
waarschijnlijk (bw)	tikriáusiai	[tʲɪk'rʲæʊsʲɛɪ]
met opzet (bw)	tyčia	['tʲiːtʂʲæ]
toevallig (bw)	netyčia	[nʲɛ'tʲiːtʂʲæ]
zeer (bw)	labaĩ	[lʲa'bʌɪ]
bijvoorbeeld (bw)	pãvyzdžiui	['pa:vʲiːzdʒʲʊi]
tussen (~ twee steden)	tar̃p	['tarp]
tussen (te midden van)	tar̃p	['tarp]
zoveel (bw)	tiẽk	['tʲɛk]
vooral (bw)	ypač	['ɪːpatʂ]

Basisbegrippen Deel 2

16. Dagen van de week

maandag (de)	pirmãdienis (v)	[pⁱɪr'ma:dⁱiɛnⁱɪs]
dinsdag (de)	antrãdienis (v)	[an'tra:dⁱiɛnⁱɪs]
woensdag (de)	trečiãdienis (v)	[trⁱɛ'tʂⁱædⁱiɛnⁱɪs]
donderdag (de)	ketvirtãdienis (v)	[kⁱɛtvⁱɪr'ta:dⁱiɛnⁱɪs]
vrijdag (de)	penktãdienis (v)	[pⁱɛŋk'ta:dⁱiɛnⁱɪs]
zaterdag (de)	šeštãdienis (v)	[ʃɛʃ'ta:dⁱiɛnⁱɪs]
zondag (de)	sekmãdienis (v)	[sⁱɛk'ma:dⁱiɛnⁱɪs]

vandaag (bw)	šiañdien	['ʃændⁱiɛn]
morgen (bw)	rytój	[rⁱi:'toj]
overmorgen (bw)	porýt	[po'rⁱi:t]
gisteren (bw)	vãkar	['va:kar]
eergisteren (bw)	užvakar	['uʒvakar]

dag (de)	dienà (m)	[dⁱiɛ'na]
werkdag (de)	dárbo dienà (m)	['darbɔ dⁱiɛ'na]
feestdag (de)	šveñtinė dienà (m)	['ʃvɛntⁱɪnⁱe: dⁱiɛ'na]
verlofdag (de)	išeigìnė dienà (m)	[ɪʃɛɪ'gⁱɪnⁱe: dⁱiɛ'na]
weekend (het)	savaitgalis (v)	[sa'vʌɪtgalⁱɪs]

de hele dag (bw)	vìsą diẽną	['vⁱɪsa: 'dⁱɛna:]
de volgende dag (bw)	sẽkančią diẽną	['sⁱẽkantʂⁱæ: 'dⁱɛna:]
twee dagen geleden	priẽš dvì dienàs	['prⁱɛʃ 'dvⁱɪ dⁱiɛ'nas]
aan de vooravond (bw)	ìšvakarėse	['ɪʃvakarⁱe:se]
dag-, dagelijks (bn)	kasdiẽnis	[kas'dⁱɛnⁱɪs]
elke dag (bw)	kasdiẽn	[kas'dⁱɛn]

week (de)	saváitė (m)	[sa'vʌɪtⁱe:]
vorige week (bw)	práeitą saváitę	['praⁱɛɪta: sa'vʌɪtⁱɛ:]
volgende week (bw)	ateìnančią saváitę	[a'tⁱɛɪnantʂⁱæ: sa'vʌɪtⁱɛ:]
wekelijks (bn)	kassavaítinis	[kassa'vʌɪtⁱɪnⁱɪs]
elke week (bw)	kàs saváitę	['kas sa'vʌɪtⁱɛ:]
twee keer per week	dù kartùs peŕ saváitę	['dù kar'tus pⁱɛr sa'vʌɪtⁱɛ:]
elke dinsdag	kiekvíeną antrãdienį	[kⁱiɛk'vⁱi:ɛna: an'tra:dⁱi:ɛnⁱɪ:]

17. Uren. Dag en nacht

morgen (de)	rýtas (v)	['rⁱi:tas]
's morgens (bw)	rytė	[rⁱi:'tⁱɛ]
middag (de)	vidùrdienis (v)	[vⁱɪ'durdⁱiɛnⁱɪs]
's middags (bw)	popiẽt	[po'pⁱɛt]

avond (de)	vãkaras (v)	['va:karas]
's avonds (bw)	vakarė	[vaka'rⁱɛ]

nacht (de)	naktìs (m)	[nak't'ɪs]
's nachts (bw)	nãktį	['na:kti:]
middernacht (de)	vidùrnaktis (v)	[vʲɪ'durnaktʲɪs]

seconde (de)	sekùndė (m)	[sʲɛ'kundʲe:]
minuut (de)	minùtė (m)	[mʲɪ'nutʲe:]
uur (het)	valandà (m)	[valʲan'da]
halfuur (het)	pùsvalandis (v)	['pusvalʲandʲɪs]
kwartier (het)	ketvìrtis valandõs	[kʲɛt'vʲɪrtʲɪs valʲan'do:s]
vijftien minuten	penkiólika minùčių	[pʲɛŋ'kʲolʲɪka mʲɪ'nutʂʲu:]
etmaal (het)	parà (m)	[pa'ra]

zonsopgang (de)	sáulės patekéjimas (v)	['saulʲe:s patʲɛ'kʲɛjɪmas]
dageraad (de)	aušrà (m)	[auʃ'ra]
vroege morgen (de)	ankstyvas rytas (v)	[aŋk'stʲi:vas 'rʲi:tas]
zonsondergang (de)	saulélydis (v)	[sau'lʲe:lʲi:dʲɪs]

's morgens vroeg (bw)	ankstì rytè	[aŋk'stʲɪ rʲi:'tʲɛ]
vanmorgen (bw)	šiañdien rytè	['ʃændʲiɛn rʲi:'tʲɛ]
morgenochtend (bw)	rytój rytè	[rʲi:'toj rʲi:'tʲɛ]

vanmiddag (bw)	šiañdien diẽną	['ʃæn'dʲɛn 'dʲiɛna:]
's middags (bw)	popiẽt	[po'pʲɛt]
morgenmiddag (bw)	rytój popiẽt	[rʲi:'toj po'pʲɛt]

| vanavond (bw) | šiañdien vakarè | ['ʃændʲiɛn vaka'rʲɛ] |
| morgenavond (bw) | rytój vakarè | [rʲi:'toj vaka'rʲɛ] |

klokslag drie uur	lygiai trẽčią vãlandą	['lʲi:gʲɛɪ 'trʲætʂʲæ: 'va:landa:]
ongeveer vier uur	apiẽ ketvìrtą vãlandą	[a'pʲɛ kʲɛtvʲɪrta: va:'landa:]
tegen twaalf uur	dvyliktai vãlandai	['dvʲi:lʲɪktʌɪ 'va:landʌɪ]

over twintig minuten	ùž dvidešimtiẽs minùčių	['uʒ dvʲɪdʲɛʃʲɪm'tʲɛs mʲɪ'nutʂʲu:]
over een uur	ùž valandõs	['uʒ valʲan'do:s]
op tijd (bw)	laikù	[lʲʌɪ'kʊ]

kwart voor ...	bè ketvìrčio	['bʲɛ 'kʲɛtvʲɪrtʂʲɔ]
binnen een uur	valandõs bėgyje	[valʲan'do:s 'bʲe:gʲi:je]
elk kwartier	kàs penkiólika minùčių	['kas pʲɛŋ'kʲolʲɪka mʲɪ'nutʂʲu:]
de klok rond	visą pãrą (m)	['vʲɪsa: 'pa:ra:]

18. Maanden. Seizoenen

januari (de)	saũsis (v)	['sausʲɪs]
februari (de)	vasãris (v)	[va'sa:rʲɪs]
maart (de)	kovàs (v)	[kɔ'vas]
april (de)	balañdis (v)	[ba'lʲandʲɪs]
mei (de)	gegužė̃ (m)	[gʲɛgʊ'ʒʲe:]
juni (de)	biržẽlis (v)	[bʲɪr'ʒʲælʲɪs]

juli (de)	líepa (m)	['lʲiɛpa]
augustus (de)	rugpjũtis (v)	[rʊg'pju:tʲɪs]
september (de)	rugséjis (v)	[rʊg'sʲɛjɪs]
oktober (de)	spãlis (v)	['spa:lʲɪs]

november (de)	lãpkritis (v)	['lʲa:pkrʲɪtʲɪs]
december (de)	grúodis (v)	['grʊadʲɪs]
lente (de)	pavãsaris (v)	[pa'va:sarʲɪs]
in de lente (bw)	pavãsarį	[pa'va:sarʲɪ:]
lente- (abn)	pavasarìnis	[pavasa'rʲɪnʲɪs]
zomer (de)	vãsara (m)	['va:sara]
in de zomer (bw)	vãsarą	['va:sara:]
zomer-, zomers (bn)	vasarìnis	[vasa'rʲɪnʲɪs]
herfst (de)	ruduõ (v)	[rʊ'dʊa]
in de herfst (bw)	rùdenį	['rʊdʲɛnʲɪ:]
herfst- (abn)	rudenìnis	[rʊdʲɛ'nʲɪnʲɪs]
winter (de)	žiemà (m)	[ʒʲiɛ'ma]
in de winter (bw)	žiẽmą	['ʒʲɛma:]
winter- (abn)	žiemìnis	[ʒʲiɛ'mʲɪnʲɪs]
maand (de)	ménuo (v)	['mʲe:nʊa]
deze maand (bw)	šį ménesį	[ʃɪ: 'mʲe:nesʲɪ:]
volgende maand (bw)	kìtą ménesį	['kʲɪ:ta: 'mʲe:nesʲɪ:]
vorige maand (bw)	praeitą ménesį	['praʲɛɪta: 'mʲe:nesʲɪ:]
een maand geleden (bw)	priẽš ménesį	['prʲɪ:ɛʃ 'mʲe:nesʲɪ:]
over een maand (bw)	ùž ménesio	['ʊʒ 'mʲe:nesʲɔ]
over twee maanden (bw)	ùž dvejũ ménesių	['ʊʒ dvɐ'ju: 'mʲe:nesʲu:]
de hele maand (bw)	vìsą ménesį	['vʲɪsa: 'mʲe:nesʲɪ:]
een volle maand (bw)	vìsą ménesį	['vʲɪsa: 'mʲe:nesʲɪ:]
maand-, maandelijks (bn)	kasmėnesìnis	[kasmʲe:ne'sʲɪnʲɪs]
maandelijks (bw)	kàs ménesį	['kas 'mʲe:nesʲɪ:]
elke maand (bw)	kiekvíeną ménesį	[kʲiɛk'vʲɪ:ɛna: 'mʲe:nesʲɪ:]
twee keer per maand	dù kartùs per ménesį	['dʊ kar'tʊs per 'mʲe:nesʲɪ:]
jaar (het)	mẽtai (v dgs)	['mʲætʌɪ]
dit jaar (bw)	šiaĩs mẽtais	['ʃɛɪs 'mʲætʌɪs]
volgend jaar (bw)	kitaĩs mẽtais	[kʲɪ'tʌɪs 'mʲætʌɪs]
vorig jaar (bw)	praeitaĩs mẽtais	[praʲɛɪ'tʌɪs 'mʲætʌɪs]
een jaar geleden (bw)	priẽš metùs	['prʲɛʃ mʲɛ'tʊs]
over een jaar	ùž mẽtų	['ʊʒ 'mʲætu:]
over twee jaar	ùž dvejũ mẽtų	['ʊʒ dvʲɛ'ju: 'mʲætu:]
het hele jaar	vìsus metùs	[vʲɪ'sʊs mʲɛ'tʊs]
een vol jaar	vìsus metùs	[vʲɪ'sʊs mʲɛ'tʊs]
elk jaar	kàs metùs	['kas mʲɛ'tʊs]
jaar-, jaarlijks (bn)	kasmetìnis	[kasmʲɛ'tʲɪnʲɪs]
jaarlijks (bw)	kàs metùs	['kas mʲɛ'tʊs]
4 keer per jaar	kẽturis kartùs per metùs	['kʲætʊrʲɪs kar'tʊs pʲɛr mʲɛ'tʊs]
datum (de)	dienà (m)	[dʲɪɛ'na]
datum (de)	datà (m)	[da'ta]
kalender (de)	kalendõrius (v)	[kalʲɛn'do:rʲʊs]
een half jaar	pùsė mẽtų	['pʊsʲe: 'mʲætu:]

zes maanden	pùsmetis (v)	['pʊsmʲɛtʲɪs]
seizoen (bijv. lente, zomer)	sezònas (v)	[sʲɛ'zonas]
eeuw (de)	ámžius (v)	['amʒʲʊs]

19. Tijd. Diversen

tijd (de)	laìkas (v)	['lʲʌɪkas]
ogenblik (het)	akìmirka (m)	[a'kʲɪmʲɪrka]
moment (het)	momentas (v)	[mo'mʲɛntas]
ogenblikkelijk (bn)	staigùs	[stʌɪ'gʊs]
tijdsbestek (het)	laìko tárpas (v)	['lʲʌɪkɔ 'tarpas]
leven (het)	gyvēnimas (v)	[gʲiː'vʲænʲɪmas]
eeuwigheid (de)	amžinýbė (m)	[amʒʲɪ'nʲiːbʲe:]
epoche (de), tijdperk (het)	epochà (m)	[ɛpo'xa]
era (de), tijdperk (het)	erà (m)	[ɛ'ra]
cyclus (de)	cìklas (v)	['tsʲɪklʲas]
periode (de)	periòdas (v)	[pʲɛrʲɪ'jɔdas]
termijn (vastgestelde periode)	laikótarpis (v)	[lʲʌɪ'kotarpʲɪs]
toekomst (de)	ateitìs (m)	[atʲɛɪ'tʲɪs]
toekomstig (bn)	bùsimas	['bʊsʲɪmas]
de volgende keer	kìtą kartą	['kʲɪta: 'karta:]
verleden (het)	praeitìs (m)	[praʲɛɪ'tʲɪs]
vorig (bn)	praėjęs	[pra'e:jɛ:s]
de vorige keer	praeitą kartą	['praʲɛɪta: 'karta:]
later (bw)	véliaũ	[vʲe:'lʲɛʊ]
na (~ het diner)	põ	['po:]
tegenwoordig (bw)	dabar̃	[da'bar]
nu (bw)	dabar̃	[da'bar]
onmiddellijk (bw)	tuõj pàt	['tʊɑj 'pat]
snel (bw)	greìtai	['grʲɛɪtʌɪ]
bij voorbaat (bw)	ìš añksto	[ɪʃ 'aŋkstɔ]
lang geleden (bw)	seniaĩ	[sʲɛ'nʲɛɪ]
kort geleden (bw)	neseniaĩ	[nʲɛsʲɛ'nʲɛɪ]
noodlot (het)	likìmas (v)	[lʲɪ'kʲɪmas]
herinneringen (mv.)	atminìmas (v)	[atmʲɪ'nʲɪmas]
archief (het)	archỹvas (v)	[ar'xʲiːvas]
tijdens ... (ten tijde van)	... metu	[... mʲɛ'tʊ]
lang (bw)	ilgaì ...	[ɪlʲ'gʌɪ ...]
niet lang (bw)	neilgaì	[nʲɛɪlʲ'gʌɪ]
vroeg (bijv. ~ in de ochtend)	ankstì	[aŋk'stʲɪ]
laat (bw)	vélaĩ	[vʲe:'lʲʌɪ]
voor altijd (bw)	visám laĩkui	[vʲɪ'sam 'lʲʌɪkʊi]
beginnen (ww)	pradėti	[pra'dʲe:tʲɪ]
uitstellen (ww)	pérkelti	['pʲɛrkʲɛlʲtʲɪ]
tegelijkertijd (bw)	tuõ pàt metù	['tʊɑ 'pat mʲɛ'tʊ]

voortdurend (bw)	vìsą laĩką	['vʲɪsaː 'lʲʌɪkaː]
constant (bijv. ~ lawaai)	nuolatìnis	[nʊɑlʲaˈtʲɪnʲɪs]
tijdelijk (bn)	laĩkinas	['lʲʌɪkʲɪnas]

soms (bw)	kartaĩs	[karˈtʌɪs]
zelden (bw)	retaĩ	[rʲɛˈtʌɪ]
vaak (bw)	dažnaĩ	[daʒˈnʌɪ]

20. Tegenovergestelden

| rijk (bn) | turtìngas | [tʊrˈtʲɪngas] |
| arm (bn) | skurdùs | [skʊrˈdʊs] |

| ziek (bn) | seřgantis | ['sʲɛrgantʲɪs] |
| gezond (bn) | sveĩkas | ['svʲɛɪkas] |

| groot (bn) | dìdelis | ['dʲɪdʲɛlʲɪs] |
| klein (bn) | mãžas | ['maːʒas] |

| snel (bw) | greĩtai | ['grʲɛɪtʌɪ] |
| langzaam (bw) | lėtaĩ | [lʲeːˈtʌɪ] |

| snel (bn) | greĩtas | ['grʲɛɪtas] |
| langzaam (bn) | lẽtas | ['lʲeːtas] |

| vrolijk (bn) | liñksmas | ['lʲɪŋksmas] |
| treurig (bn) | liũdnas | ['lʲuːdnas] |

| samen (bw) | kártu | ['kartʊ] |
| apart (bw) | atskiraĩ | [atskʲɪˈrʌɪ] |

| hardop (~ lezen) | garšiai | ['garsʲɛɪ] |
| stil (~ lezen) | tỹliai | ['tʲiːlʲɛɪ] |

| hoog (bn) | aũkštas | ['ɑʊkʃtas] |
| laag (bn) | žẽmas | ['ʒʲæmas] |

| diep (bn) | gilùs | [gʲɪˈlʲʊs] |
| ondiep (bn) | seklùs | [sʲɛkˈlʲʊs] |

| ja | taĩp | ['tʌɪp] |
| nee | nè | ['nʲɛ] |

| ver (bn) | tólimas | ['tolʲɪmas] |
| dicht (bn) | ařtimas | ['artʲɪmas] |

| ver (bw) | tolì | [toˈlʲɪ] |
| dichtbij (bw) | artì | [arˈtʲɪ] |

| lang (bn) | ìlgas | ['ɪlʲgas] |
| kort (bn) | trumpas | ['trʊmpas] |

| vriendelijk (goedhartig) | gẽras | ['gʲæras] |
| kwaad (bn) | pìktas | ['pʲɪktas] |

gehuwd (mann.)	vẽdęs	['vʲædʲɛːs]
ongehuwd (mann.)	nevẽdęs	[nʲɛ'vʲædʲɛːs]
verbieden (ww)	uždraũsti	[ʊʒ'drɑʊstʲɪ]
toestaan (ww)	leĩsti	['lʲɛɪstʲɪ]
einde (het)	pabaigà (m)	[pabʌɪ'ga]
begin (het)	pradžià (m)	[prad'ʒʲæ]
linker (bn)	kairỹs	[kʌɪ'rʲiːs]
rechter (bn)	dešinỹs	[dʲɛʃɪ'nʲiːs]
eerste (bn)	pìrmas	['pʲɪrmas]
laatste (bn)	paskutìnis	[paskʊ'tʲɪnʲɪs]
misdaad (de)	nusikaltìmas (v)	[nʊsʲɪkalʲ'tʲɪmas]
bestraffing (de)	bausmẽ (m)	[bɑʊs'mʲeː]
bevelen (ww)	įsakýti	[iːsa'kʲiːtʲɪ]
gehoorzamen (ww)	paklùsti	[pak'lʲʊstʲɪ]
recht (bn)	tiesùs	[tʲiɛ'sʊs]
krom (bn)	kreĩvas	['krʲɛɪvas]
paradijs (het)	rõjus (v)	['roːjʊs]
hel (de)	prãgaras (v)	['praːgaras]
geboren worden (ww)	gìmti	['gʲɪmtʲɪ]
sterven (ww)	mìrti	['mʲɪrtʲɪ]
sterk (bn)	stiprùs	[stʲɪp'rʊs]
zwak (bn)	sìlpnas	['sʲɪlʲpnas]
oud (bn)	sẽnas	['sʲænas]
jong (bn)	jáunas	['jɑʊnas]
oud (bn)	sẽnas	['sʲænas]
nieuw (bn)	naũjas	['nɑʊjas]
hard (bn)	kíetas	['kʲiɛtas]
zacht (bn)	mìnkštas	['mʲɪŋkʃtas]
warm (bn)	šìltas	['ʃʲɪlʲtas]
koud (bn)	šáltas	['ʃalʲtas]
dik (bn)	stóras	['storas]
dun (bn)	plónas	['plʲonas]
smal (bn)	siaũras	['sʲɛʊras]
breed (bn)	platùs	[plʲa'tʊs]
goed (bn)	gẽras	['gʲæras]
slecht (bn)	blõgas	['blʲoːgas]
moedig (bn)	drąsùs	[dra:'sʊs]
laf (bn)	bailùs	[bʌɪ'lʲʊs]

21. Lijnen en vormen

vierkant (het)	kvadratas (v)	[kvad'ra:tas]
vierkant (bn)	kvadratinis	[kvad'ra:tⁱɪnⁱɪs]
cirkel (de)	skritulỹs (v)	[skrⁱɪtʊ'lⁱi:s]
rond (bn)	apvalùs	[apva'lⁱʊs]
driehoek (de)	trikampis (v)	['trⁱɪkampⁱɪs]
driehoekig (bn)	trikampinis	[trⁱɪkam'pⁱɪnⁱɪs]

ovaal (het)	ovãlas (v)	[o'va:lⁱas]
ovaal (bn)	ovalùs	[ova'lⁱʊs]
rechthoek (de)	stačiãkampis (v)	[sta'tʂⁱækampⁱɪs]
rechthoekig (bn)	stačiãkampis	[sta'tʂⁱækampⁱɪs]

piramide (de)	piramìdė (m)	[pⁱɪra'mⁱɪdⁱe:]
ruit (de)	rombas (v)	['rombas]
trapezium (het)	trapėcija (m)	[tra'pⁱɛtsⁱɪjɛ]
kubus (de)	kùbas (v)	['kʊbas]
prisma (het)	prìzmė (m)	['prⁱɪzmⁱe:]

omtrek (de)	apskritìmas (v)	[apskrⁱɪ'tⁱɪmas]
bol, sfeer (de)	sferà (m)	[sfⁱɛ'ra]
bal (de)	rutulỹs (v)	[rʊtʊ'lⁱi:s]
diameter (de)	diãmetras (v)	[dⁱɪ'jamⁱɛtras]
straal (de)	spindulỹs (v)	[spⁱɪndʊ'lⁱi:s]
omtrek (~ van een cirkel)	perìmetras (v)	[pⁱɛ'rⁱɪmⁱɛtras]
middelpunt (het)	centras (v)	['tsⁱɛntras]

horizontaal (bn)	horizontalùs	[ɣorⁱɪzonta'lⁱʊs]
verticaal (bn)	vertikalùs	[vⁱɛrtⁱɪka'lⁱʊs]
parallel (de)	paralèlė (m)	[para'lⁱɛlⁱe:]
parallel (bn)	lygiagretùs	[lⁱi:gⁱægrⁱɛ'tʊs]

lijn (de)	lìnija (m)	['lⁱɪnⁱɪjɛ]
streep (de)	brūkšnỹs (v)	[bru:kʃ'nⁱi:s]
rechte lijn (de)	tiesiòji (m)	[tⁱiɛ'sⁱo:jɪ]
kromme (de)	kreivė (m)	[krⁱɛɪ'vⁱe:]
dun (bn)	plónas	['plⁱonas]
omlijning (de)	kontūras (v)	['kontu:ras]

snijpunt (het)	sánkirta (m)	['saŋkⁱɪrta]
rechte hoek (de)	statùsis kaṁpas (v)	[sta'tʊsⁱɪs 'kampas]
segment (het)	segmentas (v)	[sⁱɛg'mⁱɛntas]
sector (de)	sèktorius (v)	['sⁱɛktorⁱʊs]
zijde (de)	pùsė (m)	['pʊsⁱe:]
hoek (de)	kaṁpas (v)	['kampas]

22. Meeteenheden

gewicht (het)	svõris (v)	['svo:rⁱɪs]
lengte (de)	ìlgis (v)	[ilⁱgⁱɪs]
breedte (de)	plótis (v)	['plⁱo:tⁱɪs]
hoogte (de)	aũkštis (v)	['ɑʊkʃtⁱɪs]

diepte (de)	gỹlis (v)	['gʲiːlʲɪs]
volume (het)	tũris (v)	['tuːrʲɪs]
oppervlakte (de)	plótas (v)	['plʲotas]

gram (het)	grãmas (v)	['graːmas]
milligram (het)	miligrãmas (v)	[mʲɪlʲɪ'graːmas]
kilogram (het)	kilogrãmas (v)	[kʲɪlʲo'graːmas]
ton (duizend kilo)	tona (m)	[to'na]
pond (het)	svãras (v)	['svaːras]
ons (het)	ùncija (m)	['ʊntsʲɪjɛ]

meter (de)	mètras (v)	['mʲɛtras]
millimeter (de)	milimètras (v)	[mʲɪlʲɪ'mʲɛtras]
centimeter (de)	centimètras (v)	[tsʲɛntʲɪ'mʲɛtras]
kilometer (de)	kilomètras (v)	[kʲɪlʲo'mʲɛtras]
mijl (de)	mylià (m)	[mʲiːlʲæ]

duim (de)	cólis (v)	['tsolʲɪs]
voet (de)	pėdà (m)	[pʲeː'da]
yard (de)	jàrdas (v)	[jardas]

vierkante meter (de)	kvadrãtinis mètras (v)	[kvad'raːtʲɪnʲɪs 'mʲɛtras]
hectare (de)	hektãras (v)	[ɣʲɛk'taːras]

liter (de)	lìtras (v)	['lʲɪtras]
graad (de)	laĩpsnis (v)	['lʲʌɪpsnʲɪs]
volt (de)	vòltas (v)	['volʲtas]
ampère (de)	ampèras (v)	[am'pʲɛras]
paardenkracht (de)	árklio galià (m)	['arklʲo ga'lʲæ]

hoeveelheid (de)	kiẽkis (v)	['kʲɛkʲɪs]
een beetje ...	nedaũg ...	[nʲɛ'dɑʊg ...]
helft (de)	pùsė (m)	['pʊsʲeː]
dozijn (het)	tùzinas (v)	['tʊzʲɪnas]
stuk (het)	víenetas (v)	['vʲɪɛnʲɛtas]

afmeting (de)	dỹdis (v), išmatãvimai (v dgs)	['dʲiːdʲɪs], [iʃma'taːvʲɪmʌɪ]
schaal (bijv. ~ van 1 op 50)	mastẽlis (v)	[mas'tʲælʲɪs]

minimaal (bn)	minimalùs	[mʲɪnʲɪma'lʲʊs]
minste (bn)	mažiáusias	[ma'ʒʲæʊsʲæs]
medium (bn)	vidutìnis	[vʲɪdu'tʲɪnʲɪs]
maximaal (bn)	maksimalùs	[maksʲɪma'lʲʊs]
grootste (bn)	didžiáusias	[dʲɪ'dʒʲæʊsʲæs]

23. Containers

glazen pot (de)	stiklaìnis (v)	[stʲɪk'lʲʌɪnʲɪs]
blik (conserven~)	skardìnė (m)	[skar'dʲɪnʲeː]
emmer (de)	kìbiras (v)	['kʲɪbʲɪras]
ton (bijv. regenton)	statìnė (m)	[sta'tʲɪnʲeː]

ronde waterbak (de)	dubenẽlis (v)	[dʊbe'nʲɛlʲɪs]
tank (bijv. watertank-70-ltr)	bãkas (v)	['baːkas]

heupfles (de)	kolba (m)	['kolʲba]
jerrycan (de)	kanistras (v)	[ka'nʲɪstras]
tank (bijv. ketelwagen)	bākas (v)	['ba:kas]

beker (de)	puodelis (v)	[puɑ'dʲælʲɪs]
kopje (het)	puodelis (v)	[puɑ'dʲælʲɪs]
schoteltje (het)	lėkštėlė (m)	[lʲe:kʃ'tʲælʲe:]
glas (het)	stiklas (v)	['stʲɪklʲas]
wijnglas (het)	taurė (m)	[taʊ'rʲe:]
steelpan (de)	puodas (v)	['puɑdas]

fles (de)	butelis (v)	['bʊtʲɛlʲɪs]
flessenhals (de)	kaklas (v)	['ka:klʲas]

karaf (de)	grafinas (v)	[gra'fʲɪnas]
kruik (de)	ąsotis (v)	[a:'so:tʲɪs]
vat (het)	indas (v)	['ɪndas]
pot (de)	puodas (v)	['puɑdas]
vaas (de)	vaza (m)	[va'za]

flacon (de)	butelis (v)	['bʊtʲɛlʲɪs]
flesje (het)	buteliukas (v)	[bʊtʲɛ'lʲʊkas]
tube (bijv. ~ tandpasta)	tūba (m)	[tu:'ba]

zak (bijv. ~ aardappelen)	maišas (v)	['mʌɪʃas]
tasje (het)	paketas (v)	[pa'kʲɛtas]
pakje (~ sigaretten, enz.)	pluoštas (v)	['plʲʊɑʃtas]

doos (de)	dėžė (m)	[dʲe:'ʒʲe:]
kist (de)	dėžė (m)	[dʲe:'ʒʲe:]
mand (de)	krepšys (v)	[krʲɛp'ʃɪ:s]

24. Materialen

materiaal (het)	mēdžiaga (m)	['mʲædʒʲæga]
hout (het)	mēdis (v)	['mʲædʲɪs]
houten (bn)	medinis	[mʲɛ'dʲɪnʲɪs]

glas (het)	stiklas (v)	['stʲɪklʲas]
glazen (bn)	stiklinis	[stʲɪk'lʲɪnʲɪs]

steen (de)	akmuõ (v)	[ak'mʊɑ]
stenen (bn)	akmeninis	[akmʲɛ'nʲɪnʲɪs]

plastic (het)	plāstikas (v)	['plʲa:stʲɪkas]
plastic (bn)	plastikinis	[plʲastʲɪ'kʲɪnʲɪs]

rubber (het)	gumā (m)	[gʊ'ma]
rubber-, rubberen (bn)	guminis	[gʊ'mʲɪnʲɪs]

stof (de)	audinys (v)	[aʊdʲɪ'nʲi:s]
van stof (bn)	iš áudinio	[ɪʃ 'aʊdʲɪnʲɔ]
papier (het)	popierius (v)	['po:pʲiɛrʲʊs]
papieren (bn)	popierinis	[popʲiɛ'rʲɪnʲɪs]

karton (het)	kartónas (v)	[kar'tonas]
kartonnen (bn)	kartóninis	[kar'tonⁱɪnⁱɪs]

polyethyleen (het)	polietilėnas (v)	[polⁱiɛtⁱɪ'lⁱɛnas]
cellofaan (het)	celofánas (v)	[tsⁱɛlⁱo'faːnas]
multiplex (het)	fanerà (m)	[fanⁱɛ'ra]

porselein (het)	porceliãnas (v)	[portsⁱɛ'lⁱænas]
porseleinen (bn)	porceliãninis	[portsⁱɛ'lⁱænⁱɪnⁱɪs]
klei (de)	mólis (v)	['molⁱɪs]
klei-, van klei (bn)	molìnis	[mo'lⁱɪnⁱɪs]
keramiek (de)	kerãmika (m)	[kⁱɛ'raːmⁱɪka]
keramieken (bn)	keramikìnis	[kⁱɛramⁱɪ'kⁱɪnⁱɪs]

25. Metalen

metaal (het)	metãlas (v)	[mⁱɛ'taːlⁱas]
metalen (bn)	metalìnis	[mⁱɛta'lⁱɪnⁱɪs]
legering (de)	lydinỹs (v)	[lⁱiːdⁱɪ'nⁱiːs]

goud (het)	áuksas (v)	['aʊksas]
gouden (bn)	auksìnis	[aʊk'sⁱɪnⁱɪs]
zilver (het)	sidãbras (v)	[sⁱɪ'daːbras]
zilveren (bn)	sidabrìnis	[sⁱɪda'brⁱɪnⁱɪs]

IJzer (het)	geležìs (v)	[gⁱɛlⁱɛ'ʒⁱɪs]
IJzeren (bn)	geležìnis	[gⁱɛlⁱɛ'ʒⁱɪnⁱɪs]
staal (het)	pliẽnas (v)	['plⁱɛnas]
stalen (bn)	plienìnis	[plⁱiɛ'nⁱɪnⁱɪs]
koper (het)	vãris (v)	['vaːrⁱɪs]
koperen (bn)	varìnis	[va'rⁱɪnⁱɪs]

aluminium (het)	aliumìnis (v)	[alⁱʊ'mⁱɪnⁱɪs]
aluminium (bn)	aliumìninis	[alⁱʊ'mⁱɪnⁱɪnⁱɪs]
brons (het)	brónza (m)	['bronza]
bronzen (bn)	brónzinis	['bronzⁱɪnⁱɪs]

messing (het)	žálvaris (v)	['ʒalⁱvarⁱɪs]
nikkel (het)	nìkelis (v)	['nⁱɪkⁱɛlⁱɪs]
platina (het)	plãtinà (m)	[plⁱa:tⁱɪ'na]
kwik (het)	gývsidabris (v)	['gⁱiːvsⁱɪdabrⁱɪs]
tin (het)	álavas (v)	['aːlⁱavas]
lood (het)	švìnas (v)	['ʃvⁱɪnas]
zink (het)	cìnkas (v)	['tsⁱɪŋkas]

MENS

Mens. Het lichaam

26. Mensen. Basisbegrippen

mens (de)	žmogùs (v)	[ʒmo'gʊs]
man (de)	výras (v)	['vʲi:ras]
vrouw (de)	móteris (m)	['motʲɛrʲɪs]
kind (het)	vaĩkas (v)	['vʌɪkas]
meisje (het)	mergáitė (m)	[mʲɛr'gʌɪtʲe:]
jongen (de)	berniùkas (v)	[bʲɛr'nʲʊkas]
tiener, adolescent (de)	paauglỹs (v)	[paɑu'glʲi:s]
oude man (de)	sēnis (v)	['sʲænʲɪs]
oude vrouw (de)	sēnė (m)	['sʲænʲe:]

27. Menselijke anatomie

organisme (het)	organìzmas (v)	[orga'nʲɪzmas]
hart (het)	širdìs (m)	[ʃʲɪr'dʲɪs]
bloed (het)	kraũjas (v)	['krɑʊjas]
slagader (de)	artèrija (m)	[ar'tʲɛrʲɪjɛ]
ader (de)	venà (m)	[vʲɛ'na]
hersenen (mv.)	smẽgenys (v dgs)	['smʲægʲɛnʲi:s]
zenuw (de)	nèrvas (v)	['nʲɛrvas]
zenuwen (mv.)	nèrvai (v dgs)	['nʲɛrvʌɪ]
wervel (de)	slankstēlis (v)	[slaŋk'stʲælʲɪs]
ruggengraat (de)	stùburas (v)	['stʊbʊras]
maag (de)	skrañdis (v)	['skrandʲɪs]
darmen (mv.)	žarnýnas (v)	[ʒar'nʲi:nas]
darm (de)	žarnà (m)	[ʒar'na]
lever (de)	kēpenys (v dgs)	['kʲæpʲɛnʲi:s]
nier (de)	ìnkstas (v)	['ɪŋkstas]
been (deel van het skelet)	káulas (v)	['kɑʊlʲas]
skelet (het)	griáučiai (v)	['grʲæʊtʂʲɛɪ]
rib (de)	šónkaulis (v)	['ʃoŋkɑʊlʲɪs]
schedel (de)	káukolė (m)	['kɑʊkolʲe:]
spier (de)	raumuõ (v)	[rɑʊ'mʊɑ]
biceps (de)	bìcepsas (v)	['bʲɪtsʲɛpsas]
triceps (de)	trìcepsas (v)	['trʲɪtsʲɛpsas]
pees (de)	saũsgyslė (m)	['sɑʊsgʲi:slʲe:]
gewricht (het)	sąnaris (v)	['sa:narʲɪs]

longen (mv.)	plaučiai (v)	['plᶦɑʊtʂᶦɛɪ]
geslachtsorganen (mv.)	lytiniai organai (v dgs)	[lᶦi:'tᶦɪnᶦɛɪ 'organʌɪ]
huid (de)	oda (m)	['oda]

28. Hoofd

hoofd (het)	galva (m)	[galᶦ'va]
gezicht (het)	veidas (v)	['vᶦɛɪdas]
neus (de)	nosis (m)	['nosᶦɪs]
mond (de)	burna (m)	[bʊr'na]

oog (het)	akis (m)	[a'kᶦɪs]
ogen (mv.)	akys (m dgs)	['a:kᶦi:s]
pupil (de)	vyzdys (v)	[vᶦi:z'dᶦi:s]
wenkbrauw (de)	antakis (v)	['antakᶦɪs]
wimper (de)	blakstiena (m)	[blᶦak'stᶦiɛna]
ooglid (het)	vokas (v)	['vo:kas]

tong (de)	liežuvis (v)	[lᶦiɛ'ʒʊvᶦɪs]
tand (de)	dantis (v)	[dan'tᶦɪs]
lippen (mv.)	lūpos (m dgs)	['lᶦu:pos]
jukbeenderen (mv.)	skruostikauliai (v dgs)	[skrʊa'stᶦɪkɑʊlᶦɛɪ]
tandvlees (het)	dantenos (m dgs)	[dantᶦɛ'no:s]
gehemelte (het)	gomurys (v)	[gomʊ'rᶦi:s]

neusgaten (mv.)	šnervės (m dgs)	['ʃnᶦærvᶦe:s]
kin (de)	smakras (v)	['sma:kras]
kaak (de)	žandikaulis (v)	[ʒan'dᶦɪkɑʊlᶦɪs]
wang (de)	skruostas (v)	['skrʊastas]

voorhoofd (het)	kakta (m)	[kak'ta]
slaap (de)	smilkinys (v)	[smᶦɪlᶦkᶦɪ'nᶦi:s]
oor (het)	ausis (m)	[ɑʊ'sᶦɪs]
achterhoofd (het)	pakaušis, sprandas (v)	[pa'kɑʊʃɪs], ['sprandas]
hals (de)	kaklas (v)	['ka:klᶦas]
keel (de)	gerklė (m)	[gᶦɛrk'lᶦe:]

haren (mv.)	plaukai (v dgs)	[plᶦɑʊ'kʌɪ]
kapsel (het)	šukuosena (m)	[ʃʊ'kʊasᶦɛna]
haarsnit (de)	kirpimas (v)	[kᶦɪr'pᶦɪmas]
pruik (de)	perukas (v)	[pᶦɛ'rʊkas]

snor (de)	ūsai (v dgs)	['u:sʌɪ]
baard (de)	barzda (m)	[barz'da]
dragen (een baard, enz.)	nešioti	[nᶦɛ'ʃotᶦɪ]
vlecht (de)	kasa (m)	[ka'sa]
bakkebaarden (mv.)	žandenos (m dgs)	['ʒandᶦɛnos]

ros (roodachtig, rossig)	rudis	['rʊdᶦɪs]
grijs (~ haar)	žilas	['ʒᶦɪlᶦas]
kaal (bn)	plikas	['plᶦɪkas]
kale plek (de)	plikė (m)	['plᶦɪkᶦe:]
paardenstaart (de)	uodega (m)	[ʊadᶦɛ'ga]
pony (de)	kirpčiai (v dgs)	['kᶦɪrptʂᶦɛɪ]

29. Menselijk lichaam

hand (de)	plaštaka (m)	['plʲaːʃtaka]
arm (de)	ranka (m)	[raŋ'ka]

vinger (de)	pirštas (v)	['pʲɪrʃtas]
duim (de)	nykštys (v)	[nʲiːkʃ'tʲiːs]
pink (de)	mažasis pirštas (v)	[ma'ʒasʲɪs 'pʲɪrʃtas]
nagel (de)	nagas (v)	['na:gas]

vuist (de)	kumštis (v)	['kʊmʃtʲɪs]
handpalm (de)	delnas (v)	['dʲɛlʲnas]
pols (de)	riešas (v)	['rʲiɛʃas]
voorarm (de)	dilbis (v)	['dʲɪlʲbʲɪs]
elleboog (de)	alkūnė (m)	[alʲ'kuːnʲeː]
schouder (de)	petis (v)	[pʲɛ'tʲɪs]

been (rechter ~)	koja (m)	['koja]
voet (de)	pėda (m)	[pʲeː'da]
knie (de)	kelias (v)	['kʲælʲæs]
kuit (de)	blauzda (m)	[blʲɑʊz'da]
heup (de)	šlaunis (m)	[ʃlʲɑʊ'nʲɪs]
hiel (de)	kulnas (v)	['kʊlʲnas]

lichaam (het)	kūnas (v)	['kuːnas]
buik (de)	pilvas (v)	['pʲɪlʲvas]
borst (de)	krūtinė (m)	[kruː'tʲɪnʲeː]
borst (de)	krūtis (m)	[kruː'tʲɪs]
zijde (de)	šonas (v)	['ʃonas]
rug (de)	nugara (m)	['nʊgara]
lage rug (de)	juosmuo (v)	[jʊɑs'mʊɑ]
taille (de)	liemuo (v)	[lʲiɛ'mʊɑ]

navel (de)	bamba (m)	['bamba]
billen (mv.)	sėdmenys (v dgs)	['sʲeːdmenʲiːs]
achterwerk (het)	pasturgalis, užpakalis (v)	[pas'tʊrgalʲɪs], ['ʊʒpakalʲɪs]

huidvlek (de)	apgamas (v)	['a:pgamas]
moedervlek (de)	apgamas (v)	['a:pgamas]
tatoeage (de)	tatuiruotė (m)	[tatʊi'rʊatʲeː]
litteken (het)	randas (v)	['randas]

Kleding en accessoires

30. Bovenkleding. Jassen

kleren (mv.), kleding (de)	apranga (m)	[apran'ga]
bovenkleding (de)	viršutiniai drabužiai (v dgs)	[vʲɪrʃʊˈtʲɪnʲɛɪ draˈbʊʒʲɛɪ]
winterkleding (de)	žieminiai drabužiai (v)	[ʒʲiɛˈmʲɪnʲɛɪ draˈbʊʒʲɛɪ]
jas (de)	páltas (v)	[ˈpalʲtas]
bontjas (de)	kailiniai (v dgs)	[kʌɪlʲɪˈnʲɛɪ]
bontjasje (het)	puskailiniai (v)	[ˈpʊskʌɪlʲɪnʲɛɪ]
donzen jas (de)	pūkinė (m)	[puːˈkʲɪnʲeː]
jasje (bijv. een leren ~)	striukė (m)	[ˈstrʲʊkʲeː]
regenjas (de)	apsiaūstas (v)	[apˈsʲɛʊstas]
waterdicht (bn)	nepéršlampamas	[nʲɛˈpʲɛrʃlʲampamas]

31. Heren & dames kleding

overhemd (het)	marškiniaĩ (v dgs)	[marʃkʲɪrˈnʲɛɪ]
broek (de)	kélnės (m dgs)	[ˈkʲɛlʲnʲeːs]
jeans (de)	džìnsai (v dgs)	[ˈdʒʲɪnsʌɪ]
colbert (de)	švar̃kas (v)	[ˈʃvarkas]
kostuum (het)	kostiùmas (v)	[kɔsˈtʲʊmas]
jurk (de)	suknēlė (m)	[sʊkˈnʲælʲeː]
rok (de)	sijõnas (v)	[sʲɪˈjɔːnas]
blouse (de)	palaidinė (m)	[palʲʌɪˈdʲɪnʲeː]
wollen vest (de)	sùsegamas megztìnis (v)	[ˈsʊsʲɛgamas mʲɛgzˈtʲɪnʲɪs]
blazer (kort jasje)	žakètas, švarkēlis (v)	[ʒaˈkʲɛtas], [ʃvarˈkʲælʲɪs]
T-shirt (het)	fùtbolininko marškiniaĩ (v)	[ˈfʊtbolʲɪnʲɪŋkɔ marʃkʲɪrˈnʲɛɪ]
shorts (mv.)	šórtai (v dgs)	[ˈʃortʌɪ]
trainingspak (het)	spòrtinis kostiùmas (v)	[ˈsportʲɪnʲɪs kosˈtʲʊmas]
badjas (de)	chalãtas (v)	[xaˈlʲaːtas]
pyjama (de)	pižamà (v)	[pʲɪʒaˈma]
sweater (de)	nertìnis (v)	[nʲɛrˈtʲɪnʲɪs]
pullover (de)	megztìnis (v)	[mʲɛgzˈtʲɪnʲɪs]
gilet (het)	liemẽnė (m)	[lʲiɛˈmʲænʲeː]
rokkostuum (het)	frãkas (v)	[ˈfraːkas]
smoking (de)	smòkingas (v)	[ˈsmokʲɪngas]
uniform (het)	unifòrma (m)	[ʊnʲɪˈforma]
werkkleding (de)	dárbo drabužiai (v)	[ˈdarbo draˈbʊʒʲɛɪ]
overall (de)	kombinezònas (v)	[kɔmbʲɪnʲɛˈzonas]
doktersjas (de)	chalãtas (v)	[xaˈlʲaːtas]

32. Kleding. Ondergoed

ondergoed (het)	baltiniaĩ (v dgs)	[balʲtʲɪ'nʲɛɪ]
onderhemd (het)	apatìniai marškinėliai (v dgs)	[apa'tʲɪnʲɛɪ marʃkʲɪ'nʲe:lʲɛɪ]
sokken (mv.)	kójinės (m dgs)	['ko:jɪnʲe:s]
nachthemd (het)	naktìniai marškiniaĩ (v dgs)	[nak'tʲɪnʲɛɪ marʃkʲɪ'nʲɛɪ]
beha (de)	liemenėlė (m)	[lʲɪeme'nʲe:lʲe:]
kniekousen (mv.)	gõlfai (v)	['golʲfʌɪ]
panty (de)	pédkelnės (m dgs)	['pʲe:dkʲɛlʲnʲe:s]
nylonkousen (mv.)	kójinės (m dgs)	['ko:jɪnʲe:s]
badpak (het)	máudymosi kostiumėlis (v)	['maʊdʲi:mosʲɪ kostʲʊ'mʲe:lʲɪs]

33. Hoofddeksels

hoed (de)	kepùrė (m)	[kʲɛ'pʊrʲe:]
deukhoed (de)	skrybėlė (m)	[skrʲi:bʲe:'lʲe:]
honkbalpet (de)	beĩsbolo lazdà (m)	['bʲɛɪsbolʲɔ lʲaz'da]
kleppet (de)	kepùrė (m)	[kʲɛ'pʊrʲe:]
baret (de)	berètė (m)	[bʲɛ'rʲɛtʲe:]
kap (de)	gobtùvas (v)	[gop'tʊvas]
panamahoed (de)	panamà (m)	[pana'ma]
gebreide muts (de)	megztà kepuráitė (m)	[mʲɛgz'ta kepʊ'rʌɪtʲe:]
hoofddoek (de)	skarà (m), skarėlė (m)	[ska'ra], [ska'rʲælʲe:]
dameshoed (de)	skrybėláitė (m)	[skrʲi:bʲe:'lʲʌɪtʲe:]
veiligheidshelm (de)	šálmas (v)	['ʃalʲmas]
veldmuts (de)	pilótė (m)	[pʲɪ'lʲotʲe:]
helm, valhelm (de)	šálmas (v)	['ʃalʲmas]
bolhoed (de)	katiliùkas (v)	[katʲɪ'lʲʊkas]
hoge hoed (de)	cilìndras (v)	[tsʲɪ'lʲɪndras]

34. Schoeisel

schoeisel (het)	ãvalynė (m)	['a:valʲi:nʲe:]
schoenen (mv.)	bãtai (v)	['ba:tʌɪ]
vrouwenschoenen (mv.)	batėliai (v)	[ba'tʲælʲɛɪ]
laarzen (mv.)	aulìniai bãtai (v)	[aʊ'lʲɪnʲɛɪ 'ba:tʌɪ]
pantoffels (mv.)	šlepètės (m dgs)	[ʃlʲɛ'pʲætʲe:s]
sportschoenen (mv.)	spórtbačiai (v dgs)	['sportbatʂʲɛɪ]
sneakers (mv.)	spórtbačiai (v dgs)	['sportbatʂʲɛɪ]
sandalen (mv.)	sandãlai (v dgs)	[san'da:lʌɪ]
schoenlapper (de)	batsiuvỹs (v)	[batsʲʊ'vʲi:s]
hiel (de)	kuĩnas (v)	['kuɪˀnas]
paar (een ~ schoenen)	porà (m)	[po'ra]
veter (de)	bãtraištis (v)	['ba:trʌɪʃtʲɪs]

rijgen (schoenen ~)	várstyti	['varstⁱi:tⁱɪ]
schoenlepel (de)	šáukštas (v)	['ʃɑukʃtas]
schoensmeer (de/het)	ãvalynės krėmas (v)	['a:valⁱi:nⁱe:s 'krⁱɛmas]

35. Textiel. Weefsel

katoen (de/het)	mẽdvilnė (m)	['mⁱædvⁱɪlⁱnⁱe:]
katoenen (bn)	iš mẽdvilnės	[ɪʃ 'mⁱædvⁱɪlⁱnⁱe:s]
vlas (het)	lìnas (v)	['lⁱɪnas]
vlas-, van vlas (bn)	iš lìno	[ɪʃ 'lⁱɪnɔ]

zijde (de)	šílkas (v)	['ʃⁱɪlⁱkas]
zijden (bn)	šilkìnis	[ʃⁱɪlⁱkⁱɪnⁱɪs]
wol (de)	vìlna (m)	['vⁱɪlⁱna]
wollen (bn)	vilnõnis	[vⁱɪlⁱⁱno:nⁱɪs]

fluweel (het)	aksómas (v)	[ak'somas]
suède (de)	zõmša (m)	['zomʃa]
ribfluweel (het)	velvėtas (v)	[vⁱɛlⁱ'vⁱɛtas]

nylon (de/het)	nailònas (v)	[nʌɪ'lⁱonas]
nylon-, van nylon (bn)	iš nailòno	[ɪʃ nʌɪ'lⁱonɔ]
polyester (het)	poliestéris (v)	[polⁱiɛ'stⁱærⁱɪs]
polyester- (abn)	iš poliestéro	[ɪʃ polⁱiɛ'stⁱærɔ]

leer (het)	óda (m)	['oda]
leren (van leer gemaak)	iš ódos	[ɪʃ 'odos]
bont (het)	káilis (v)	['kʌɪlⁱɪs]
bont- (abn)	kailìnis	[kʌɪ'lⁱɪnⁱɪs]

36. Persoonlijke accessoires

handschoenen (mv.)	pírštinės (m dgs)	['pⁱɪrʃtⁱɪnⁱe:s]
wanten (mv.)	kùmštinės (m dgs)	['kumʃtⁱɪnⁱe:s]
sjaal (fleece ~)	šãlikas (v)	['ʃa:lⁱɪkas]

bril (de)	akiniaĩ (dgs)	[akⁱɪ'nⁱɛɪ]
brilmontuur (het)	rėmẽliai (v dgs)	[rⁱe:'mⁱælⁱɛɪ]
paraplu (de)	skėtis (v)	['skⁱe:tⁱɪs]
wandelstok (de)	lazdėlė (m)	[laz'dⁱælⁱe:]
haarborstel (de)	plaukų̃ šepetỹs (v)	[plⁱɑu'ku: ʃɛpⁱɛ'tⁱi:s]
waaier (de)	vėduõklė (m)	[vⁱe:'duɑklⁱe:]

das (de)	kaklãraištis (v)	[kak'lⁱa:rʌɪʃtⁱɪs]
strikje (het)	petelìškė (m)	[pⁱɛtⁱɛ'lⁱɪʃkⁱe:]
bretels (mv.)	pėtnešos (m dgs)	['pⁱætnⁱɛʃos]
zakdoek (de)	nósinė (m)	['nosⁱɪnⁱe:]

kam (de)	šùkos (m dgs)	['ʃukos]
haarspeldje (het)	segtùkas (v)	[sⁱɛk'tukas]
schuifspeldje (het)	plaukų̃ segtùkas (v)	[plⁱɑu'ku: sⁱɛk'tukas]
gesp (de)	sagtìs (m)	[sak'tⁱɪs]

| broekriem (de) | dȋržas (v) | ['dʲɪrʒas] |
| draagriem (de) | dȋržas (v) | ['dʲɪrʒas] |

handtas (de)	rankinùkas (v)	[raŋkʲɪ'nʊkas]
damestas (de)	rankinùkas (v)	[raŋkʲɪ'nʊkas]
rugzak (de)	kuprinė̃ (m)	[kʊ'prʲɪnʲeː]

37. Kleding. Diversen

mode (de)	madà (m)	[ma'da]
de mode (bn)	madìngas	[ma'dʲɪngas]
kledingstilist (de)	modeliúotojas (v)	[modʲɛ'lʲʊɑtoːjɛs]

kraag (de)	apýkaklė (m)	[a'pʲi:kaklʲe:]
zak (de)	kišẽnė (m)	[kʲɪ'ʃænʲe:]
zak- (abn)	kišenìnis	[kʲɪʃɛ'nʲɪnʲɪs]
mouw (de)	rankóvė (m)	[raŋ'kovʲe:]
lusje (het)	pakabà (m)	[paka'ba]
gulp (de)	klỹnas (v)	['klʲi:nas]

rits (de)	užtrauktùkas (v)	[ʊʒtrɑʊk'tʊkas]
sluiting (de)	užsegìmas (v)	[ʊʒsʲɛ'gʲɪmas]
knoop (de)	sagà (m)	[sa'ga]
knoopsgat (het)	kìlpa (m)	['kʲɪlʲpa]
losraken (bijv. knopen)	atplýšti	[at'plʲi:ʃtʲɪ]

naaien (kleren, enz.)	siū́ti	['sʲu:tʲɪ]
borduren (ww)	siuvinéti	[sʲʊvʲɪ'nʲe:tʲɪ]
borduursel (het)	siuvinéjimas (v)	[sʲʊvʲɪ'nʲɛjɪmas]
naald (de)	ã̃data (m)	['a:data]
draad (de)	siū́las (v)	['sʲu:lʲas]
naad (de)	siū́lė (m)	['sʲu:lʲe:]

vies worden (ww)	išsitepti	[ɪʃsʲɪ'tʲɛptʲɪ]
vlek (de)	démė (m)	[dʲe:'mʲe:]
gekreukt raken (ov. kleren)	susiglámžyti	[sʊsʲɪ'glʲa mʒʲi:tʲɪ]
scheuren (ov.ww.)	suplėšyti	[sʊp'lʲe:ʃɪ:tʲɪ]
mot (de)	kandis (v)	['kandʲɪs]

38. Persoonlijke verzorging. Schoonheidsmiddelen

tandpasta (de)	dantų̃ pastà (m)	[dan'tu: pas'ta]
tandenborstel (de)	dantų̃ šepetė̃lis (v)	[dan'tu: ʃepe'tʲe:lʲɪs]
tanden poetsen (ww)	valýti dantìs	[va'lʲi:tʲɪ dan'tʲɪs]

scheermes (het)	skustùvas (v)	[skʊ'stʊvas]
scheerschuim (het)	skutìmosi krèmas (v)	[skʊ'tʲɪmosʲɪ 'krʲɛmas]
zich scheren (ww)	skùstis	['skʊstʲɪs]

zeep (de)	muĩlas (v)	['mʊɪlʲas]
shampoo (de)	šampū̃nas (v)	[ʃam'pu:nas]
schaar (de)	žirklė̃s (m dgs)	['ʒʲɪrklʲe:s]

41

nagelvijl (de)	dildė (m) nagáms	['dʲɪlʲdʲe: na'gams]
nagelknipper (de)	gnybtùkai (v)	[gnʲi:p'tʊkʌɪ]
pincet (het)	pincètas (v)	[pʲɪn'tsʲɛtas]

cosmetica (de)	kosmètika (m)	[kɔs'mʲɛtʲɪka]
masker (het)	kaŭkė (m)	['kɑʊkʲe:]
manicure (de)	manikiūras (v)	[manʲɪ'kʲu:ras]
manicure doen	darýti manikiūrą	[da'rʲi:tʲɪ manʲɪ'kʲu:ra:]
pedicure (de)	pedikiūras (v)	[pʲɛdʲɪ'kʲu:ras]

cosmetica tasje (het)	kosmètinė (m)	[kɔs'mʲɛtʲɪnʲe:]
poeder (de/het)	pudrà (m)	[pʊd'ra]
poederdoos (de)	pùdrinė (m)	['pʊdrʲɪnʲe:]
rouge (de)	skaistalaĩ (v dgs)	[skʌɪsta'lʲaĩ]

parfum (de/het)	kvepalaĩ (v dgs)	[kvʲɛpa'lʲaĩ]
eau de toilet (de)	tualètinis vanduõ (v)	[tʊa'lʲɛtʲɪnʲɪs van'dʊɑ]
lotion (de)	losjònas (v)	[lʲo'sjɔ nas]
eau de cologne (de)	odekolònas (v)	[odʲɛko'lʲonas]

oogschaduw (de)	vokų̃ šešėliai (v)	[vo'ku: ʃe'ʃʲe:lʲɛɪ]
oogpotlood (het)	akių̃ pieštùkas (v)	[a'kʲu: pʲiɛʃ'tʊkas]
mascara (de)	tùšas (v)	['tʊʃas]

lippenstift (de)	lū̃pų dažaĩ (v)	['lʲu:pu: da'ʒʌɪ]
nagellak (de)	nagų̃ lãkas (v)	[na'gu: 'lʲa:kas]
haarlak (de)	plaukų̃ lãkas (v)	[plʲɑʊ'ku: 'lʲa:kas]
deodorant (de)	dezodorántas (v)	[dʲɛzodo'rantas]

crème (de)	krèmas (v)	['krʲɛmas]
gezichtscrème (de)	vèido krèmas (v)	['vʲɛɪdɔ 'krʲɛmas]
handcrème (de)	rañkų krèmas (v)	['raŋku: 'krʲɛmas]
antirimpelcrème (de)	krèmas (v) nuõ raukšlių̃	['krʲɛmas nʊɑ rɑʊkʃ'lʲu:]
dagcrème (de)	dieninis krèmas (v)	[dʲiɛ'nʲɪnʲɪs 'krʲɛmas]
nachtcrème (de)	naktinis krèmas (v)	[nak'tʲɪnʲɪs 'krʲɛmas]
dag- (abn)	dieninis	[dʲiɛ'nʲɪnʲɪs]
nacht- (abn)	naktìnis	[nak'tʲɪnʲɪs]

tampon (de)	tampònas (v)	[tam'ponas]
toiletpapier (het)	tualètinis pòpierius (v)	[tʊa'lʲɛtʲɪnʲɪs 'po:pʲiɛrʲʊs]
föhn (de)	fènas (v)	['fʲɛnas]

39. Juwelen

sieraden (mv.)	brangenýbės (m dgs)	[brange'nʲi:bʲe:s]
edel (bijv. ~ stenen)	brangùs	[bran'gʊs]
keurmerk (het)	prabà (m)	[pra'ba]

ring (de)	žíedas (v)	['ʒʲiɛdas]
trouwring (de)	vestùvinis žíedas (v)	[vʲɛs'tʊvʲɪnʲɪs 'ʒʲiɛdas]
armband (de)	apýrankė (m)	[a'pʲi:raŋkʲe:]

oorringen (mv.)	auskaraĩ (v)	[ɑʊska'rʌɪ]
halssnoer (het)	vėrinỹs (v)	[vʲe:rʲɪ'nʲi:s]

kroon (de)	karūna (m)	[karu:'na]
kralen snoer (het)	karōliai (v dgs)	[ka'ro:lʲɛɪ]

diamant (de)	briliántas (v)	[brʲɪlʲɪ'jantas]
smaragd (de)	smarãgdas (v)	[sma'ra:gdas]
robijn (de)	rubìnas (v)	[ru'bʲɪnas]
saffier (de)	safỹras (v)	[sa'fʲi:ras]
parel (de)	pérlas (v)	['pʲɛrlʲas]
barnsteen (de)	giñtaras (v)	['gʲɪntaras]

40. Horloges. Klokken

polshorloge (het)	laĩkrodis (v)	['lʲʌɪkrodʲɪs]
wijzerplaat (de)	ciferblãtas (v)	[tsʲɪfʲɛr'blʲa:tas]
wijzer (de)	rodỹklė (m)	[ro'dʲi:klʲe:]
metalen horlogeband (de)	apýrankė (m)	[a'pʲi:raŋkʲe:]
horlogebandje (het)	dirželis (v)	[dʲɪr'ʒʲælʲɪs]

batterij (de)	elemeñtas (v)	[ɛlʲe'mʲɛntas]
leeg zijn (ww)	išsikráuti	[ɪʃsʲɪ'krɑʊtʲɪ]
batterij vervangen	pakeĩsti elemeñtą	[pa'kʲɛɪstʲɪ ɛlʲɛ'mʲɛnta:]
voorlopen (ww)	skubéti	[skʊ'bʲe:tʲɪ]
achterlopen (ww)	atsilìkti	[atsʲɪ'lʲɪktʲɪ]

wandklok (de)	síeninis laĩkrodis (v)	['sʲiɛnʲɪnʲɪs 'lʲʌɪkrodʲɪs]
zandloper (de)	smẽlio laĩkrodis (v)	['smʲe:lʲɔ 'lʲʌɪkrodʲɪs]
zonnewijzer (de)	sáulės laĩkrodis (v)	['sɑʊlʲe:s 'lʲʌɪkrodʲɪs]
wekker (de)	žadintùvas (v)	[ʒadʲɪn'tʊvas]
horlogemaker (de)	laĩkrodininkas (v)	['lʲʌɪkrodʲɪnʲɪŋkas]
repareren (ww)	taisýti	[tʌɪ'sʲi:tʲɪ]

Voedsel. Voeding

41. Voedsel

vlees (het)	mėsà (m)	[mʲeː'sa]
kip (de)	vištà (m)	[vʲɪʃ'ta]
kuiken (het)	viščiùkas (v)	[vʲɪʃ'tsʲʊkas]
eend (de)	ántis (m)	['antʲɪs]
gans (de)	žą̃sinas (v)	['ʒaːsʲɪnas]
wild (het)	žvėríena (m)	[ʒvʲeː'rʲiɛna]
kalkoen (de)	kalakutíena (m)	[kalʲakʊ'tʲiɛna]

varkensvlees (het)	kiaulíena (m)	[kʲɛʊ'lʲiɛna]
kalfsvlees (het)	veršíena (m)	[vʲɛrʃʲiɛna]
schapenvlees (het)	avíena (m)	[a'vʲiɛna]
rundvlees (het)	jáutiena (m)	['jaʊtʲiɛna]
konijnenvlees (het)	triùšis (v)	['trʲʊʃɪs]

worst (de)	dešrà (m)	[dʲɛʃ'ra]
saucijs (de)	dešrẽlė (m)	[dʲɛʃ'rʲælʲeː]
spek (het)	bekònas (v)	[bʲɛ'konas]
ham (de)	kum̃pis (v)	['kʊmpʲɪs]
gerookte achterham (de)	kum̃pis (v)	['kʊmpʲɪs]

paté, pastei (de)	paštẽtas (v)	[paʃ'tʲɛtas]
lever (de)	kẽpenys (m dgs)	[kʲɛpe'nʲiːs]
gehakt (het)	fáršas (v)	['farʃas]
tong (de)	liežùvis (v)	[lʲiɛ'ʒʊvʲɪs]

ei (het)	kiaušìnis (v)	[kʲɛʊ'ʃɪnʲɪs]
eieren (mv.)	kiaušìniai (v dgs)	[kʲɛʊ'ʃɪnʲɛɪ]
eiwit (het)	báltymas (v)	['balʲtʲiːmas]
eigeel (het)	trynỹs (v)	[trʲiː'nʲiːs]

vis (de)	žuvìs (m)	[ʒʊ'vʲɪs]
zeevruchten (mv.)	jū́ros gėrýbės (m dgs)	['juːros gʲe:'rʲiːbʲeːs]
schaaldieren (mv.)	vėžiãgyviai (v dgs)	[vʲeː'ʒʲægʲiːvʲɛɪ]
kaviaar (de)	ìkrai (v dgs)	['ɪkrʌɪ]

krab (de)	krãbas (v)	['kraːbas]
garnaal (de)	krevẽtė (m)	[krʲɛ'vʲɛtʲeː]
oester (de)	áustrė (m)	['aʊstrʲeː]
langoest (de)	langùstas (v)	[lʲan'gustas]
octopus (de)	aštuonkõjis (v)	[aʃtʊɑŋ'koːjis]
inktvis (de)	kalmãras (v)	[kalʲma:ras]

steur (de)	eršketíena (m)	[ɛrʃkʲɛ'tʲiɛna]
zalm (de)	lašišà (m)	[lʲaʃɪ'ʃa]
heilbot (de)	õtas (v)	['oːtas]
kabeljauw (de)	menkė̃ (m)	['mʲɛŋkʲeː]

makreel (de)	skùmbrė (m)	['skʊmbrʲe:]
tonijn (de)	tùnas (v)	['tʊnas]
paling (de)	ungurỹs (v)	[ʊŋgʊ'rʲi:s]

forel (de)	upétakis (v)	[ʊ'pʲe:takʲɪs]
sardine (de)	sardìnė (m)	[sar'dʲɪnʲe:]
snoek (de)	lydeka̍ (m)	[lʲi:dʲɛ'ka]
haring (de)	sìlkė (m)	['sʲɪlʲkʲe:]

brood (het)	dúona (m)	['dʊana]
kaas (de)	sũris (v)	['su:rʲɪs]
suiker (de)	cùkrus (v)	['tsʊkrʊs]
zout (het)	druska̍ (m)	[drʊs'ka]

rijst (de)	rỹžiai (v)	['rʲi:ʒʲɛɪ]
pasta (de)	makarõnai (v dgs)	[maka'ro:nʌɪ]
noedels (mv.)	lãkštiniai (v dgs)	['lʲa:kʃtʲɪnʲɛɪ]

boter (de)	svíestas (v)	['svʲiɛstas]
plantaardige olie (de)	augalìnis aliẽjus (v)	[aʊga'lʲɪnʲɪs a'lʲɛjʊs]
zonnebloemolie (de)	saulégrąžų aliẽjus (v)	[saʊ'lʲe:gra:ʒu: a'lʲɛjʊs]
margarine (de)	margarìnas (v)	[marga'rʲɪnas]

| olijven (mv.) | alỹvuogės (m dgs) | [a'lʲi:vʊagʲe:s] |
| olijfolie (de) | alỹvuogių aliẽjus (v) | [a'lʲi:vʊagʲu: a'lʲɛjʊs] |

melk (de)	píenas (v)	['pʲiɛnas]
gecondenseerde melk (de)	sutírštintas píenas (v)	[sʊ'tʲɪrʃtʲɪntas 'pʲiɛnas]
yoghurt (de)	jogùrtas (v)	[jo'gʊrtas]
zure room (de)	grietìnė (m)	[grʲiɛ'tʲɪnʲe:]
room (de)	grietinẽlė (m)	[grʲiɛtʲɪ'nʲe:lʲe:]

| mayonaise (de) | majonėzas (v) | [majo'nʲɛzas] |
| crème (de) | krèmas (v) | ['krʲɛmas] |

graan (het)	kruõpos (m dgs)	['krʊapos]
meel (het), bloem (de)	mìltai (v dgs)	['mʲɪlʲtʌɪ]
conserven (mv.)	konsèrvai (v dgs)	[kon'sʲɛrvʌɪ]

maïsvlokken (mv.)	kukurūzų drìbsniai (v dgs)	[kʊkʊ'ru:zu: 'drʲɪbsnʲɛɪ]
honing (de)	medùs (v)	[mʲɛ'dʊs]
jam (de)	džèmas (v)	['dʒʲɛmas]
kauwgom (de)	kram̃tomoji guma̍ (m)	[kramto'mojɪ gʊ'ma]

42. Drankjes

water (het)	vanduõ (v)	[van'dʊa]
drinkwater (het)	gėriamas vanduõ (v)	['gʲærʲæmas van'dʊa]
mineraalwater (het)	minerãlinis vanduõ (v)	[mʲɪnʲɛ'ra:lʲɪnʲɪs van'dʊa]

zonder gas	bè gãzo	['bʲɛ 'ga:zɔ]
koolzuurhoudend (bn)	gazúotas	[ga'zʊatas]
bruisend (bn)	gazúotas	[ga'zʊatas]
IJs (het)	lẽdas (v)	['lʲædas]

45

met ijs	su ledais	['sʊ lʲɛ'dʌɪs]
alcohol vrij (bn)	nealkoholonis	[nʲɛalʲko'ɣolonʲɪs]
alcohol vrije drank (de)	nealkoholonis gėrimas (v)	[nʲɛalʲko'ɣolonʲɪs 'gʲe:rʲɪmas]
frisdrank (de)	gaivusis gėrimas (v)	[gʌɪ'vʊsʲɪs 'gʲe:rʲɪmas]
limonade (de)	limonādas (v)	[lʲɪmo'na:das]

alcoholische dranken (mv.)	alkoholiniai gėrimai (v dgs)	[alʲko'ɣolʲɪnʲɛɪ 'gʲe:rʲɪmʌɪ]
wijn (de)	vỹnas (v)	['vʲi:nas]
witte wijn (de)	baltas vỹnas (v)	['balʲtas 'vʲi:nas]
rode wijn (de)	raudonas vỹnas (v)	[rɑʊ'donas 'vʲi:nas]

likeur (de)	likeris (v)	['lʲɪkʲɛrʲɪs]
champagne (de)	šampānas (v)	[ʃam'pa:nas]
vermout (de)	vermutas (v)	['vʲɛrmʊtas]

whisky (de)	viskis (v)	['vʲɪskʲɪs]
wodka (de)	degtinė (m)	[dʲɛk'tʲɪnʲe:]
gin (de)	džinas (v)	['dʒʲɪnas]
cognac (de)	konjākas (v)	[kɔnʲja:kas]
rum (de)	romas (v)	['romas]

koffie (de)	kava (m)	[ka'va]
zwarte koffie (de)	juoda kava (m)	[jʊɑ'da ka'va]
koffie (de) met melk	kava su pienu (m)	[ka'va 'sʊ 'pʲiɛnʊ]
cappuccino (de)	kapučino kava (m)	[kapu'tʂɪnɔ ka'va]
oploskoffie (de)	tirpi kava (m)	[tʲɪr'pʲɪ ka'va]

melk (de)	pienas (v)	['pʲiɛnas]
cocktail (de)	kokteilis (v)	[kɔk'tʲɛɪlʲɪs]
milkshake (de)	pieniškas kokteilis (v)	['pʲiɛnʲɪʃkas kɔk'tʲɛɪlʲɪs]

sap (het)	sultys (m dgs)	['sʊlʲtʲi:s]
tomatensap (het)	pomidorų sultys (m dgs)	[pomʲɪ'doru: 'sʊlʲtʲi:s]
sinaasappelsap (het)	apelsinų sultys (m dgs)	[apʲɛlʲ'sʲɪnu: 'sʊlʲtʲi:s]
vers geperst sap (het)	šviežiai spaustos sultys (m dgs)	[ʃvʲiɛ'ʒʲɛɪ 'spaustos 'sʊlʲtʲi:s]

bier (het)	alus (v)	[a'lʲʊs]
licht bier (het)	šviesus alus (v)	[ʃvʲiɛ'sʊs a'lʲʊs]
donker bier (het)	tamsus alus (v)	[tam'sʊs a'lʲʊs]

thee (de)	arbata (m)	[arba'ta]
zwarte thee (de)	juoda arbata (m)	[jʊɑ'da arba'ta]
groene thee (de)	žalia arbata (m)	[ʒa'lʲæ arba'ta]

43. Groenten

groenten (mv.)	daržovės (m dgs)	[dar'ʒovʲe:s]
verse kruiden (mv.)	žalumynai (v)	[ʒalʲʊ'mʲi:nʌɪ]

tomaat (de)	pomidoras (v)	[pomʲɪ'doras]
augurk (de)	agurkas (v)	[a'gʊrkas]
wortel (de)	morka (m)	[mor'ka]
aardappel (de)	bulvė (m)	['bʊlʲvʲe:]

| ui (de) | svogūnas (v) | [svo'gu:nas] |
| knoflook (de) | česnākas (v) | [tʃʲɛs'na:kas] |

kool (de)	kopūstas (v)	[kɔ'pu:stas]
bloemkool (de)	kalafioras (v)	[kalʲa'fʲoras]
spruitkool (de)	briuselio kopūstas (v)	['brʲusʲɛlʲɔ ko'pu:stas]
broccoli (de)	brókolių kopūstas (v)	['brokolʲu: ko'pu:stas]

rode biet (de)	ruñkelis, burōkas (v)	['rʊŋkʲɛlʲɪs], [bʊ'ro:kas]
aubergine (de)	baklažānas (v)	[baklʲa'ʒa:nas]
courgette (de)	agurōtis (v)	[agʊ'ro:tʲɪs]
pompoen (de)	rópė (m)	['ropʲe:]
raap (de)	moliūgas (v)	[mo'lʲu:gas]

peterselie (de)	petrāžolė (m)	[pʲɛ'tra:ʒolʲe:]
dille (de)	krāpas (v)	['kra:pas]
sla (de)	salóta (m)	[sa'lʲo:ta]
selderij (de)	saliēras (v)	[sa'lʲɛras]
asperge (de)	smìdras (v)	['smʲɪdras]
spinazie (de)	špinātas (v)	[ʃpʲɪ'na:tas]

erwt (de)	žìrniai (v dgs)	['ʒʲɪrnʲɛɪ]
bonen (mv.)	pùpos (m dgs)	['pʊpos]
maïs (de)	kukurūzas (v)	[kʊkʊ'ru:zas]
boon (de)	pupēlės (m dgs)	[pʊ'pʲælʲe:s]

peper (de)	pipìras (v)	[pʲɪ'pʲɪras]
radijs (de)	ridìkas (v)	[rʲɪ'dʲɪkas]
artisjok (de)	artišókas (v)	[artʲɪ'ʃokas]

44. Vruchten. Noten

vrucht (de)	vaìsius (v)	['vʌɪsʲʊs]
appel (de)	obuolỹs (v)	[obʊɑ'lʲi:s]
peer (de)	kriáušė (m)	['krʲæʊʃe:]
citroen (de)	citrinà (m)	[tsʲɪtrʲɪ'na]
sinaasappel (de)	apelsìnas (v)	[apʲɛlʲ'sʲɪnas]
aardbei (de)	brāškė (m)	['bra:ʃkʲe:]

mandarijn (de)	mandarìnas (v)	[manda'rʲɪnas]
pruim (de)	slyvà (m)	[slʲɪ'va]
perzik (de)	pérsikas (v)	['pʲɛrsʲɪkas]
abrikoos (de)	abrikósas (v)	[abrʲɪ'kosas]
framboos (de)	aviētė (m)	[a'vʲɛtʲe:]
ananas (de)	ananāsas (v)	[ana'na:sas]

banaan (de)	banānas (v)	[ba'na:nas]
watermeloen (de)	arbūzas (v)	[ar'bu:zas]
druif (de)	vỹnuogės (m dgs)	['vʲi:nʊɑgʲe:s]
zure kers (de)	vyšnià (m)	[vʲɪʃnʲæ]
zoete kers (de)	trēšnė (m)	['trʲæʃnʲe:]
meloen (de)	melionas (v)	[mʲɛ'lʲonas]
grapefruit (de)	greìpfrutas (v)	['grʲɛɪpfrʊtas]
avocado (de)	avokādas (v)	[avo'kadas]

papaja (de)	papája (m)	[pa'pa ja]
mango (de)	mángo (v)	['mangɔ]
granaatappel (de)	granátas (v)	[gra'na:tas]

rode bes (de)	raudoníeji serbeñtai (v dgs)	[raʊdo'nⁱɛji sⁱɛr'bⁱɛntʌɪ]
zwarte bes (de)	juodíeji serbeñtai (v dgs)	[jʊɑ'dⁱiɛjɪ sⁱɛr'bⁱɛntʌɪ]
kruisbes (de)	agrãstas (v)	[ag'ra:stas]
bosbes (de)	mélỹnės (m dgs)	[mⁱe:'lⁱi:nⁱe:s]
braambes (de)	gérvuogės (m dgs)	['gⁱɛrvʊɑgⁱe:s]

rozijn (de)	razìnos (m dgs)	[ra'zⁱɪnos]
vijg (de)	figà (m)	[fⁱɪ'ga]
dadel (de)	datùlė (m)	[da'tʊlⁱe:]

pinda (de)	žẽmės riešutaĩ (v)	['ʒⁱæmⁱe:s rⁱiɛʃʊ'tʌɪ]
amandel (de)	migdólas (v)	[mⁱɪg'do:lⁱas]
walnoot (de)	graĩkinis ríešutas (v)	['grʌɪkⁱɪnⁱɪs 'rⁱiɛʃʊtas]
hazelnoot (de)	ríešutas (v)	['rⁱiɛʃʊtas]
kokosnoot (de)	kòkoso ríešutas (v)	['kokosɔ 'rⁱiɛʃʊtas]
pistaches (mv.)	pistãcijos (m dgs)	[pⁱɪs'ta:tsⁱɪjɔs]

45. Brood. Snoep

suikerbakkerij (de)	konditèrijos gaminiaĩ (v)	[kɔndⁱɪ'tⁱɛrⁱɪjɔs gamⁱɪ'nⁱɛɪ]
brood (het)	dúona (m)	['dʊɑna]
koekje (het)	sausaĩniai (v)	[sɑʊ'sʌɪnⁱɛɪ]

chocolade (de)	šokolãdas (v)	[ʃoko'lⁱa:das]
chocolade- (abn)	šokolãdinis	[ʃoko'lⁱa:dⁱɪnⁱɪs]
snoepje (het)	saldaĩnis (v)	[salⁱ'dʌⁱɪnⁱɪs]
cakeje (het)	pyragáitis (v)	[pⁱi:ra'gʌɪtⁱɪs]
taart (bijv. verjaardags~)	tòrtas (v)	['tortas]

| pastei (de) | pyrãgas (v) | [pⁱi:'ra:gas] |
| vulling (de) | įdaras (v) | ['i:daras] |

confituur (de)	uogiẽnė (m)	[ʊɑ'gⁱɛnⁱe:]
marmelade (de)	marmelãdas (v)	[marmⁱɛ'lⁱa:das]
wafel (de)	vãfliai (v dgs)	['va:flⁱɛɪ]
IJsje (het)	ledaĩ (v dgs)	[lⁱɛ'dʌɪ]
pudding (de)	pùdingas (v)	['pʊdⁱɪngas]

46. Bereide gerechten

gerecht (het)	pãtiekalas (v)	['pa:tⁱiɛkalⁱas]
keuken (bijv. Franse ~)	virtùvė (m)	[vⁱɪr'tʊvⁱe:]
recept (het)	recèptas (v)	[rⁱɛ'tsⁱɛptas]
portie (de)	pòrcija (m)	['portsⁱɪjɛ]

salade (de)	salótos (m)	[sa'lⁱo:tos]
soep (de)	sriubà (m)	[srⁱʊ'ba]
bouillon (de)	sultinỹs (v)	[sʊlⁱtⁱɪr'nⁱi:s]

| boterham (de) | sumuštìnis (v) | [sʊmʊʃ'tʲɪnʲɪs] |
| spiegelei (het) | kiaušinìenė (m) | [kʲɛʊʃʲɪ'nʲɛnʲe:] |

| hamburger (de) | mėsaìnis (v) | [mʲe:'sʌɪnʲɪs] |
| biefstuk (de) | bifštèksas (v) | [bʲɪfʃtʲɛksas] |

garnering (de)	garnýras (v)	[gar'nʲiːras]
spaghetti (de)	spagèčiai (v dgs)	[spa'gʲɛtʂʲɛɪ]
aardappelpuree (de)	bùlvių kõšė (m)	['bʊlʲvʲu: 'koːʃe:]
pizza (de)	pica (m)	[pʲɪ'tsa]
pap (de)	kõšė (m)	['koːʃe:]
omelet (de)	omlètas (v)	[om'lʲɛtas]

gekookt (in water)	vìrtas	['vʲɪrtas]
gerookt (bn)	rūkýtas	[ruː'kʲiːtas]
gebakken (bn)	kèptas	['kʲæptas]
gedroogd (bn)	džiovìntas	[dʒʲo'vʲɪntas]
diepvries (bn)	šáldytas	['ʃalʲdʲiːtas]
gemarineerd (bn)	marinúotas	[marʲɪ'nʊɑtas]

zoet (bn)	saldùs	[salʲ'dʊs]
gezouten (bn)	sūrùs	[suː'rʊs]
koud (bn)	šáltas	['ʃalʲtas]
heet (bn)	kárštas	['karʃtas]
bitter (bn)	kartùs	[kar'tʊs]
lekker (bn)	skanùs	[ska'nʊs]

koken (in kokend water)	vìrti	['vʲɪrtʲɪ]
bereiden (avondmaaltijd ~)	gamìnti	[ga'mʲɪntʲɪ]
bakken (ww)	kèpti	['kʲɛptʲɪ]
opwarmen (ww)	pašìldyti	[pa'ʃɪlʲdʲiːtʲɪ]

zouten (ww)	sūdyti	['suː:dʲiːtʲɪ]
peperen (ww)	įberti pipìrų	[iː'bʲɛrtʲɪ pʲɪ'pʲɪːru:]
raspen (ww)	tarkúoti	[tar'kʊatʲɪ]
schil (de)	lùoba (m)	['lʲʊaba]
schillen (ww)	lùpti bùlves	['lʊptʲɪ 'bʊlʲvʲɛs]

47. Kruiden

zout (het)	druskà (m)	[drʊs'ka]
gezouten (bn)	sūrùs	[suː'rʊs]
zouten (ww)	sūdyti	['suː:dʲiːtʲɪ]

zwarte peper (de)	juodíeji pipìrai (v)	[jʊa'dʲiɛjɪ pʲɪ'pʲɪrʌɪ]
rode peper (de)	raudoníeji pipìrai (v)	[rɑʊdo'nʲiɛjɪ pʲɪ'pʲɪrʌɪ]
mosterd (de)	garstýčios (v)	[gar'stʲiːtʂʲos]
mierikswortel (de)	krienaĩ (v dgs)	[krʲiɛ'nʌɪ]

condiment (het)	príeskonis (v)	['prʲiɛskonʲɪs]
specerij , kruiderij (de)	príeskonis (v)	['prʲiɛskonʲɪs]
saus (de)	pãdažas (v)	['pa:daʒas]
azijn (de)	ãctas (v)	['a:tstas]
anijs (de)	anýžius (v)	[a'nʲiː:ʒʲʊs]

basilicum (de)	bazìlikas (v)	[ba'zʲɪlʲɪkas]
kruidnagel (de)	gvazdìkas (v)	[gvaz'dʲɪkas]
gember (de)	imbieras (v)	['ɪmbʲiɛras]
koriander (de)	kaléndra (m)	[ka'lʲɛndra]
kaneel (de/het)	cinamónas (v)	[tsʲɪna'monas]

sesamzaad (het)	sezãmas (v)	[sʲɛ'za:mas]
laurierblad (het)	láuro lãpas (v)	['lʲɑurɔ 'lʲa:pas]
paprika (de)	pãprika (m)	['pa:prɪka]
komijn (de)	kmȳnai (v)	['kmʲi:nʌɪ]
saffraan (de)	šafrãnas (v)	[ʃafra:nas]

48. Maaltijden

eten (het)	valgis (v)	['valʲgʲɪs]
eten (ww)	válgyti	['valʲgʲi:tʲɪ]

ontbijt (het)	pùsryčiai (v dgs)	['pusrʲi:tʂʲɛɪ]
ontbijten (ww)	pùsryčiauti	['pusrʲi:tʂʲɛʋtʲɪ]
lunch (de)	piẽtūs (v)	['pʲɛ'tu:s]
lunchen (ww)	pietáuti	[pʲiɛ'tɑʋtʲɪ]
avondeten (het)	vakariẽnė (m)	[vaka'rʲɛnʲe:]
souperen (ww)	vakarieniáuti	[vakarʲiɛ'nʲæʋtʲɪ]

eetlust (de)	apetìtas (v)	[apʲɛ'tʲɪtas]
Eet smakelijk!	Gẽro apetìto!	['gʲærɔ apʲɛ'tʲɪtɔ!]

openen (een fles ~)	atidarýti	[atʲɪda'rʲi:tʲɪ]
morsen (koffie, enz.)	išpìlti	[ɪʃpʲɪlʲtʲɪ]
zijn gemorst	išsipìlti	[ɪʃsʲɪ'pʲɪlʲtʲɪ]

koken (water kookt bij 100°C)	vìrti	['vʲɪrtʲɪ]
koken (Hoe om water te ~)	vìrinti	['vʲɪrʲɪntʲɪ]
gekookt (~ water)	vìrintas	['vʲɪrʲɪntas]
afkoelen (koeler maken)	atvėsìnti	[atvʲe:'sʲɪntʲɪ]
afkoelen (koeler worden)	vėsìnti	[vʲe:'sʲɪntʲɪ]

smaak (de)	skõnis (v)	['sko:nʲɪs]
nasmaak (de)	príeskonis (v)	['prʲiɛskonʲɪs]

volgen een dieet	laikýti diẽtos	[lʲʌɪ'kʲi:tʲɪ 'dʲɛtos]
dieet (het)	dietà (m)	[dʲiɛ'ta]
vitamine (de)	vitamìnas (v)	[vʲɪta'mʲɪnas]
calorie (de)	kalòrija (m)	[ka'lʲorʲɪjɛ]

vegetariër (de)	vegetãras (v)	[vʲɛgʲɛ'ta:ras]
vegetarisch (bn)	vegetãriškas	[vʲɛgʲɛ'ta:rʲʃkas]

vetten (mv.)	riebalaĩ (v dgs)	[rʲiɛba'lʲʌɪ]
eiwitten (mv.)	baltymaĩ (v dgs)	[balʲtʲi:'mʌɪ]
koolhydraten (mv.)	angliãvandeniai (v dgs)	[an'glʲævandʲɛnʲɛɪ]
snede (de)	griežinȳs (v)	[grʲiɛʒʲɪ'nʲi:s]
stuk (bijv. een ~ taart)	gãbalas (v)	['ga:balʲas]
kruimel (de)	trupinȳs (v)	[trupʲɪ'nʲi:s]

49. Tafelschikking

lepel (de)	šáukštas (v)	['ʃɑʊkʃtas]
mes (het)	peĩlis (v)	['pʲɛɪlʲɪs]
vork (de)	šakùtė (m)	[ʃa'kʊtʲe:]
kopje (het)	puodùkas (v)	[pʊɑ'dʊkas]
bord (het)	lėkštė̃ (m)	[lʲe:kʃ'tʲe:]
schoteltje (het)	lėkštẽlė (m)	[lʲe:kʃ'tʲælʲe:]
servet (het)	servetẽlė (m)	[sʲɛrve'tʲe:lʲe:]
tandenstoker (de)	dantų̃ krapštùkas (v)	[dan'tu: krapʃ'tʊkas]

50. Restaurant

restaurant (het)	restorãnas (v)	[rʲɛsto'ra:nas]
koffiehuis (het)	kavìnė (m)	[ka'vʲɪnʲe:]
bar (de)	bãras (v)	['ba:ras]
tearoom (de)	arbãtos salònas (v)	[ar'ba:tos sa'lʲonas]
kelner, ober (de)	padavéjas (v)	[pada'vʲe:jas]
serveerster (de)	padavéja (m)	[pada'vʲe:ja]
barman (de)	bármenas (v)	['barmʲɛnas]
menu (het)	meniù (v)	[mʲɛ'nʲʊ]
wijnkaart (de)	vỹnų žemėlapis (v)	['vʲi:nu: ʒe'mʲe:lʲapʲɪs]
een tafel reserveren	rezervúoti staliùką	[rʲɛzʲɛr'vʊatʲɪ sta'lʲʊka:]
gerecht (het)	pãtiekalas (v)	['pa:tʲiɛkalʲas]
bestellen (eten ~)	užsisakýti	[ʊʒsʲɪsak'i:tʲɪ]
een bestelling maken	padarýti užsãkymą	[pada'rʲi:tʲɪ ʊʒ'sa:kʲi:ma:]
aperitief (de/het)	aperitỹvas (v)	[apʲɛrʲɪ'tʲi:vas]
voorgerecht (het)	ùžkandis (v)	['ʊʒkandʲɪs]
dessert (het)	desèrtas (v)	[dʲɛ'sʲɛrtas]
rekening (de)	sąskaita (m)	['sa:skʌɪta]
de rekening betalen	apmokéti sąskaitą	[apmo'kʲe:tʲɪ 'sa:skʌɪta:]
wisselgeld teruggeven	dúoti grąžõs	['dʊatʲɪ gra:'ʒo:s]
fooi (de)	arbãtpinigiai (v dgs)	[ar'ba:tpʲɪnʲɪgʲɛɪ]

Familie, verwanten en vrienden

51. Persoonlijke informatie. Formulieren

naam (de)	vardas (v)	['vardas]
achternaam (de)	pavardė (m)	[pavar'dʲe:]
geboortedatum (de)	gimimo data (m)	[gʲɪ'mʲɪmɔ da'ta]
geboorteplaats (de)	gimimo vieta (m)	[gʲɪ'mʲɪmɔ vʲiɛ'ta]
nationaliteit (de)	tautybė (m)	[tɑu'tʲi:bʲe:]
woonplaats (de)	gyvenamoji vieta (m)	[gʲi:vʲæna'mojɪ vʲiɛ'ta]
land (het)	šalis (m)	[ʃa'lʲɪs]
beroep (het)	profesija (m)	[profʲɛsʲɪjɛ]
geslacht (ov. het vrouwelijk ~)	lytis (m)	['lʲi:tʲɪs]
lengte (de)	ūgis (v)	['u:gʲɪs]
gewicht (het)	svoris (v)	['svo:rʲɪs]

52. Familieleden. Verwanten

moeder (de)	motina (m)	['motʲɪna]
vader (de)	tėvas (v)	['tʲe:vas]
zoon (de)	sūnus (v)	[su:'nʊs]
dochter (de)	dukra, duktė (m)	[dʊk'ra], [dʊk'tʲe:]
jongste dochter (de)	jaunesnioji duktė (m)	[jɛʊnes'nʲo:jɪ dʊk'tʲe:]
jongste zoon (de)	jaunesnysis sūnus (v)	[jɛʊnʲɛs'nʲi:sʲɪs su:'nʊs]
oudste dochter (de)	vyresnioji duktė (m)	[vʲi:res'nʲo:jɪ dʊk'tʲe:]
oudste zoon (de)	vyresnysis sūnus (v)	[vʲi:rʲɛs'nʲi:sʲɪs su:'nʊs]
broer (de)	brolis (v)	['brolʲɪs]
oudere broer (de)	vyresnysis brolis (v)	[vʲi:rʲɛs'nʲi:sʲɪs 'brolʲɪs]
jongere broer (de)	jaunesnysis brolis (v)	[jɛʊnʲɛs'nʲi:sʲɪs 'brolʲɪs]
zuster (de)	sesuo (m)	[sʲɛ'sʊɑ]
oudere zuster (de)	vyresnioji sesuo (m)	[vʲi:rʲɛs'nʲo:jɪ sʲɛ'sʊɑ]
jongere zuster (de)	jaunesnioji sesuo (m)	[jɛʊnʲɛs'nʲo:jɪ sʲɛ'sʊɑ]
neef (zoon van oom, tante)	pusbrolis (v)	['pʊsbrolʲɪs]
nicht (dochter van oom, tante)	pusseserė (m)	['pʊsseserʲe:]
mama (de)	mama (m)	[ma'ma]
papa (de)	tėtis (v)	['tʲe:tʲɪs]
ouders (mv.)	tėvai (v)	[tʲe:'vʌɪ]
kind (het)	vaikas (v)	['vʌɪkas]
kinderen (mv.)	vaikai (v)	[vʌɪ'kʌɪ]
oma (de)	senelė (m)	[sʲɛ'nʲælʲe:]
opa (de)	senelis (v)	[sʲɛ'nʲælʲɪs]

kleinzoon (de)	anūkas (v)	[a'nu:kas]
kleindochter (de)	anūkė (m)	[a'nu:kʲe:]
kleinkinderen (mv.)	anūkai (v)	[a'nu:kʌɪ]

oom (de)	dėdė (v)	['dʲe:dʲe:]
tante (de)	teta (m)	[tʲɛ'ta]
neef (zoon van broer, zus)	sūnėnas (v)	[su:'nʲe:nas]
nicht (dochter van broer ,zus)	dukterėčia (m)	[dʊkte'rʲe:tʂʲæ]

schoonmoeder (de)	uošvė (m)	['ʊɑʃvʲe:]
schoonvader (de)	uošvis (v)	['ʊɑʃvʲɪs]
schoonzoon (de)	žentas (v)	['ʒʲɛntas]
stiefmoeder (de)	pamotė (m)	['pa:motʲe:]
stiefvader (de)	patėvis (v)	[pa'tʲe:vʲɪs]

zuigeling (de)	kūdikis (v)	['ku:dʲɪkʲɪs]
wiegenkind (het)	naujagimis (v)	[nɑʊ'ja:gʲɪmʲɪs]
kleuter (de)	vaikas (v)	['vʌɪkas]

vrouw (de)	žmona (m)	[ʒmo'na]
man (de)	vyras (v)	['vʲi:ras]
echtgenoot (de)	sutuoktinis (v)	[sʊtʊak'tʲɪnʲɪs]
echtgenote (de)	sutuoktinė (m)	[sʊtʊak'tʲɪnʲe:]

gehuwd (mann.)	vedęs	['vʲædʲɛ:s]
gehuwd (vrouw.)	ištekėjusi	[ɪʃtʲɛ'kʲe:jʊsʲɪ]
ongehuwd (mann.)	viengungis	[vʲiɛɲ'gʊŋgʲɪs]
vrijgezel (de)	viengungis (v)	[vʲiɛɲ'gʊŋgʲɪs]
gescheiden (bn)	išsiskyręs	[ɪʃsʲɪ'skʲi:rʲɛ:s]
weduwe (de)	našlė (m)	[naʃlʲe:]
weduwnaar (de)	našlys (v)	[naʃlʲi:s]

familielid (het)	giminaitis (v)	[gʲɪmʲɪ'nʌɪtʲɪs]
dichte familielid (het)	artimas giminaitis (v)	['artʲɪmas gʲɪmʲɪ'nʌɪtʲɪs]
verre familielid (het)	tolimas giminaitis (v)	['tolʲɪmas gʲɪmʲɪ'nʌɪtʲɪs]
familieleden (mv.)	giminės (m dgs)	['gʲɪmʲɪnʲe:s]

wees (de), weeskind (het)	našlaitis (v)	[naʃlʲʌɪtʲɪs]
voogd (de)	globėjas (v)	[glʲo'bʲe:jas]
adopteren (een jongen te ~)	įsūnyti	[i:'su:nʲɪ:tʲɪ]
adopteren (een meisje te ~)	įdukrinti	[i:'dʊkrʲɪntʲɪ]

53. Vrienden. Collega's

vriend (de)	draugas (v)	['drɑʊgas]
vriendin (de)	draugė (m)	[drɑʊ'gʲe:]
vriendschap (de)	draugystė (m)	[drɑʊ'gʲi:stʲe:]
bevriend zijn (ww)	draugauti	[drɑʊ'gɑʊtʲɪ]

makker (de)	pažįstamas (v)	[pa'ʒʲɪ:stamas]
vriendin (de)	pažįstama (m)	[paʒʲɪ:sta'ma]
partner (de)	partneris (v)	['partnʲɛrʲɪs]
chef (de)	šefas (v)	['ʃɛfas]
baas (de)	viršininkas (v)	['vʲɪrʃʲɪnʲɪŋkas]

eigenaar (de)	savininkas (v)	[sav'ɪ'n'ɪŋkas]
ondergeschikte (de)	pavaldinys (v)	[paval'd'ɪ'n'i:s]
collega (de)	kolegà (v)	[kɔl'ɛ'ga]

kennis (de)	pažįstamas (v)	[pa'ʒ'ɪ:stamas]
medereiziger (de)	pakeleivis (v)	[pak'ɛ'l'ɛɪv'ɪs]
klasgenoot (de)	klasiōkas (v)	[kl'a's'o:kas]

buurman (de)	kaimynas (v)	[kʌɪ'm'i:nas]
buurvrouw (de)	kaimynė (m)	[kʌɪ'm'i:n'e:]
buren (mv.)	kaimynai (v)	[kʌɪ'm'i:nʌɪ]

54. Man. Vrouw

vrouw (de)	móteris (m)	['mot'ɛr'ɪs]
meisje (het)	panēlė (m)	[pa'n'æl'e:]
bruid (de)	núotaka (m)	['nuɑtaka]

mooi(e) (vrouw, meisje)	gražì	[gra'ʒ'ɪ]
groot, grote (vrouw, meisje)	aukštà	[ɑukʃ'ta]
slank(e) (vrouw, meisje)	lieknà	[l'iɛk'na]
korte, kleine (vrouw, meisje)	neáukšto ũgio	[n'ɛ'ɑukʃtɔ 'u:g'ɔ]

| blondine (de) | blondìnė (m) | [bl'on'd'ɪn'e:] |
| brunette (de) | brunètė (m) | [brʊ'n'ɛt'e:] |

dames- (abn)	dãmų	['da:mu:]
maagd (de)	skaistuõlė (m)	[skʌɪs'tuɑl'e:]
zwanger (bn)	nėščià	[n'e:ʃ'tʂ'æ]

man (de)	výras (v)	['v'i:ras]
blonde man (de)	blondìnas (v)	[bl'on'd'ɪnas]
bruinharige man (de)	brunètas (v)	[brʊ'n'ɛtas]
groot (bn)	áukštas	['ɑukʃtas]
klein (bn)	neáukšto ũgio	[n'ɛ'ɑukʃtɔ 'u:g'ɔ]

onbeleefd (bn)	grubùs	[grʊ'bʊs]
gedrongen (bn)	petìngas	[p'ɛ't'ɪngas]
robuust (bn)	tvìrtas	['tv'ɪrtas]
sterk (bn)	stiprùs	[st'ɪp'rʊs]
sterkte (de)	jėgà (m)	[je:'ga]

mollig (bn)	stambùs	[stam'bʊs]
getaand (bn)	tamsaũs gymio	[tam'sɑʊs 'g'i:m'ɔ]
slank (bn)	liēknas	['l'ɛknas]
elegant (bn)	elegántiškas	[ɛl'ɛ'gant'ɪʃkas]

55. Leeftijd

leeftijd (de)	ámžius (v)	['amʒ'ʊs]
jeugd (de)	jaunystė (m)	[jɛʊ'n'i:st'e:]
jong (bn)	jáunas	['jɑunas]

| jonger (bn) | jaunėsnis (-ė) | [jɛʊ'nʲɛsnʲɪs] |
| ouder (bn) | vyrėsnis | [vʲiː'rʲɛsnʲɪs] |

jongen (de)	jaunuõlis (v)	[jɛʊ'nʊɑlʲɪs]
tiener, adolescent (de)	paauglỹs (v)	[paɑʊ'glʲiːs]
kerel (de)	vaikìnas (v)	[vʌɪ'kʲɪnas]

| oude man (de) | sẽnis (v) | ['sʲænʲɪs] |
| oude vrouw (de) | sẽnė (m) | ['sʲænʲeː] |

volwassen (bn)	suáugęs	[sʊ'ɑʊgʲɛːs]
van middelbare leeftijd (bn)	vidutìnio ámžiaus	[vʲɪdʊ'tʲɪnʲɔ 'amʒʲɛʊs]
bejaard (bn)	pagyvẽnęs	[pagʲiː'vʲænʲɛːs]
oud (bn)	sẽnas	['sʲænas]

pensioen (het)	peñsija (m)	['pʲɛnsʲɪjɛ]
met pensioen gaan	išeĩti į̃ peñsiją	[ɪ'ʃɛɪtʲɪ iː 'pʲɛnsʲɪjaː]
gepensioneerde (de)	peñsininkas (v)	['pʲɛnsʲɪnʲɪŋkas]

56. Kinderen

kind (het)	vaĩkas (v)	['vʌɪkas]
kinderen (mv.)	vaikaĩ (v)	[vʌɪ'kʌɪ]
tweeling (de)	dvyniaĩ (v dgs)	[dvʲiː'nʲɛɪ]

wieg (de)	lopšỹs (v)	[lʲop'ʃɪːs]
rammelaar (de)	baȓškalas (v)	['barʃkalʲas]
luier (de)	výstyklas (v)	['vʲiːstʲiːklʲas]

speen (de)	čiulptùkas (v)	[tʃʲʊlʲp'tʊkas]
kinderwagen (de)	vežimėlis (v)	[vʲɛ'ʒʲɪmʲeːlʲɪs]
kleuterschool (de)	vaikų̃ darželis (v)	[vʌɪ'kuː dar'ʒʲælʲɪs]
babysitter (de)	áuklė (m)	['ɑʊklʲeː]

kindertijd (de)	vaikýstė (m)	[vʌɪ'kʲiːstʲeː]
pop (de)	lėlė̃ (m)	[lʲeː'lʲeː]
speelgoed (het)	žaĩslas (v)	['ʒʌɪslʲas]
bouwspeelgoed (het)	konstrùktorius (v)	[kɔns'trʊktorʲʊs]

welopgevoed (bn)	išáuklėtas	[ɪʃɑʊklʲeːtas]
onopgevoed (bn)	neišáuklėtas	[nʲɛɪʃɑʊklʲeːtas]
verwend (bn)	išlėpintas	[ɪʃ'lʲæpʲɪntas]

stout zijn (ww)	dũkti	['duːktʲɪ]
stout (bn)	padũkęs	[pa'duːkʲɛːs]
stoutheid (de)	išdaĩga (m)	[ɪʃ'dʌɪga]
stouterd (de)	padykėlis (v)	[padʲiː'kʲeːlʲɪs]

| gehoorzaam (bn) | paklusnùs | [paklʲʊs'nʊs] |
| ongehoorzaam (bn) | nepaklusnùs | [nʲɛpaklʲʊs'nʊs] |

braaf (bn)	išmintìngas	[ɪʃmʲɪn'tʲɪngas]
slim (verstandig)	protìngas	[pro'tʲɪngas]
wonderkind (het)	vùnderkindas (v)	['vʊndʲɛrkʲɪndas]

57. Gehuwde paren. Gezinsleven

kussen (een kus geven)	bučiúoti	[bʊ'tʂʲʊatʲɪ]
elkaar kussen (ww)	bučiúotis	[bʊ'tʂʲʊatʲɪs]
gezin (het)	šeimà (m)	[ʃɛɪ'ma]
gezins- (abn)	šeimýninis	[ʃɛɪ'mʲiːnʲɪnʲɪs]
paar (het)	porà (m)	[po'ra]
huwelijk (het)	sántuoka (m)	['santʊaka]
thuis (het)	namų̃ židinỹs (v)	[na'muː ʒʲɪdʲɪ'nʲiːs]
dynastie (de)	dinãstija (m)	[dʲɪ'na:stʲɪjɛ]

date (de)	pasimãtymas (v)	[pasʲɪ'ma:tʲiːmas]
zoen (de)	bučinỹs (v)	[bʊtʂʲɪ'nʲiːs]

liefde (de)	meilė̃ (m)	['mʲɛilʲe:]
liefhebben (ww)	mylė́ti	[mʲiː'lʲe:tʲɪ]
geliefde (bn)	mýlimas	['mʲiː.lʲɪmas]

tederheid (de)	švelnùmas (v)	[ʃʲvʲɛlʲ'nʊmas]
teder (bn)	švelnùs	[ʃʲvʲɛlʲ'nʊs]
trouw (de)	ištikimýbė (m)	[ɪʃtʲɪkʲɪ'mʲiːbʲe:]
trouw (bn)	ìštikimas	['ɪʃtʲɪkʲɪmas]
zorg (bijv. bejaarden~)	rū̃pestis (v)	['ruːpʲɛstʲɪs]
zorgzaam (bn)	rūpestìngas	[ru:pʲɛs'tʲɪngas]

jonggehuwden (mv.)	jaunavedžiaĩ (v dgs)	[jɛʊnavʲɛ'dʒʲɛɪ]
wittebroodsweken (mv.)	medaũs ménuo (v)	[mʲɛ'daʊs 'mʲe:nʊa]
trouwen (vrouw)	ištekė́ti	[ɪʃtʲɛ'kʲe:tʲɪ]
trouwen (man)	vèsti	['vʲɛstʲɪ]

bruiloft (de)	vestùvės (m dgs)	[vʲɛs'tʊvʲe:s]
gouden bruiloft (de)	auksìnės vestùvės (m dgs)	[aʊk'sʲɪnʲe:s vɛ'stʊvʲe:s]
verjaardag (de)	mètinės (m dgs)	['mʲætʲɪnʲe:s]

minnaar (de)	meilùžis (v)	[mʲɛɪ'lʲʊʒʲɪs]
minnares (de)	meilùžė (m)	[mʲɛɪ'lʲʊʒʲe:]

overspel (het)	neištikimýbė (m)	[nʲɛɪʃtʲɪkʲɪ'mʲiːbʲe:]
overspel plegen (ww)	išdúoti	[ɪʃ'dʊatʲɪ]
jaloers (bn)	pavydùs	[pavʲiː'dʊs]
jaloers zijn (echtgenoot, enz.)	pavyduliáuti	[pavʲiː dʊ'lʲæʊtʲɪ]
echtscheiding (de)	skyrýbos (m)	[skʲiː'rʲiːbos]
scheiden (ww)	iššiskìrti	[ɪʃsʲɪ'skʲɪrtʲɪ]

ruzie hebben (ww)	bártis	['bartʲɪs]
vrede sluiten (ww)	susitáikyti	[sʊsʲɪ'tʌɪkʲɪːtʲɪ]
samen (bw)	kartù	[kar'tʊ]
seks (de)	sèksas (v)	['sʲɛksas]

geluk (het)	láimė (m)	['lʲʌɪmʲe:]
gelukkig (bn)	laimìngas	[lʲʌɪ'mʲɪngas]
ongeluk (het)	neláimė (m)	[nʲɛ'lʲʌɪmʲe:]
ongelukkig (bn)	nelaimìngas	[nʲɛlʲʌɪ'mʲɪngas]

Karakter. Gevoelens. Emoties

58. Gevoelens. Emoties

gevoel (het)	jaũsmas (v)	['jɛʊsmas]
gevoelens (mv.)	jausmaĩ (v)	[jɛʊs'mʌɪ]
voelen (ww)	jaũsti	['jaʊstʲɪ]
honger (de)	bãdas (v)	['ba:das]
honger hebben (ww)	noréti valgyti	[no'rʲe:tʲɪ 'valʲgʲi:tʲɪ]
dorst (de)	troškulỹs (v)	[troʃkʊ'lʲi:s]
dorst hebben	noréti gérti	[no'rʲe:tʲɪ 'gʲærtʲɪ]
slaperigheid (de)	mieguistùmas (v)	[mʲiɛgʊis'tʊmas]
willen slapen	noréti miegóti	[no'rʲe:tʲɪ mʲiɛ'gotʲɪ]
moeheid (de)	núovargis (v)	['nʊavargʲɪs]
moe (bn)	pavar̃gęs	[pa'vargʲɛ:s]
vermoeid raken (ww)	pavar̃gti	[pa'varktʲɪ]
stemming (de)	núotaika (m)	['nʊatʌɪka]
verveling (de)	nuobodulỹs (v)	[nʊabodʊ'lʲi:s]
zich vervelen (ww)	ilgétis	[ɪlʲ'gʲe:tʲɪs]
afzondering (de)	atsiskyrìmas (v)	[atsʲɪskʲi:'rʲɪmas]
zich afzonderen (ww)	atsiskìrti	[atsʲɪ'skʲɪrtʲɪ]
bezorgd maken (ww)	jáudinti	['jaʊdʲɪntʲɪ]
zich bezorgd maken	jáudintis	['jaʊdʲɪntʲɪs]
zorg (bijv. geld~en)	jaudulỹs (v)	[jɛʊdʊ'lʲi:s]
ongerustheid (de)	neramùmas (v)	[nʲɛra'mʊmas]
ongerust (bn)	susirūpinęs	[sʊsʲɪ'ru:pʲɪnʲɛ:s]
zenuwachtig zijn (ww)	nèrvintis	['nʲɛrvʲɪntʲɪs]
in paniek raken	panikúoti	[panʲɪ'kʊatʲɪ]
hoop (de)	viltìs (m)	[vʲɪlʲ'tʲɪs]
hopen (ww)	tikétis	[tʲɪ'kʲe:tʲɪs]
zekerheid (de)	pasitikéjimas (v)	[pasʲɪtʲɪ'kʲɛjɪmas]
zeker (bn)	įsitìkinęs	[i:sʲɪ'tʲɪ:kʲɪnʲɛ:s]
onzekerheid (de)	neaiškùmas (v)	[nʲɛʌɪʃ'kʊmas]
onzeker (bn)	neįsitìkinęs	[nʲɛɪ:sʲɪ'tʲɪ:kʲɪnʲɛ:s]
dronken (bn)	gìrtas	['gʲɪrtas]
nuchter (bn)	blaĩvas	['blʲʌɪvas]
zwak (bn)	sìlpnas	['sʲɪlʲpnas]
gelukkig (bn)	sékmìngas	[sʲe:k'mʲɪngas]
doen schrikken (ww)	išgą̃sdinti	[ɪʃ'ga:sdʲɪntʲɪ]
toorn (de)	pasiutìmas (v)	[pasʲʊ'tʲɪmas]
woede (de)	įneršis (v)	[i:nʲɛrʃʲɪs]
depressie (de)	deprèsija (m)	[dʲɛp'rʲɛsʲɪjɛ]
ongemak (het)	diskomfòrtas (v)	[dʲɪskom'fortas]

gemak, comfort (het)	komfòrtas (v)	[kɔm'fortas]
spijt hebben (ww)	gailétis	[gʌɪ'lʲe:tʲɪs]
spijt (de)	gàilestis (v)	['gʌɪlʲɛstʲɪs]
pech (de)	nesèkmě (m)	[nʲɛsʲe:k'mʲe:]
bedroefdheid (de)	nusivylìmas (v)	[nʊsʲɪvʲiːʲlʲɪmas]

schaamte (de)	géda (m)	['gʲe:da]
pret (de), plezier (het)	linksmýbě (m)	[lʲɪŋks'mʲiːbʲe:]
enthousiasme (het)	entuziâzmas (v)	[ɛntʊzʲɪ'jazmas]
enthousiasteling (de)	entuziâstas (v)	[ɛntʊzʲɪ'jastas]
enthousiasme vertonen	paródyti entuziâzmą	[pa'rodʲiːtʲɪ ɛntʊzʲɪ'jazma:]

59. Karakter. Persoonlijkheid

karakter (het)	charãkteris (v)	[xa'ra:ktʲɛrʲɪs]
karakterfout (de)	trůkumas (v)	['tru:kʊmas]
verstand (het)	prõtas (v)	['pro:tas]
rede (de)	išmintìs (m)	[ɪʃmʲɪn'tʲɪs]

geweten (het)	sàžinė (m)	['sa:ʒʲɪnʲe:]
gewoonte (de)	íprotis (v)	['iːprotʲɪs]
bekwaamheid (de)	gebějimas (v)	[gʲɛ'bʲɛjɪmas]
kunnen (bijv., ~ zwemmen)	mokéti	[mo'kʲe:tʲɪ]

geduldig (bn)	kantrùs	[kant'rʊs]
ongeduldig (bn)	nekantrùs	[nʲɛkant'rʊs]
nieuwsgierig (bn)	smalsùs	[smalʲ'sʊs]
nieuwsgierigheid (de)	smalsùmas (v)	[smalʲ'sʊmas]

bescheidenheid (de)	kuklùmas (v)	[kʊk'lʲʊmas]
bescheiden (bn)	kuklùs	[kʊk'lʲʊs]
onbescheiden (bn)	nekuklùs	[nʲɛkʊk'lʲʊs]

| lui (bn) | tingùs | [tʲɪn'gʊs] |
| luiwammes (de) | tinginỹs (v) | [tʲɪngʲɪ'nʲiːs] |

sluwheid (de)	gudrùmas (v)	[gʊd'rʊmas]
sluw (bn)	gudrùs	[gʊd'rʊs]
wantrouwen (het)	nepasitikéjimas (v)	[nʲɛpasʲɪtʲɪ'kʲɛjɪmas]
wantrouwig (bn)	nepatiklùs	[nʲɛpatʲɪk'lʲʊs]

gulheid (de)	dosnùmas (v)	[dos'nʊmas]
gul (bn)	dosnùs	[dos'nʊs]
talentrijk (bn)	talentìngas	[talʲɛn'tʲɪngas]
talent (het)	tàlentas (v)	['ta:lʲɛntas]

moedig (bn)	drąsùs	[dra:'sʊs]
moed (de)	drąsà (m)	[dra:'sa]
eerlijk (bn)	sąžinìngas	[sa:ʒʲɪ'nʲɪngas]
eerlijkheid (de)	sąžinė (m)	['sa:ʒʲɪnʲe:]

voorzichtig (bn)	atsargùs	[atsar'gʊs]
manhaftig (bn)	narsùs	[nar'sʊs]
ernstig (bn)	rìmtas	['rʲɪmtas]

streng (bn)	gríežtas	['grʲiɛʒtas]
resoluut (bn)	ryžtìngas	[rʲiːʒ'tʲɪngas]
onzeker, irresoluut (bn)	neryžtìngas	[nʲɛrʲiːʒ'tʲɪngas]
schuchter (bn)	drovùs	[dro'vʊs]
schuchterheid (de)	drovùmas (v)	[dro'vʊmas]

vertrouwen (het)	pasitikéjimas (v)	[pasʲɪtʲɪ'kʲɛjɪmas]
vertrouwen (ww)	tikéti	[tʲɪ'kʲeːtʲɪ]
goedgelovig (bn)	patiklùs	[patʲɪk'lʲʊs]

oprecht (bw)	nuoširdžiaĩ	[nʊaʃʲɪr'dʒʲɛɪ]
oprecht (bn)	nuoširdùs	[nʊaʃʲɪr'dʊs]
oprechtheid (de)	nuoširdùmas (v)	[nʊaʃʲɪr'dʊmas]
open (bn)	ãtviras	['aːtvʲɪras]

rustig (bn)	ramùs	[ra'mʊs]
openhartig (bn)	ãtviras	['aːtvʲɪras]
naïef (bn)	naivùs	[nʌɪ'vʊs]
verstrooid (bn)	išsibláškęs	[ɪʃʲɪr'blʲaːʃkʲɛːs]
leuk, grappig (bn)	juokìngas	[jʊa'kʲɪngas]

gierigheid (de)	gobšùmas (v)	[gop'ʃumas]
gierig (bn)	gobšùs	[gop'ʃʊs]
inhalig (bn)	šykštùs	[ʃʲiːkʃ'tʊs]
kwaad (bn)	pìktas	['pʲɪktas]
koppig (bn)	užsispýręs	[ʊʒsʲɪs'pʲiːrʲɛːs]
onaangenaam (bn)	nemalonùs	[nʲɛmalʲo'nʊs]

egoïst (de)	egoìstas (v)	[ɛgoʲɪstas]
egoïstisch (bn)	egoìstiškas	[ɛgoʲɪstʲɪʃkas]
lafaard (de)	bailỹs (v)	[bʌɪ'lʲiːs]
laf (bn)	bailùs	[bʌɪ'lʲʊs]

60. Slaap. Dromen

slapen (ww)	miegóti	[mʲiɛ'gotʲɪ]
slaap (in ~ vallen)	miẽgas (v)	['mʲɛgas]
droom (de)	sãpnas (v)	['sa:pnas]
dromen (in de slaap)	sapnúoti	[sap'nʊatʲɪ]
slaperig (bn)	mieguìstas	[mʲiɛ'gʊistas]

bed (het)	lóva (m)	['lʲova]
matras (de)	čiužinỹs (v)	[tʂʲʊʒʲɪ'nʲiːs]
deken (de)	užklótas (v)	[ʊʒ'klʲotas]
kussen (het)	pagálvė (m)	[pa'galʲvʲeː]
laken (het)	paklódė (m)	[pak'lʲo:dʲeː]

slapeloosheid (de)	nẽmiga (m)	['nʲæmʲɪga]
slapeloos (bn)	bemiẽgis	[bʲɛ'mʲɛgʲɪs]
slaapmiddel (het)	mìgdomieji (v)	['mʲɪgdomʲiɛji]
slaapmiddel innemen	išgérti mìgdomuosius	[ɪʃ'gʲɛrtʲɪ 'mʲɪgdomʊasʲʊs]

willen slapen	noréti miegóti	[no'rʲeːtʲɪ mʲiɛ'gotʲɪ]
geeuwen (ww)	žióvauti	['ʒʲovaʊtʲɪ]

gaan slapen	eĩti miegóti	['ɛɪtʲɪ mʲiɛ'gotʲɪ]
het bed opmaken	klóti lóvą	['klʲotʲɪ 'lʲova:]
inslapen (ww)	užmĩgti	[ʊʒ'mʲɪktʲɪ]
nachtmerrie (de)	košmãras (v)	[koʃ'ma:ras]
gesnurk (het)	knarkĩmas (v)	[knar'kʲɪmas]
snurken (ww)	knar̃kti	['knarktʲɪ]
wekker (de)	žadintùvas (v)	[ʒadʲɪn'tʊvas]
wekken (ww)	pažãdinti	[pa'ʒa:dʲɪntʲɪ]
wakker worden (ww)	atsibùsti	[atsʲɪ'bʊstʲɪ]
opstaan (ww)	kéltis	['kʲɛlʲtʲɪs]
zich wassen (ww)	praũstis	['praʊstʲɪs]

61. Humor. Gelach. Blijdschap

humor (de)	hùmoras (v)	['ɣʊmoras]
gevoel (het) voor humor	jaũsmas (v)	['jɛʊsmas]
plezier hebben (ww)	lìnksmintis	['lʲɪŋksmʲɪntʲɪs]
vrolijk (bn)	liñksmas	['lʲɪŋksmas]
pret (de), plezier (het)	linksmýbė (m)	[lʲɪŋks'mʲi:bʲe:]
glimlach (de)	šỹpsena (m)	['ʃɪ:psʲɛna]
glimlachen (ww)	šypsótis	[ʃɪ:p'sotʲɪs]
beginnen te lachen (ww)	nusijuõkti	[nʊsʲɪ'juɑktʲɪ]
lachen (ww)	juõktis	['juɑktʲɪs]
lach (de)	juõkas (v)	['juɑkas]
mop (de)	anekdòtas (v)	[anʲɛk'dotas]
grappig (een ~ verhaal)	juokìngas	[juɑ'kʲɪngas]
grappig (~e clown)	juokìngas	[juɑ'kʲɪngas]
grappen maken (ww)	juokáuti	[juɑ'kɑʊtʲɪ]
grap (de)	juõkas (v)	['juɑkas]
blijheid (de)	džiaũgsmas (v)	['dʒʲɛʊgsmas]
blij zijn (ww)	džiaũgtis	['dʒʲɛʊktʲɪs]
blij (bn)	džiaugsmìngas	[dʒʲɛʊgs'mʲɪngas]

62. Discussie, conversatie. Deel 1

communicatie (de)	bendrãvimas (v)	[bʲɛn'dra:vʲɪmas]
communiceren (ww)	bendráuti	[bʲɛn'drɑʊtʲɪ]
conversatie (de)	pókalbis (v)	['pokalʲbʲɪs]
dialoog (de)	dialògas (v)	[dʲɪja'lʲogas]
discussie (de)	diskùsija (m)	[dʲɪs'kʊsʲɪjɛ]
debat (het)	giñčas (v)	['gʲɪntʂas]
debatteren, twisten (ww)	giñčytis	['gʲɪntʂʲi:tʲɪs]
gesprekspartner (de)	pašnekõvas (v)	[paʃnʲɛ'ko:vas]
thema (het)	temà (m)	[tʲɛ'ma]
standpunt (het)	póžiūris (v)	['poʒʲu:rʲɪs]

| mening (de) | núomoné (m) | ['nuamonʲe:] |
| toespraak (de) | kalbà (m) | [kalʲ'ba] |

bespreking (de)	aptarìmas (v)	[apta'rʲɪmas]
bespreken (spreken over)	aptàrti	[ap'tartʲɪ]
gesprek (het)	pókalbis (v)	['pokalʲbʲɪs]
spreken (converseren)	kalbétis	[kalʲ'bʲe:tʲɪs]
ontmoeting (de)	susìtikimas (v)	[su'sʲɪtʲɪkʲɪmas]
ontmoeten (ww)	susitikinéti	[susʲɪtʲɪkʲɪ'nʲe:tʲɪ]

spreekwoord (het)	patarlě (m)	[patar'lʲe:]
gezegde (het)	príežodis (v)	['prʲiɛʒodʲɪs]
raadsel (het)	mĩslě (m)	[mʲɪ:s'lʲe:]
een raadsel opgeven	įmìñti mĩslę	[i:'mʲɪntʲɪ 'mʲɪ:slʲɛ:]
wachtwoord (het)	slaptãžodis (v)	[slʲap'ta:ʒodʲɪs]
geheim (het)	paslaptìs (m)	[paslʲap'tʲɪs]

eed (de)	príesaika (m)	['prʲiɛsʌɪka]
zweren (een eed doen)	prisiekinéti	[prʲɪsʲiɛkʲɪ'nʲe:tʲɪ]
belofte (de)	pãžadas (v)	['pa:ʒadas]
beloven (ww)	žadéti	[ʒa'dʲe:tʲɪ]

advies (het)	patarìmas (v)	[pata'rʲɪmas]
adviseren (ww)	patàrti	[pa'tartʲɪ]
luisteren (gehoorzamen)	paklausýti	[paklʲau'sʲi:tʲɪ]

nieuws (het)	naujíena (m)	[nau'jiɛna]
sensatie (de)	sensãcija (m)	[sʲɛn'sa:tsʲɪjɛ]
informatie (de)	dúomenys (v dgs)	['duamʲɛnʲi:s]
conclusie (de)	ìšvada (m)	['ɪʃvada]
stem (de)	bãlsas (v)	['balʲsas]
compliment (het)	komplimeñtas (v)	[komplʲɪ'mʲɛntas]
vriendelijk (bn)	mandagùs	[manda'gus]

woord (het)	žõdis (v)	['ʒo:dʲɪs]
zin (de), zinsdeel (het)	reãkcija (m)	[rʲɛ'a:ktsʲɪjɛ]
antwoord (het)	atsãkymas (v)	[a'tsa:kʲi:mas]

| waarheid (de) | tiesà (m) | [tʲiɛ'sa] |
| leugen (de) | melas (v) | ['mʲælʲas] |

gedachte (de)	mintìs (m)	[mʲɪn'tʲɪs]
idee (de/het)	idėja (m)	[ɪ'dʲe:ja]
fantasie (de)	fantãzija (m)	[fan'ta:zʲɪjɛ]

63. Discussie, conversatie. Deel 2

gerespecteerd (bn)	gerbiamas	['gʲɛrbʲæmas]
respecteren (ww)	gerbti	['gʲɛrptʲɪ]
respect (het)	pagarbà (m)	[pagar'ba]
Geachte ... (brief)	Gerbiamàsis ...	[gʲɛrbʲæ'masʲɪs ...]

| voorstellen (Mag ik jullie ~) | supažìndinti | [supa'ʒʲɪndʲɪntʲɪ] |
| kennismaken (met ...) | susipažìnti | [susʲɪpa'ʒʲɪntʲɪ] |

intentie (de)	ketinimas (v)	[kʲɛ'tʲɪnʲɪmas]
intentie hebben (ww)	ketinti	[kʲɛ'tʲɪntʲɪ]
wens (de)	palinkėjimas (v)	[palʲɪŋ'kʲɛjɪmas]
wensen (ww)	palinkėti	[palʲɪŋ'kʲe:tʲɪ]

verbazing (de)	nuostaba (m)	['nʊastaba]
verbazen (verwonderen)	stebinti	['stʲæbʲɪntʲɪ]
verbaasd zijn (ww)	stebėtis	[ste'bʲe:tʲɪs]

geven (ww)	duoti	['dʊatʲɪ]
nemen (ww)	imti	['ɪmtʲɪ]
teruggeven (ww)	grąžinti	[gra:'ʒʲɪntʲɪ]
retourneren (ww)	atiduoti	[atʲɪ'dʊatʲɪ]

zich verontschuldigen	atsiprašinéti	[atsʲɪpraʃɪ'nʲe:tʲɪ]
verontschuldiging (de)	atsiprašymas (v)	[atsʲɪ'pra:ʃɪ:mas]
vergeven (ww)	atleisti	[at'lʲɛɪstʲɪ]

spreken (ww)	kalbéti	[kalʲ'bʲe:tʲɪ]
luisteren (ww)	klausýti	[klʲaʊ'sʲi:tʲɪ]
aanhoren (ww)	išklausýti	[ɪʃklʲaʊ'sʲi:tʲɪ]
begrijpen (ww)	suprasti	[sʊp'rastʲɪ]

tonen (ww)	parodyti	[pa'rodʲi:tʲɪ]
kijken naar …	žiūréti į̃ …	[ʒʲu:'rʲe:tʲɪ i: ..]
roepen (vragen te komen)	pakviesti	[pak'vʲɛstʲɪ]
afleiden (storen)	trukdýti	[trʊk'dʲi:tʲɪ]
storen (lastigvallen)	trukdýti	[trʊk'dʲi:tʲɪ]
doorgeven (ww)	pérduoti	['pʲɛrdʊatʲɪ]

verzoek (het)	prãšymas (v)	['pra:ʃɪ:mas]
verzoeken (ww)	prašýti	[pra'ʃɪ:tʲɪ]
eis (de)	reikalãvimas (v)	[rʲɛɪka'lʲa:vʲɪmas]
eisen (met klem vragen)	reikaláuti	[rʲɛɪka'lʲaʊtʲɪ]

beledigen (beledigende namen geven)	érzinti	['ɛrzʲɪntʲɪ]
uitlachen (ww)	šaipýtis	[ʃʌɪ'pʲi:tʲɪs]
spot (de)	pajuoka (m)	[pajʊa'ka]
bijnaam (de)	pravardě (m)	[pravar'dʲe:]

zinspeling (de)	užúomina (m)	[ʊ'ʒʊamʲɪna]
zinspelen (ww)	užsiminti	[ʊʒsʲɪ'mʲɪntʲɪ]
impliceren (duiden op)	numanýti	[nʊma'nʲi:tʲɪ]

beschrijving (de)	aprãšymas (v)	[ap'ra:ʃɪ:mas]
beschrijven (ww)	aprašýti	[apra'ʃɪ:tʲɪ]
lof (de)	pagyrimas (v)	[pagʲi:'rʲɪmas]
loven (ww)	pagirti	[pa'gʲɪrtʲɪ]

teleurstelling (de)	nusivylimas (v)	[nʊsʲɪvʲi:'lʲɪmas]
teleurstellen (ww)	nuvilti	[nʊ'vʲɪlʲtʲɪ]
teleurgesteld zijn (ww)	nusivilti	[nʊsʲɪ'vʲɪlʲtʲɪ]

veronderstelling (de)	príelaida (m)	['prʲɪɛlʲʌɪda]
veronderstellen (ww)	numanýti	[nʊma'nʲi:tʲɪ]

| waarschuwing (de) | įspėjimas (v) | [i:spʲe:'jɪmas] |
| waarschuwen (ww) | įspėti | [i:s'pʲe:tʲɪ] |

64. Discussie, conversatie. Deel 3

| aanpraten (ww) | įkalbėti | [i:kalʲ'bʲe:tʲɪ] |
| kalmeren (kalm maken) | ramìnti, gúosti | [ra'mʲɪntʲɪ], ['guastʲɪ] |

stilte (de)	tylėjimas (v)	[tʲi:'lʲɛjɪmas]
zwijgen (ww)	tylėti	[tʲi:'lʲe:tʲɪ]
fluisteren (ww)	sušnabždėti	[suʃnabʒ'dʲe:tʲɪ]
gefluister (het)	šnabždesỹs (v)	[ʃnabʒdʲɛ'sʲi:s]

| open, eerlijk (bw) | atviraĩ | [atvʲɪ'rʌɪ] |
| volgens mij ... | màno núomone ... | ['manɔ 'nuɑmonʲɛ ...] |

detail (het)	išsamùmas (v)	[ɪʃsa'mʊmas]
gedetailleerd (bn)	išsamùs	[ɪʃsa'mʊs]
gedetailleerd (bw)	išsamiaĩ	[ɪʃsa'mʲɛɪ]

| hint (de) | užúomina (m) | [ʊ'ʒuɑmʲɪna] |
| een hint geven | pasakinéti | [pasakʲɪ'nʲe:tʲɪ] |

blik (de)	žvìlgsnis (v)	['ʒvʲɪlʲgsnʲɪs]
een kijkje nemen	žvìlgtelėti	['ʒvʲɪlʲktelʲe:tʲɪ]
strak (een ~ke blik)	nėjudantis	['nʲɛjudantʲɪs]
knipperen (ww)	mirksėti	[mʲɪrk'sʲe:tʲɪ]
knipogen (ww)	mìrktelėti	['mʲɪrktelʲe:tʲɪ]
knikken (ww)	lìnktelėti	['lʲɪŋktelʲe:tʲɪ]

zucht (de)	ìškvėpis (v)	['ɪʃkvʲe:pʲɪs]
zuchten (ww)	įkvėpti	[i:k'vʲe:ptʲɪ]
huiveren (ww)	krūpčioti	['kru:ptʂʲotʲɪ]
gebaar (het)	gèstas (v)	['gʲɛstas]
aanraken (ww)	prisiliẽsti	[prʲɪsʲɪ'lʲɛstʲɪ]
grijpen (ww)	griẽbti	['grʲɛptʲɪ]
een schouderklopje geven	plekšnóti	[plʲɛkʃ'notʲɪ]

Kijk uit!	Atsargiaĩ!	[atsar'gʲɛɪ!]
Echt?	Nejaũgi?	[nʲɛ'jɛʊgʲɪ?]
Bent je er zeker van?	Tù įsitìkinęs?	['tʊ i:sʲɪ'tʲɪ:kʲɪnʲɛ:s?]
Succes!	Sėkmės!	[sʲe:k'mʲe:s!]
Juist, ja!	Áišku!	['ʌɪʃkʊ!]
Wat jammer!	Gaĩla!	['gʌɪlʲa!]

65. Overeenstemming. Weigering

instemming (het)	sutikìmas (v)	[sʊtʲɪ'kʲɪmas]
instemmen (akkoord gaan)	sutìkti	[sʊ'tʲɪktʲɪ]
goedkeuring (de)	pritarìmas (v)	[prʲɪta'rʲɪmas]
goedkeuren (ww)	pritárti	[prʲɪ'tartʲɪ]
weigering (de)	atsisãkymas (v)	[atsʲɪ'sa:kʲi:mas]

weigeren (ww)	atsisakýti	[atsʲɪsaˈkʲiːtʲɪ]
Geweldig!	Puikù!	[pʊiˈkʊ!]
Goed!	Geraî!	[gʲɛˈrʌɪ!]
Akkoord!	Geraî!	[gʲɛˈrʌɪ!]

verboden (bn)	ùždraustas	[ˈʊʒdrɑʊstas]
het is verboden	negalimà	[nʲɛgalʲɪˈma]
het is onmogelijk	neįmãnoma	[nʲɛɪːˈmaːnoma]
onjuist (bn)	neteisìngas	[nʲɛtʲɛɪˈsʲɪngas]

afwijzen (ww)	atmèsti	[atˈmʲɛstʲɪ]
steunen	palaikýti	[palʲʌɪˈkʲiːtʲɪ]
(een goed doel, enz.)		
aanvaarden (excuses ~)	priim̃ti	[prʲɪˈimtʲɪ]

bevestigen (ww)	patvìrtinti	[patˈvʲɪrtʲɪntʲɪ]
bevestiging (de)	patvìrtinimas (v)	[patˈvʲɪrtʲɪnʲɪmas]
toestemming (de)	leidìmas (v)	[lʲɛɪˈdʲɪmas]
toestaan (ww)	leìsti	[ˈlʲɛɪstʲɪ]
beslissing (de)	sprendìmas (v)	[sprʲɛnˈdʲɪmas]
z'n mond houden (ww)	nutyléti	[nʊtʲiːˈlʲeːtʲɪ]

voorwaarde (de)	są́lyga (m)	[ˈsaːlʲiːga]
smoes (de)	atsikalbinéjimas (v)	[atsʲɪkalʲbʲɪˈnʲɛjɪmas]
lof (de)	pagyrìmas (v)	[pagʲiːˈrʲɪmas]
loven (ww)	gìrti	[ˈgʲɪrtʲɪ]

66. Succes. Veel geluk. Mislukking

succes (het)	sėkmě̃ (m)	[sʲeːkˈmʲeː]
succesvol (bw)	sėkmìngai	[sʲeːkˈmʲɪngʌɪ]
succesvol (bn)	sėkmìngas	[sʲeːkˈmʲɪngas]

geluk (het)	sėkmě̃ (m)	[sʲeːkˈmʲeː]
Succes!	Sėkmě̃s!	[sʲeːkˈmʲeːs!]
geluks- (bn)	sėkmìngas	[sʲeːkˈmʲɪngas]
gelukkig (fortuinlijk)	sėkmìngas	[sʲeːkˈmʲɪngas]

mislukking (de)	nesėkmě̃ (m)	[nʲɛsʲeːkˈmʲeː]
tegenslag (de)	nesėkmě̃ (m)	[nʲɛsʲeːkˈmʲeː]
pech (de)	nesėkmě̃ (m)	[nʲɛsʲeːkˈmʲeː]
zonder succes (bn)	nesėkmìngas	[nʲɛsʲeːkˈmʲɪngas]
catastrofe (de)	katastrofà (m)	[katastroˈfa]

fierheid (de)	išdidùmas (v)	[ɪʃdʲɪˈdʊmas]
fier (bn)	išdidùs	[ɪʃdʲɪˈdʊs]
fier zijn (ww)	didžiuòtis	[dʲɪˈdʒʲʊɑtʲɪs]

winnaar (de)	nugalétojas (v)	[nʊgaˈlʲeːtoːjɛs]
winnen (ww)	nugaléti	[nʊgaˈlʲeːtʲɪ]
verliezen (ww)	pralaiméti	[pralʲʌɪˈmʲeːtʲɪ]
poging (de)	bandymas (v)	[ˈbandʲiːmas]
pogen, proberen (ww)	bandýti	[banˈdʲiːtʲɪ]
kans (de)	šánsas (v)	[ˈʃansas]

67. Ruzies. Negatieve emoties

schreeuw (de)	riksmas (v)	['riksmas]
schreeuwen (ww)	rẽkti	['rie:kti]
beginnen te schreeuwen	užrikti	[uʒ'riktʲɪ]
ruzie (de)	barnis (v)	['barnʲɪs]
ruzie hebben (ww)	bartis	['bartʲɪs]
schandaal (het)	skandālas (v)	[skan'da:lʲas]
schandaal maken (ww)	kelti skandālą	['kʲɛlʲtʲɪ skanda:la:]
conflict (het)	konfliktas (v)	[kɔn'flʲɪktas]
misverstand (het)	nesusipratimas (v)	[nʲɛsusʲɪpra'tʲɪmas]
belediging (de)	įžeidimas (v)	[i:ʒʲɛɪ'dʲɪ:mas]
beledigen	įžeidinéti	[i:ʒʲɛɪdʲɪ'nʲe:tʲɪ]
(met scheldwoorden)		
beledigd (bn)	įžeistas	['i:ʒʲɛɪstas]
krenking (de)	núoskauda (m)	['nuɑskaʊda]
krenken (beledigen)	nuskriaũsti	[nu'skrʲɛʊstʲɪ]
gekwetst worden (ww)	įsižeisti	[i:sʲɪ'ʒʲɛɪstʲɪ]
verontwaardiging (de)	pasipiktinimas (v)	[pasʲɪ'pʲɪktʲɪnʲɪmas]
verontwaardigd zijn (ww)	pasipiktinti	[pasʲɪ'pʲɪktʲɪntʲɪ]
klacht (de)	skuñdas (v)	['skundas]
klagen (ww)	skũstis	['sku:stʲɪs]
verontschuldiging (de)	atsiprãšymas (v)	[atsʲɪ'pra:ʃɪmas]
zich verontschuldigen	atsiprašynéti	[atsʲɪ'praʃʲɪ:nʲe:tʲɪ]
excuus vragen	prašýti atleidimo	[pra'ʃʲɪ:tʲɪ atlʲɛɪ'dʲɪmɔ]
kritiek (de)	kritika (m)	['krʲɪtʲɪka]
bekritiseren (ww)	kritikúoti	[krʲɪtʲɪ'kuɑtʲɪ]
beschuldiging (de)	káltinimas (v)	['kalʲtʲɪnʲɪmas]
beschuldigen (ww)	káltinti	['kalʲtʲɪntʲɪ]
wraak (de)	kerštas (v)	['kʲɛrʃtas]
wreken (ww)	keršyti	['kʲɛrʃʲɪ:tʲɪ]
wraak nemen (ww)	atkeršyti	[at'kʲɛrʃʲɪ:tʲɪ]
minachting (de)	pasmerkimas (v)	[pasmʲɛr'kʲɪmas]
minachten (ww)	smerkti	['smʲɛrktʲɪ]
haat (de)	neapýkanta (m)	[nʲɛa'pʲɪ:kanta]
haten (ww)	nekęsti	[nʲɛ'kʲɛ:stʲɪ]
zenuwachtig (bn)	nervúotas	[nʲɛr'vuɑtas]
zenuwachtig zijn (ww)	nèrvintis	['nʲɛrvʲɪntʲɪs]
boos (bn)	piktas	['pʲɪktas]
boos maken (ww)	supýkdyti	[su'pʲɪ:kdʲi:tʲɪ]
vernedering (de)	žẽminimas (v)	['ʒʲæmʲɪnʲɪmas]
vernederen (ww)	žẽminti	['ʒʲæmʲɪntʲɪ]
zich vernederen (ww)	žẽmintis	['ʒʲæmʲɪntʲɪs]
schok (de)	šokas (v)	['ʃokas]
schokken (ww)	šokirúoti	[ʃokʲɪ'ruɑtʲɪ]

onaangenaamheid (de)	nemalonumas (v)	[nʲɛmalʲoˈnumas]
onaangenaam (bn)	nemalonus	[nʲɛmalʲoˈnʊs]
vrees (de)	baimė (m)	[ˈbʌɪmʲeː]
vreselijk (bijv. ~ onweer)	baisus	[bʌɪˈsʊs]
eng (bn)	baisus	[bʌɪˈsʊs]
gruwel (de)	siaubas (v)	[ˈsʲɛʊbas]
vreselijk (~ nieuws)	siaubingas	[sʲɛʊˈbʲɪngas]
beginnen te beven	suvirpėti	[sʊvʲɪrˈpʲeːtʲɪ]
huilen (wenen)	verkti	[ˈvʲɛrktʲɪ]
beginnen te huilen (wenen)	pradėti verkti	[praˈdʲeːtʲɪ ˈverktʲɪ]
traan (de)	ašara (m)	[ˈaːʃara]
schuld (~ geven aan)	kaltė (m)	[kalʲˈtʲeː]
schuldgevoel (het)	kaltė (m)	[kalʲˈtʲeː]
schande (de)	gėda (m)	[ˈgʲeːda]
protest (het)	protestas (v)	[proˈtʲɛstas]
stress (de)	stresas (v)	[ˈstrʲɛsas]
storen (lastigvallen)	trukdyti	[trʊkˈdʲiːtʲɪ]
kwaad zijn (ww)	pykti	[ˈpʲiːktʲɪ]
kwaad (bn)	piktas	[ˈpʲɪktas]
beëindigen (een relatie ~)	nutraukti	[nʊˈtrɑʊktʲɪ]
vloeken (ww)	bartis	[ˈbartʲɪs]
schrikken (schrik krijgen)	baugintis	[bɑʊˈgʲɪntʲɪs]
slaan (iemand ~)	trenkti	[ˈtrʲɛŋktʲɪ]
vechten (ww)	muštis	[ˈmʊʃtʲɪs]
regelen (conflict)	sureguliuoti	[sʊrʲɛgʊˈlʲʊɑtʲɪ]
ontevreden (bn)	nepatenkintas	[nʲɛpaˈtʲɛŋkʲɪntas]
woedend (bn)	įniršęs	[iːˈnʲɪrʃɛːs]
Dat is niet goed!	Negerai!	[nʲɛgʲɛˈrʌɪ!]
Dat is slecht!	Negerai!	[nʲɛgʲɛˈrʌɪ!]

Geneeskunde

68. Ziekten

ziekte (de)	liga (m)	[lɪ'ga]
ziek zijn (ww)	sìrgti	['sʲɪrktʲɪ]
gezondheid (de)	sveikatà (m)	[svʲɛɪka'ta]
snotneus (de)	slogà (m)	[slʲo'ga]
angina (de)	anginà (m)	[angʲɪ'na]
verkoudheid (de)	péršalimas (v)	['pʲɛrʃalʲɪmas]
verkouden raken (ww)	péršalti	['pʲɛrʃalʲtʲɪ]
bronchitis (de)	bronchìtas (v)	[bron'xʲɪtas]
longontsteking (de)	plaŭčių uždegìmas (v)	['plʲaʊtɕʲu: ʊʒdʲɛ'gʲɪmas]
griep (de)	grìpas (v)	['grʲɪpas]
bijziend (bn)	trumparégis	[trʊmpa'rʲægʲɪs]
verziend (bn)	toliarégis	[tolʲæ'rʲægʲɪs]
scheelheid (de)	žvairùmas (v)	[ʒvʌɪ'rʊmas]
scheel (bn)	žvaìras	['ʒvʌɪras]
grauwe staar (de)	kataraktà (m)	[katarak'ta]
glaucoom (het)	glaukomà (m)	[glʲaʊko'ma]
beroerte (de)	insùltas (v)	[ɪn'sʊlʲtas]
hartinfarct (het)	infárktas (v)	[ɪn'farktas]
myocardiaal infarct (het)	miokárda infárktas (v)	[mʲɪjo'karda in'farktas]
verlamming (de)	paralýžius (v)	[para'lʲiːʒʲʊs]
verlammen (ww)	paraližúoti	[paralʲɪ'ʒʊatʲɪ]
allergie (de)	alèrgija (m)	[a'lʲɛrgʲɪjɛ]
astma (de/het)	astmà (m)	[ast'ma]
diabetes (de)	diabètas (v)	[dʲɪja'bʲɛtas]
tandpijn (de)	dantų̃ skaũsmas (v)	[dan'tu: 'skaʊsmas]
tandbederf (het)	kãriesas (v)	['ka:rʲɪɛsas]
diarree (de)	diaréja (m)	[dʲɪjarʲeːja]
constipatie (de)	vidurių̃ užkietéjimas (v)	[vʲɪdu'rʲu: ʊʒkʲɪɛ'tʲɛjɪmas]
maagstoornis (de)	skrandžio sutrikìmas (v)	['skrandʒʲo sʊtrʲɪ'kʲɪmas]
voedselvergiftiging (de)	apsinuõdijimas (v)	[apsʲɪ'nʊadʲɪjimas]
voedselvergiftiging oplopen	apsinuõdyti	[apsʲɪ'nʊadʲiːtʲɪ]
artritis (de)	artrìtas (v)	[art'rʲɪtas]
rachitis (de)	rachìtas (v)	[ra'xʲɪtas]
reuma (het)	reumatìzmas (v)	[rʲɛʊma'tʲɪzmas]
arteriosclerose (de)	ateroskleròzė (m)	[aterosklʲɛ'rozʲeː]
gastritis (de)	gastrìtas (v)	[gas'trʲɪtas]
blindedarmontsteking (de)	apendicìtas (v)	[apʲɛndʲɪ'tsʲɪtas]

| galblaasontsteking (de) | cholecistìtas (v) | [xolʲɛtsʲɪs'tʲɪtas] |
| zweer (de) | opà (m) | [o'pa] |

mazelen (mv.)	tymaì (v)	[tʲiː'mʌɪ]
rodehond (de)	raudoniùkė (m)	[rɑʊdo'nʲʊkʲeː]
geelzucht (de)	geltà (m)	[gʲɛlʲ'ta]
leverontsteking (de)	hepatìtas (v)	[ɣʲɛpa'tʲɪtas]

schizofrenie (de)	šizofrènija (m)	[ʃʲɪzo'frʲɛnʲɪjɛ]
dolheid (de)	pasiùtligė (m)	[pa'sʲʊtlʲɪgʲeː]
neurose (de)	neuròzė (m)	[nʲɛʊ'rozʲeː]
hersenschudding (de)	smegenų̃ sutrenkìmas (v)	[smʲɛgʲɛ'nu: sʊtrʲɛŋ'kʲɪmas]

kanker (de)	vėžỹs (v)	[vʲeː'ʒʲiːs]
sclerose (de)	skleròzė (m)	[sklʲɛ'rozʲeː]
multiple sclerose (de)	išsétìnė skleròzė (m)	[ɪʃsʲeː'tʲɪnʲeː sklʲɛ'rozʲeː]

alcoholisme (het)	alkoholìzmas (v)	[alʲkoɣo'lʲɪzmas]
alcoholicus (de)	alokoholikas (v)	[aloko'ɣolʲɪkas]
syfilis (de)	sìfilis (v)	['sʲɪfʲɪlʲɪs]
AIDS (de)	ŽIV (v)	['ʒʲɪv]

tumor (de)	auglỹs (v)	[ɑʊg'lʲiːs]
koorts (de)	kar̃štligė (m)	['karʃtlʲɪgʲeː]
malaria (de)	maliãrija (m)	[ma'lʲærʲɪjɛ]
gangreen (het)	gangrenà (m)	[gangrʲɛ'na]
zeeziekte (de)	jū́ros ligà (m)	['juːros lʲɪ'ga]
epilepsie (de)	epilèpsija (m)	[ɛpʲɪ'lʲɛpsʲɪjɛ]

epidemie (de)	epidèmija (m)	[ɛpʲɪ'dʲɛmʲɪjɛ]
tyfus (de)	šìltinė (m)	['ʃʲɪlʲtʲɪnʲeː]
tuberculose (de)	tuberkuliòzė (m)	[tʊbɛrkʊ'lʲozʲeː]
cholera (de)	chòlera (m)	['xolʲɛra]
pest (de)	mãras (v)	['maːras]

69. Symptomen. Behandelingen. Deel 1

symptoom (het)	simptòmas (v)	[sʲɪmp'tomas]
temperatuur (de)	temperatūrà (m)	[tʲɛmpʲɛratu:'ra]
verhoogde temperatuur (de)	aukštà temperatūrà (m)	[ɑʊkʃ'ta tʲɛmpʲɛratu:'ra]
polsslag (de)	pùlsas (v)	['pʊlʲsas]

duizeling (de)	galvõs svaigìmas (v)	[galʲ'vo:s svʌɪ'gʲɪmas]
heet (erg warm)	kárštas	['karʃtas]
koude rillingen (mv.)	drebulỹs (v)	[drʲɛbʊ'lʲiːs]
bleek (bn)	išbãlęs	[ɪʃ'baːlʲɛːs]

hoest (de)	kosulỹs (v)	[kɔsʊ'lʲiːs]
hoesten (ww)	kósėti	['kosʲeːtʲɪ]
niezen (ww)	čiáudėti	['tʃʲæʊdʲeːtʲɪ]
flauwte (de)	nualpìmas (v)	[nʊ'alʲpʲɪmas]
flauwvallen (ww)	nualpti	[nʊ'alʲptʲɪ]
blauwe plek (de)	mėlynė̃ (m)	[mʲeː'lʲiːnʲeː]
buil (de)	gùzas (v)	['gʊzas]

zich stoten (ww)	atsitreñkti	[atsʲɪ'tⁱtʲɛŋktʲɪ]
kneuzing (de)	sumušimas (v)	[sʊmʊ'ʃɪmas]
kneuzen (gekneusd zijn)	susimùšti	[sʊsʲɪ'mʊʃtʲɪ]

hinken (ww)	šlubúoti	[ʃlʲʊ'bʊatʲɪ]
verstuiking (de)	išnirìmas (v)	[ɪʃnʲɪ'rʲɪmas]
verstuiken (enkel, enz.)	išnarìnti	[ɪʃna'rʲɪntʲɪ]
breuk (de)	lūžis (v)	['lʲuːʒɪs]
een breuk oplopen	susiláužyti	[sʊsʲɪ'lʲaʊʒʲiːtʲɪ]

snijwond (de)	įpjovìmas (v)	[i:pjɔ'vʲɪ:mas]
zich snijden (ww)	įsipjáuti	[i:sʲɪ'pjaʊtʲɪ]
bloeding (de)	kraujãvimas (v)	[kraʊ'ja:vʲɪmas]

| brandwond (de) | nudegìmas (v) | [nʊdʲɛ'gʲɪmas] |
| zich branden (ww) | nusidèginti | [nʊsʲɪ'dʲægʲɪntʲɪ] |

prikken (ww)	įdùrti	[i:'dʊrtʲɪ]
zich prikken (ww)	įsidùrti	[i:sʲɪ'dʊrtʲɪ]
blesseren (ww)	susižalóti	[sʊsʲɪʒa'lʲotʲɪ]
blessure (letsel)	sužalójimas (v)	[sʊʒa'lʲoːjɪmas]
wond (de)	žaizdà (m)	[ʒʌɪz'da]
trauma (het)	tráuma (m)	['traʊma]

IJlen (ww)	sapalióti	[sapa'lʲotʲɪ]
stotteren (ww)	mikčióti	[mʲɪk'tʂʲotʲɪ]
zonnesteek (de)	sáulės smūgis (v)	['saʊlʲeːs 'smuːgʲɪs]

70. Symptomen. Behandelingen. Deel 2

| pijn (de) | skaũsmas (v) | ['skaʊsmas] |
| splinter (de) | rakštìs (m) | [rakʃtʲɪs] |

zweet (het)	prãkaitas (v)	['pra:kʌɪtas]
zweten (ww)	prakaitúoti	[prakʌɪ'tʊatʲɪ]
braking (de)	pỹkinimas (v)	['pʲiːkʲɪnʲɪmas]
stuiptrekkingen (mv.)	traukùliai (v)	[traʊ'kʊlʲɛɪ]

zwanger (bn)	nėščià	[nʲeːʃtʂʲæ]
geboren worden (ww)	gìmti	['gʲɪmtʲɪ]
geboorte (de)	gimdymas (v)	['gʲɪmdʲiːmas]
baren (ww)	gimdýti	[gʲɪm'dʲiːtʲɪ]
abortus (de)	abòrtas (v)	[a'bortas]

ademhaling (de)	kvėpãvimas (v)	[kvʲeː'pa:vʲɪmas]
inademing (de)	įkvėpis (v)	['i:kvʲeːpʲɪs]
uitademing (de)	iškvėpìmas (v)	[ɪʃkvʲeː'pʲɪmas]
uitademen (ww)	iškvėpti	[ɪʃ'kvʲeːptʲɪ]
inademen (ww)	įkvėpti	[i:k'vʲeːptʲɪ]

invalide (de)	invalìdas (v)	[ɪnva'lʲɪdas]
gehandicapte (de)	luošỹs (v)	[lʲʊa'ʃʲɪːs]
drugsverslaafde (de)	narkomãnas (v)	[narko'ma:nas]
doof (bn)	kuřčias	['kʊrtʂʲæs]

stom (bn)	nebylỹs	[nʲɛbʲiːˈlʲiːs]
doofstom (bn)	kurčnebylis	[ˈkʊrtʂnʲɛbʲiːlʲɪs]
krankzinnig (bn)	pamìšęs	[paˈmʲɪʃɛːs]
krankzinnige (man)	pamìšęs (v)	[paˈmʲɪʃɛːs]
krankzinnige (vrouw)	pamìšusi (m)	[paˈmʲɪʃʊsʲɪ]
krankzinnig worden	išprotéti	[ɪʃproˈtʲeːtʲɪ]
gen (het)	gènas (v)	[ˈgʲɛnas]
immuniteit (de)	imunitètas (v)	[ɪmʊnʲɪˈtʲɛtas]
erfelijk (bn)	pavéldimas	[paˈvʲɛlʲdʲɪmas]
aangeboren (bn)	ĩgimtas	[ˈiːgʲɪmtas]
virus (het)	vìrusas (v)	[ˈvʲɪrʊsas]
microbe (de)	mikròbas (v)	[mʲɪkˈrobas]
bacterie (de)	baktèrija (m)	[bakˈtʲɛrʲɪjɛ]
infectie (de)	infèkcija (m)	[ɪnˈfʲɛktsʲɪjɛ]

71. Symptomen. Behandelingen. Deel 3

ziekenhuis (het)	ligóninė (m)	[lʲɪˈgonʲɪnʲeː]
patiënt (de)	pacieñtas (v)	[paˈtsʲiɛntas]
diagnose (de)	diagnòzė (m)	[dʲɪjagˈnozʲeː]
genezing (de)	gýdymas (v)	[ˈgʲiːdʲiːmas]
medische behandeling (de)	gýdymas (v)	[ˈgʲiːdʲiːmas]
onder behandeling zijn	gýdytis	[ˈgʲiːdʲiːtʲɪs]
behandelen (ww)	gýdyti	[ˈgʲiːdʲiːtʲɪ]
zorgen (zieken ~)	slaugýti	[slʲɑʊˈgʲiːtʲɪ]
ziekenzorg (de)	slaugà (m)	[slʲɑʊˈga]
operatie (de)	operãcija (m)	[opʲɛˈraːtsʲɪjɛ]
verbinden (een arm ~)	pérrišti	[ˈpʲɛrrʲɪʃtʲɪ]
verband (het)	pérrišimas (v)	[ˈpʲɛrrʲɪʃɪmas]
vaccin (het)	skiẽpas (v)	[ˈskʲɛpas]
inenten (vaccineren)	skiẽpyti	[ˈskʲɛpʲiːtʲɪ]
injectie (de)	įdūrìmas (v)	[iːduːˈrʲɪːmas]
een injectie geven	suléisti vàistus	[sʊˈlʲɛɪstʲɪ ˈvʌɪstʊs]
aanval (de)	príepuolis (v)	[ˈprʲɪɛpʊɑlʲɪs]
amputatie (de)	amputãcija (m)	[ampʊˈtaːtsʲɪjɛ]
amputeren (ww)	amputúoti	[ampʊˈtʊɑtʲɪ]
coma (het)	komà (m)	[koˈma]
in coma liggen	bū́ti kòmoje	[ˈbuːtʲɪ ˈkõmojɛ]
intensieve zorg, ICU (de)	reanimãcija (m)	[rʲɛanʲɪˈmaːtsʲɪjɛ]
zich herstellen (ww)	svéikti ...	[ˈsvʲɛɪktʲɪ ...]
toestand (de)	bū́klė (m)	[ˈbuːklʲeː]
bewustzijn (het)	sãmonė (m)	[ˈsaːmonʲeː]
geheugen (het)	atmintìs (m)	[atmʲɪnˈtʲɪs]
trekken (een kies ~)	šãlinti	[ˈʃaːlʲɪntʲɪ]
vulling (de)	plòmba (m)	[ˈplʲomba]

vullen (ww)	plombúoti	[pᴵom'buatᴵɪ]
hypnose (de)	hipnózė (m)	[ɣᴵɪp'nozᴵe:]
hypnotiseren (ww)	hipnotizúoti	[ɣᴵɪpnotᴵɪ'zuatᴵɪ]

72. Artsen

dokter, arts (de)	gýdytojas (v)	['gᴵi:dᴵi:to:jɛs]
ziekenzuster (de)	medicìnos sesẽlė (m)	[mᴵɛdᴵɪ'tsᴵɪnos se'sᴵælᴵe:]
lijfarts (de)	asmenìnis gýdytojas (v)	[asmᴵɛ'nᴵɪnᴵɪs 'gᴵi:dᴵi:to:jɛs]

tandarts (de)	dantìstas (v)	[dan'tᴵɪstas]
oogarts (de)	okulìstas (v)	[okʊ'lᴵɪstas]
therapeut (de)	terapèutas (v)	[tᴵɛra'pᴵɛʊtas]
chirurg (de)	chirùrgas (v)	[xᴵɪ'rʊrgas]

psychiater (de)	psichiãtras (v)	[psᴵɪxᴵɪ'jatras]
pediater (de)	pediãtras (v)	[pᴵɛ'dᴵɪ'jatras]
psycholoog (de)	psicholõgas (v)	[psᴵɪxo'lᴵogas]
gynaecoloog (de)	ginekológas (v)	[gᴵɪnᴵɛko'lᴵogas]
cardioloog (de)	kardiológas (v)	[kardᴵɪjo'lᴵogas]

73. Geneeskunde. Medicijnen. Accessoires

geneesmiddel (het)	váistas (v)	['vʌɪstas]
middel (het)	príemonė (m)	['prᴵiɛmonᴵe:]
voorschrijven (ww)	išrašýti	[ɪʃra'ʃɪ:tᴵɪ]
recept (het)	recèptas (v)	[rᴵɛ'tsᴵɛptas]

tablet (de/het)	tablètė (m)	[tab'lᴵɛtᴵe:]
zalf (de)	tẽpalas (v)	['tᴵæpalᴵas]
ampul (de)	ámpulė (m)	['ampulᴵe:]
drank (de)	mikstūrà (m)	[mᴵɪkstu:'ra]
siroop (de)	sìrupas (v)	['sᴵɪrʊpas]
pil (de)	piliùlė (m)	[pᴵɪ'lᴵʊlᴵe:]
poeder (de/het)	miltẽliai (v dgs)	[mᴵɪlᴵ'tᴵælᴵɛɪ]

verband (het)	bìntas (v)	['bᴵɪntas]
watten (mv.)	vatà (m)	[va'ta]
jodium (het)	jòdas (v)	[jɔ das]

pleister (de)	pléistras (v)	['plᴵɛɪstras]
pipet (de)	pipètė (m)	[pᴵɪ'pᴵɛtᴵe:]
thermometer (de)	termomètras (v)	[tᴵɛrmo'mᴵɛtras]
spuit (de)	švìrkštas (v)	['ʃvᴵɪrkʃtas]

| rolstoel (de) | neįgaliójo vežimẽlis (v) | [nᴵɛɪ:ga'lᴵojo vᴵɛ'ʒᴵɪmᴵe:lᴵɪs] |
| krukken (mv.) | rameñtai (v dgs) | [ra'mᴵɛntʌɪ] |

| pijnstiller (de) | skaũsmą malšìnantys váistai (v dgs) | ['skaʊsma: malᴵ'ʃɪnantᴵi:s 'vʌɪstʌɪ] |

| laxeermiddel (het) | láisvinantys váistai (v dgs) | ['lᴵʌɪsvᴵɪnantᴵi:s 'vʌɪstʌɪ] |
| spiritus (de) | spìritas (v) | ['spᴵɪrᴵɪtas] |

| medicinale kruiden (mv.) | žolė̃ (m) | [ʒoˈlʲe:] |
| kruiden- (abn) | žolìnis | [ʒoˈlʲɪnʲɪs] |

74. Roken. Tabaksproducten

tabak (de)	tabõkas (v)	[taˈbo:kas]
sigaret (de)	cigarètė (m)	[tsʲɪgaˈrʲɛtʲe:]
sigaar (de)	cigãras (v)	[tsʲɪˈga:ras]
pijp (de)	pỹpkė (m)	[ˈpʲi:pkʲe:]
pakje (~ sigaretten)	pakelìs (v)	[pakʲɛˈlʲɪs]

lucifers (mv.)	degtùkai (v)	[dʲɛgˈtʊkʌɪ]
luciferdoosje (het)	degtùkų dėžùtė (m)	[dʲɛgˈtʊku: dʲe:ˈʒʊtʲe:]
aansteker (de)	žiebtuvẽlis (v)	[ʒʲiɛptʊˈvʲe:lʲɪs]
asbak (de)	pelenìnė (m)	[pʲɛlʲɛˈnʲɪnʲe:]
sigarettendoosje (het)	portsigãras (v)	[portsʲɪˈga:ras]

| sigarettenpijpje (het) | kandìklis (v) | [kanˈdʲɪklʲɪs] |
| filter (de/het) | fìltras (v) | [ˈfʲɪlʲtras] |

roken (ww)	rūkýti	[ru:ˈkʲi:tʲɪ]
een sigaret opsteken	užrūkýti	[ʊʒru:ˈkʲi:tʲɪ]
roken (het)	rūkymas (v)	[ˈru:kʲi:mas]
roker (de)	rūkõrius (v)	[ru:ˈko:rʲʊs]

peuk (de)	núorūka (m)	[ˈnʊɑru:ka]
rook (de)	dū̃mas (v)	[ˈdu:mas]
as (de)	pelenaĩ (v dgs)	[pʲɛlʲɛˈnʌɪ]

HET MENSELIJKE LEEFGEBIED

Stad

75. Stad. Het leven in de stad

stad (de)	miestas (v)	['mʲɛstas]
hoofdstad (de)	sostinė (m)	['sostʲɪnʲe:]
dorp (het)	kaimas (v)	['kʌɪmas]
plattegrond (de)	miesto planas (v)	['mʲɛstɔ 'plʲa:nas]
centrum (ov. een stad)	miesto centras (v)	['mʲɛstɔ 'tsʲɛntras]
voorstad (de)	priemiestis (v)	['prʲiɛmʲɛstʲɪs]
voorstads- (abn)	priemiesčio	['prʲiɛmʲiɛstʂʲɔ]
randgemeente (de)	pakraštys (v)	[pakraʃ'tʲi:s]
omgeving (de)	apylinkės (m dgs)	[a'pʲi:lʲɪŋkʲe:s]
blok (huizenblok)	kvartalas (v)	[kvar'ta:lʲas]
woonwijk (de)	gyvenamas kvartalas (v)	[gʲi:'vʲænamas kvar'ta:lʲas]
verkeer (het)	judėjimas (v)	[ju'dʲɛjɪmas]
verkeerslicht (het)	šviesoforas (v)	[ʃvʲiɛso'foras]
openbaar vervoer (het)	miesto transportas (v)	['mʲɛstɔ trans'portas]
kruispunt (het)	sankryža (m)	['saŋkrʲi:ʒa]
zebrapad (oversteekplaats)	pėrėja (m)	['pʲɛrʲe:ja]
onderdoorgang (de)	požeminė pėrėja (m)	[poʒe'mʲɪnʲe: 'pʲærʲe:ja]
oversteken (de straat ~)	pėreiti	['pʲɛrʲɛɪtʲɪ]
voetganger (de)	pėstysis (v)	['pʲe:stʲi:sʲɪs]
trottoir (het)	šaligatvis (v)	[ʃa'lʲɪgatvʲɪs]
brug (de)	tiltas (v)	['tʲɪlʲtas]
dijk (de)	krantinė (m)	[kran'tʲɪnʲe:]
allee (de)	alėja (m)	[a'lʲe:ja]
park (het)	parkas (v)	['parkas]
boulevard (de)	bulvaras (v)	[bʊlʲ'va:ras]
plein (het)	aikštė (m)	[ʌɪkʃ'tʲe:]
laan (de)	prospektas (v)	[pros'pʲɛktas]
straat (de)	gatvė (m)	['ga:tvʲe:]
zijstraat (de)	skersgatvis (v)	['skʲɛrsgatvʲɪs]
doodlopende straat (de)	tupikas (v)	[tʊ'pʲɪkas]
huis (het)	namas (v)	['na:mas]
gebouw (het)	pastatas (v)	['pa:statas]
wolkenkrabber (de)	dangoraižis (v)	[dan'gorʌɪʒʲɪs]
gevel (de)	fasadas (v)	[fa'sa:das]
dak (het)	stogas (v)	['stogas]

venster (het)	lángas (v)	['lʲangas]
boog (de)	árka (m)	['arka]
pilaar (de)	koloná (m)	[kɔlʲoˈna]
hoek (ov. een gebouw)	kam̃pas (v)	['kampas]

vitrine (de)	vitriná (m)	[vʲɪtrʲɪ'na]
gevelreclame (de)	ìškaba (m)	['ɪʃkaba]
affiche (de/het)	afišà (m)	[afʲɪ'ʃa]
reclameposter (de)	reklãminis plakãtas (v)	[rʲɛk'lʲa:mʲɪnʲɪs plʲa'ka:tas]
aanplakbord (het)	reklãminis skỹdas (v)	[rʲɛk'lʲa:mʲɪnʲɪs 'skʲi:das]

vuilnis (de/het)	šiùkšlės (m dgs)	['ʃukʃlʲe:s]
vuilnisbak (de)	ùrna (m)	['urna]
afval weggooien (ww)	šiùkšlinti	['ʃukʃlʲɪntʲɪ]
stortplaats (de)	sąvartýnas (v)	[sa:var'tʲi:nas]

telefooncel (de)	telefòno bùdelė (m)	[tʲɛlʲɛ'fonɔ 'budelʲe:]
straatlicht (het)	žibiñto stul̃pas (v)	[ʒʲɪ'bʲɪntɔ 'stulʲpas]
bank (de)	súolas (v)	['suɑlʲas]

politieagent (de)	polìcininkas (v)	[po'lʲɪtsʲɪnʲɪŋkas]
politie (de)	polìcija (m)	[po'lʲɪtsʲɪjɛ]
zwerver (de)	skur̃džius (v)	['skurdʒʲus]
dakloze (de)	benãmis (v)	[bʲɛ'na:mʲɪs]

76. Stedelijke instellingen

winkel (de)	parduotùvė (m)	[pardʊɑ'tʊvʲe:]
apotheek (de)	váistinė (m)	['vʌɪstʲɪnʲe:]
optiek (de)	òptika (m)	['optʲɪka]
winkelcentrum (het)	prekýbos ceñtras (v)	[prʲɛ'kʲi:bos 'tsʲɛntras]
supermarkt (de)	supermárketas (v)	[sʊpʲɛr'markʲɛtas]

bakkerij (de)	bandėlių kráutuvė (m)	[ban'dʲælʲu: 'krɑʊtʊvʲe:]
bakker (de)	kepéjas (v)	[kʲɛ'pʲe:jas]
banketbakkerij (de)	konditèrija (m)	[kɔndʲɪ'tʲɛrʲɪjɛ]
kruidenier (de)	bakaléja (m)	[baka'lʲe:ja]
slagerij (de)	mėsõs kráutuvė (m)	[mʲe:'so:s 'krɑʊtʊvʲe:]

| groentewinkel (de) | daržóvių kráutuvė (m) | [dar'ʒovʲu: 'krɑʊtʊvʲe:] |
| markt (de) | prekývietė (m) | [prʲɛ'kʲi:vʲiɛtʲe:] |

koffiehuis (het)	kavìnė (m)	[ka'vʲɪnʲe:]
restaurant (het)	restorãnas (v)	[rʲɛsto'ra:nas]
bar (de)	alùdė (m)	[a'lʲudʲe:]
pizzeria (de)	picèrija (m)	[pʲɪ'tsʲɛrʲɪjɛ]

kapperssalon (de/het)	kirpyklà (m)	[kʲɪrpʲi:k'lʲa]
postkantoor (het)	pãštas (v)	['pa:ʃtas]
stomerij (de)	valyklà (m)	[valʲi:k'la]
fotostudio (de)	fotoateljě (v)	[fotoate'lʲje:]

| schoenwinkel (de) | ãvalynės parduotùvė (m) | ['a:valʲi:nʲe:s pardʊɑ'tʊvʲe:] |
| boekhandel (de) | knygýnas (v) | [knʲi:'gʲi:nas] |

sportwinkel (de)	sportinių prēkių parduotuvė (m)	['sport'ɪn'u: 'pr'æk'u: parduɑ'tuv'e:]
kledingreparatie (de)	drabužių taisyklā (m)	[dra'buʒ'u: tʌɪs'i:k'l'a]
kledingverhuur (de)	drabužių nūoma (m)	[dra'buʒ'u: 'nuɑma]
videotheek (de)	filmų nūoma (m)	['fɪl'mu: 'nuɑma]

circus (de/het)	cìrkas (v)	['ts'ɪrkas]
dierentuin (de)	zoologijos sōdas (v)	[zoo'l'og'ɪjos 'so:das]
bioscoop (de)	kìno teātras (v)	['k'ɪno t'ɛ'a:tras]
museum (het)	muziējus (v)	[mu'z'ɛjus]
bibliotheek (de)	bibliotekā (m)	[b'ɪbl'ɪjot'ɛ'ka]

theater (het)	teātras (v)	[t'ɛ'a:tras]
opera (de)	opera (m)	['op'ɛra]
nachtclub (de)	naktìnis klùbas (v)	[nak't'ɪn'ɪs 'kl'ubas]
casino (het)	kazino (v)	[kaz'ɪ'no]

moskee (de)	mečētė (m)	[m'ɛ'tʃ'ɛt'e:]
synagoge (de)	sinagogā (m)	[s'ɪnago'ga]
kathedraal (de)	kātedra (m)	['ka:t'ɛdra]
tempel (de)	šventyklā (m)	[ʃv'ɛnt'i:k'l'a]
kerk (de)	bažnýčia (m)	[baʒ'n'i:tʃ'æ]

instituut (het)	institūtas (v)	[ɪnst'ɪ'tutas]
universiteit (de)	universitētas (v)	[un'ɪv'ɛrs'ɪ't'ɛtas]
school (de)	mokyklā (m)	[mok'i:k'l'a]

gemeentehuis (het)	prefektūrā (m)	[pr'ɛf'ɛk'tu:'ra]
stadhuis (het)	savivaldýbė (m)	[sav'ɪval'l'd'i:b'e:]
hotel (het)	viēšbutis (v)	['v'ɛʃbut'ɪs]
bank (de)	bánkas (v)	['baŋkas]

ambassade (de)	ambasadā (m)	[ambasa'da]
reisbureau (het)	turìzmo agentūrā (m)	[tu'r'ɪzmɔ ag'ɛntu:'ra]
informatieloket (het)	informācijos biùras (v)	[ɪnfor'ma:ts'ɪjos 'b'uras]
wisselkantoor (het)	keitykla (m)	[k'ɛɪt'i:k'l'a]

| metro (de) | metro | [m'ɛ'tro] |
| ziekenhuis (het) | ligoninė (m) | [l'ɪ'gon'ɪn'e:] |

| benzinestation (het) | degalìnė (m) | [d'ɛga'l'ɪn'e:] |
| parking (de) | stovėjimo aikštēlė (m) | [sto'v'ɛjɪmɔ ʌɪkʃ't'æl'e:] |

77. Stedelijk vervoer

bus, autobus (de)	autobùsas (v)	[ɑuto'busas]
tram (de)	tramvājus (v)	[tram'va:jus]
trolleybus (de)	troleibùsas (v)	[trol'ɛɪ'busas]
route (de)	maršrùtas (v)	[marʃ'rutas]
nummer (busnummer, enz.)	nùmeris (v)	['num'ɛr'ɪs]

rijden met ...	važiūoti ...	[va'ʒ'uɑt'ɪ ...]
stappen (in de bus ~)	įlìpti į̃ ...	[i:'l'ɪ:pt'ɪ i: ...]
afstappen (ww)	išlìpti iš ...	[ɪʃ'l'ɪpt'ɪ ɪʃ ...]

halte (de)	stotelė (m)	[sto't'æl'e:]
volgende halte (de)	kita stotelė (m)	[kɪ'ta sto't'æl'e:]
eindpunt (het)	galutinė stotelė (m)	[galʊ't'ɪn'e: sto't'æl'e:]
dienstregeling (de)	tvarkaraštis (v)	[tvar'ka:raʃt'ɪs]
wachten (ww)	laukti	['l'aʊkt'ɪ]

| kaartje (het) | bilietas (v) | ['b'ɪl'iɛtas] |
| reiskosten (de) | bilieto kaina (m) | ['b'ɪl'iɛtɔ 'kʌɪna] |

kassier (de)	kasininkas (v)	['ka:s'ɪn'ɪŋkas]
kaartcontrole (de)	kontrolė (m)	[kɔn'trol'e:]
controleur (de)	kontrolierius (v)	[kɔntro'l'ɛr'ʊs]

te laat zijn (ww)	vėluoti	[v'e:'l'ʊat'ɪ]
missen (de bus ~)	pavėluoti	[pav'e:'l'ʊat'ɪ]
zich haasten (ww)	skubėti	[skʊ'b'e:t'ɪ]

taxi (de)	taksi (v)	[tak's'ɪ]
taxichauffeur (de)	taksistas (v)	[tak's'ɪstas]
met de taxi (bw)	su taksi	['sʊ tak's'ɪ]
taxistandplaats (de)	taksi stovėjimo aikštelė (m)	[tak's'ɪ sto'v'ɛjɪmɔ ʌɪkʃ't'æl'e:]
een taxi bestellen	iškviesti taksi	[ɪʃk'v'ɛst'ɪ tak's'ɪ]
een taxi nemen	įsėsti į taksi	[i:s'es't'ɪː i: tak's'ɪː]

verkeer (het)	gatvės judėjimas (v)	['ga:tv'e:s jʊ'd'ɛjɪmas]
file (de)	kamštis (v)	['kamʃt'ɪs]
spitsuur (het)	piko valandos (m dgs)	['p'ɪkɔ 'va:l'andos]
parkeren (on.ww.)	parkuotis	[par'kʊat'ɪs]
parkeren (ov.ww.)	parkuoti	[par'kʊat'ɪ]
parking (de)	stovėjimo aikštelė (m)	[sto'v'ɛjɪmɔ ʌɪkʃ't'æl'e:]

metro (de)	metro	[m'ɛ'tro]
halte (bijv. kleine treinhalte)	stotis (m)	[sto't'ɪs]
de metro nemen	važiuoti metro	[va'ʒ'ʊat'ɪ m'ɛ'trɔ]
trein (de)	traukinys (v)	[traʊk'ɪ'n'iːs]
station (treinstation)	stotis (m)	[sto't'ɪs]

78. Bezienswaardigheden

monument (het)	paminklas (v)	[pa'm'ɪŋkl'as]
vesting (de)	tvirtovė (m)	[tv'ɪr'tov'e:]
paleis (het)	rūmai (v)	['ru:mʌɪ]
kasteel (het)	pilis (m)	[p'ɪ'l'ɪs]
toren (de)	bokštas (v)	['bokʃtas]
mausoleum (het)	mauzoliejus (v)	[mɑʊzo'l'ɛjʊs]

architectuur (de)	architektūra (m)	[arx'ɪt'ɛktu:'ra]
middeleeuws (bn)	viduramžių	[v'ɪr'dʊramʒ'u:]
oud (bn)	senovinis	[s'ɛ'nov'ɪn'ɪs]
nationaal (bn)	nacionālinis	[nats'ɪjo'na:l'ɪn'ɪs]
bekend (bn)	žymus	[ʒ'iː'mʊs]

| toerist (de) | turistas (v) | [tʊ'r'ɪstas] |
| gids (de) | gidas (v) | ['g'ɪdas] |

rondleiding (de)	ekskùrsija (m)	[ɛks'kurs'ɪjɛ]
tonen (ww)	ródyti	['rodʲi:tʲɪ]
vertellen (ww)	pãsakoti	['pa:sakotʲɪ]

vinden (ww)	ràsti	['rastʲɪ]
verdwalen (de weg kwijt zijn)	pasiklýsti	[pasʲɪ'klʲi:stʲɪ]
plattegrond (~ van de metro)	schemã (m)	[sxʲɛ'ma]
plattegrond (~ van de stad)	plãnas (v)	['plʲa:nas]

souvenir (het)	suvenýras (v)	[suvʲɛ'nʲi:ras]
souvenirwinkel (de)	suvenýrų parduotùvė (m)	[suve'nʲi:ru: parduɑ'tuvʲe:]
een foto maken (ww)	fotografúoti	[fotogra'fuɑtʲɪ]
zich laten fotograferen	fotografúotis	[fotogra'fuɑtʲɪs]

79. Winkelen

kopen (ww)	pírkti	['pʲɪrktʲɪ]
aankoop (de)	pirkinỹs (v)	[pʲɪrkʲɪ'nʲi:s]
winkelen (ww)	apsipírkti	[apsʲɪ'pʲɪrktʲɪ]
winkelen (het)	apsipirkìmas (v)	[apsʲɪpʲɪr'kʲɪmas]

open zijn	veĩkti	['vʲɛɪktʲɪ]
(ov. een winkel, enz.)		
gesloten zijn (ww)	užsidarýti	[uʒsʲɪda'rʲi:tʲɪ]

schoeisel (het)	ãvalynė (m)	['a:valʲi:nʲe:]
kleren (mv.)	drabùžiai (v)	[dra'buʒʲɛɪ]
cosmetica (de)	kosmètika (m)	[kɔs'mʲɛtʲɪka]
voedingswaren (mv.)	produktai (v)	[pro'duktʌɪ]
geschenk (het)	dovanã (m)	[dova'na]

verkoper (de)	pardavéjas (v)	[parda'vʲe:jas]
verkoopster (de)	pardavéja (m)	[parda'vʲe:ja]

kassa (de)	kasà (m)	[ka'sa]
spiegel (de)	veĩdrodis (v)	['vʲɛɪdrodʲɪs]
toonbank (de)	prekýstalis (v)	[prʲɛ'kʲi:stalʲɪs]
paskamer (de)	matãvimosi kabinã (m)	[ma'ta:vʲɪmosʲɪ kabʲɪ'na]

aanpassen (ww)	matúoti	[ma'tuɑtʲɪ]
passen (ov. kleren)	tìkti	['tʲɪktʲɪ]
bevallen (prettig vinden)	patìkti	[pa'tʲɪktʲɪ]

prijs (de)	káina (m)	['kʌɪna]
prijskaartje (het)	kainýnas (v)	[kʌɪ'nʲi:nas]
kosten (ww)	kainúoti	[kʌɪ'nuɑtʲɪ]
Hoeveel?	Kíek?	['kʲiɛk?]
korting (de)	núolaida (m)	['nuɑlʲʌɪda]

niet duur (bn)	nebrangùs	[nʲɛbran'gus]
goedkoop (bn)	pigùs	[pʲɪ'gus]
duur (bn)	brangùs	[bran'gus]
Dat is duur.	Taĩ brangù.	['tʌɪ bran'gʊ]
verhuur (de)	núoma (m)	['nuɑma]

77

huren (smoking, enz.)	iššinúomoti	[ɪʃʲɪ'nuɑmotʲɪ]
krediet (het)	kreditas (v)	[krʲɛ'dʲɪtas]
op krediet (bw)	kreditù	[krʲɛdʲɪ'tʊ]

80. Geld

geld (het)	pinigaĩ (v)	[pʲɪnʲɪ'gʌɪ]
ruil (de)	keitìmas (v)	[kʲɛɪ'tʲɪmas]
koers (de)	kùrsas (v)	['kʊrsas]
geldautomaat (de)	bankomãtas (v)	[baŋko'ma:tas]
muntstuk (de)	monetà (m)	[monʲɛ'ta]

dollar (de)	dóleris (v)	['dolʲɛrʲɪs]
euro (de)	eũras (v)	['ɛũras]

lire (de)	lirà (m)	[lʲɪ'ra]
Duitse mark (de)	márkė (m)	['markʲe:]
frank (de)	frãnkas (v)	['fraŋkas]
pond sterling (het)	svãras (v)	['sva:ras]
yen (de)	jenà (m)	[jɛ'na]

schuld (geldbedrag)	skolà (m)	[sko'lʲa]
schuldenaar (de)	skólininkas (v)	['sko:lʲɪnʲɪŋkas]
uitlenen (ww)	dúoti ̃ skõlą	['dʊatʲɪ ː 'sko:lʲa:]
lenen (geld ~)	im̃ti ̃ skõlą	['ɪmtʲɪ ː 'sko:lʲa:]

bank (de)	bánkas (v)	['baŋkas]
bankrekening (de)	sąskaita (m)	['sa:skʌɪta]
op rekening storten	dėti ̃ sąskaitą	['dʲe:tʲɪ ː 'sa:skʌɪta:]
opnemen (ww)	im̃ti iš sąskaitos	['ɪmtʲɪ ɪʃ 'sa:skʌɪtos]

kredietkaart (de)	kreditinė kortelė (m)	[krʲɛ'dʲɪtʲɪnʲe: kor'tʲælʲe:]
baar geld (het)	grynieji pinigaĩ (v)	[grʲɪ:'nʲiɛjɪ pʲɪnʲɪ'gʌɪ]
cheque (de)	čekis (v)	['tʂʲɛkʲɪs]
een cheque uitschrijven	išrašyti čekį	[ɪʃra'ʃʲɪ:tʲɪ 'tʂʲɛkʲɪ:]
chequeboekje (het)	čekių knygelė (m)	['tʂʲɛkʲu: knʲi:'gʲælʲe:]

portefeuille (de)	piniginė (m)	[pʲɪnʲɪ'gʲɪnʲe:]
geldbeugel (de)	piniginė (m)	[pʲɪnʲɪ'gʲɪnʲe:]
safe (de)	seĩfas (v)	['sʲɛɪfas]

erfgenaam (de)	paveldétojas (v)	[pavelʲ'dʲe:to:jɛs]
erfenis (de)	palikìmas (v)	[palʲɪ'kʲɪmas]
fortuin (het)	tùrtas (v)	['tʊrtas]

huur (de)	núoma (m)	['nʊama]
huurprijs (de)	bùto mókestis (v)	['bʊto 'mokʲɛstʲɪs]
huren (huis, kamer)	núomotis	['nʊamotʲɪs]

prijs (de)	káina (m)	['kʌɪna]
kostprijs (de)	káina (m)	['kʌɪna]
som (de)	sumà (m)	[sʊ'ma]
uitgeven (geld besteden)	leĩsti	['lʲɛɪstʲɪ]
kosten (mv.)	sąnaudos (m dgs)	['sa:naʊdos]

bezuinigen (ww)	taupýti	[tɑʊˈpʲiːtʲɪ]
zuinig (bn)	taupùs	[tɑʊˈpʊs]
betalen (ww)	mokéti	[moˈkʲeːtʲɪ]
betaling (de)	apmokéjimas (v)	[apmoˈkʲɛjɪmas]
wisselgeld (het)	grąžà (m)	[graˈʒa]
belasting (de)	mókestis (v)	[ˈmokʲɛstʲɪs]
boete (de)	baudà (m)	[bɑʊˈda]
beboeten (bekeuren)	baũsti	[ˈbɑʊstʲɪ]

81. Post. Postkantoor

postkantoor (het)	pãštas (v)	[ˈpaːʃtas]
post (de)	pãštas (v)	[ˈpaːʃtas]
postbode (de)	pãštininkas (v)	[ˈpaːʃtʲɪnʲɪŋkas]
openingsuren (mv.)	dárbo valandõs (m dgs)	[ˈdarbɔ valʲanˈdoːs]
brief (de)	laĩškas (v)	[ˈlʲʌɪʃkas]
aangetekende brief (de)	užsakýtas laĩškas (v)	[ʊʒsaˈkʲiːtas ˈlʲʌɪʃkas]
briefkaart (de)	atvirùtė (m)	[atvʲɪˈrʊtʲeː]
telegram (het)	telegramà (m)	[tʲɛlʲɛgraˈma]
postpakket (het)	siuntinỹs (v)	[sʲʊntʲɪˈnʲiːs]
overschrijving (de)	piniginis pavedìmas (v)	[pʲɪnʲɪˈgʲɪnʲɪs pavʲɛˈdʲɪmas]
ontvangen (ww)	gáuti	[ˈgɑʊtʲɪ]
sturen (zenden)	išsiųsti	[ɪʃˈsʲʊːstʲɪ]
verzending (de)	išsiuntìmas (v)	[ɪʃsʲʊnˈtʲɪmas]
adres (het)	ãdresas (v)	[ˈaːdrʲɛsas]
postcode (de)	iñdeksas (v)	[ˈɪndʲɛksas]
verzender (de)	siuntéjas (v)	[sʲʊnˈtʲeːjas]
ontvanger (de)	gavéjas (v)	[gaˈvʲeːjas]
naam (de)	var̃das (v)	[ˈvardas]
achternaam (de)	pavardě (m)	[pavarˈdʲeː]
tarief (het)	tarìfas (v)	[taˈrʲɪfas]
standaard (bn)	į̃prastas	[ˈiːprastas]
zuinig (bn)	taupùs	[tɑʊˈpʊs]
gewicht (het)	svõris (v)	[ˈsvoːrʲɪs]
afwegen (op de weegschaal)	sver̃ti	[ˈsvʲɛrtʲɪ]
envelop (de)	võkas (v)	[ˈvoːkas]
postzegel (de)	markùtė (m)	[marˈkʊtʲeː]

Woning. Huis. Thuis

82. Huis. Woning

huis (het)	nãmas (v)	['na:mas]
thuis (bw)	namuosė	[namʊɑ'sʲɛ]
cour (de)	kiẽmas (v)	['kʲɛmas]
omheining (de)	tvorà (m)	[tvo'ra]
baksteen (de)	plytà (m)	[plʲiː'ta]
van bakstenen	plỹtinis	['plʲiːtʲɪnʲɪs]
steen (de)	akmuõ (v)	[ak'mʊɑ]
stenen (bn)	akmenìnis	[akmʲɛ'nʲɪnʲɪs]
beton (het)	betònas (v)	[bʲɛ'tonas]
van beton	betòninis	[bʲɛ'tonʲɪnʲɪs]
nieuw (bn)	naũjas	['nɑʊjas]
oud (bn)	sẽnas	['sʲænas]
vervallen (bn)	senàsis	[sʲɛ'nasʲɪs]
modern (bn)	šiuolaikìnis	[ʃʊɑlʌɪ'kʲɪnʲɪs]
met veel verdiepingen	daugiaaũkštis	[dɑʊgʲæ'ɑʊkʃtʲɪs]
hoog (bn)	áukštas	['ɑʊkʃtas]
verdieping (de)	aũkštas (v)	['ɑʊkʃtas]
met een verdieping	vienaaũkštis	[vʲɛna'ɑʊkʃtʲɪs]
laagste verdieping (de)	apatìnis aũkštas (v)	[apa'tʲɪnʲɪs 'ɑʊkʃtas]
bovenverdieping (de)	viršutìnis aũkštas (v)	[vʲɪrʃʊ'tʲɪnʲɪs 'ɑʊkʃtas]
dak (het)	stógas (v)	['stogas]
schoorsteen (de)	vamzdis (v)	['vamzdʲɪs]
dakpan (de)	čérpė (m)	['tʂʲærpʲeː]
pannen- (abn)	čérpinis	['tʂʲɛrpʲɪnʲɪs]
zolder (de)	palépė (m)	[pa'lʲeːpʲeː]
venster (het)	lángas (v)	['lʲangas]
glas (het)	stìklas (v)	['stʲɪklʲas]
vensterbank (de)	palángė (m)	[pa'lʲangʲeː]
luiken (mv.)	langìnės (m dgs)	[lʲan'gʲɪnʲeːs]
muur (de)	síena (m)	['sʲiɛna]
balkon (het)	balkònas (v)	[balʲ'konas]
regenpijp (de)	stógvamzdis (v)	['stogvamzdʲɪs]
boven (bw)	viršujè	[vʲɪrʃʊ'jæ]
naar boven gaan (ww)	kìlti	['kʲɪlʲtʲɪ]
afdalen (on.ww.)	léistis	['lʲɛɪstʲɪs]
verhuizen (ww)	pérvažiuoti	['pʲɛrvaʒʲʊotʲɪ]

83. Huis. Ingang. Lift

ingang (de)	láiptinė (m)	['lʲʌɪptʲɪnʲe:]
trap (de)	láiptai (v dgs)	['lʲʌɪptʌɪ]
treden (mv.)	láiptai (v)	['lʲʌɪptʌɪ]
trapleuning (de)	turėklai (v dgs)	[tu'rʲe:klʲʌɪ]
hal (de)	hólas (v)	['ɣolʲas]

postbus (de)	pãšto dėžùtė (m)	['paːʃto dʲe:'ʒutʲe:]
vuilnisbak (de)	šiùkšlių bãkas (v)	['ʃʲukʃlʲu: 'baːkas]
vuilniskoker (de)	šiukšliãvamzdis (v)	[ʃʲukʃlʲʲævamzdʲɪs]

lift (de)	lìftas (v)	['lʲɪftas]
goederenlift (de)	krovinìnis lìftas (v)	[krovʲɪ'nʲɪnʲɪs lʲɪftas]
liftcabine (de)	kabinà (m)	[kabʲɪ'na]
de lift nemen	važiúoti liftù	[va'ʒʲuɑtʲɪ lʲɪfʲtu]

appartement (het)	bùtas (v)	['butas]
bewoners (mv.)	gyvéntojai (v dgs)	[gʲiː'vʲɛnto:jɛi]
buurman (de)	kaimýnas (v)	[kʌɪ'mʲiːnas]
buurvrouw (de)	kaimýnė (m)	[kʌɪ'mʲiːnʲe:]
buren (mv.)	kaimýnai (v dgs)	[kʌɪ'mʲiːnʌɪ]

84. Huis. Deuren. Sloten

deur (de)	dùrys (m dgs)	['durʲiː s]
toegangspoort (de)	vartai (v)	['vartʌɪ]
deurkruk (de)	rañkena (m)	['raŋkʲɛna]
ontsluiten (ontgrendelen)	atrakìnti	[atra'kʲɪntʲɪ]
openen (ww)	atidarýti	[atʲɪda'rʲiː tʲɪ]
sluiten (ww)	uždarýti	[uʒda'rʲiː tʲɪ]

sleutel (de)	rãktas (v)	['raːktas]
sleutelbos (de)	ryšulỹs (v)	[rʲiːʃu'lʲiː s]

knarsen (bijv. scharnier)	girgždéti	[gʲɪrgʒ'dʲe:tʲɪ]
knarsgeluid (het)	girgždesỹs (v)	[gʲɪrgʒdʲɛ'sʲiː s]
scharnier (het)	výris (v)	['viːrʲɪs]
deurmat (de)	kìlimas (v)	['kʲɪlʲɪmas]

slot (het)	spynà (m)	[spʲɪ'na]
sleutelgat (het)	spynõs skylùtė (m)	[spʲɪ'noːs skʲiː'lʲutʲe:]
grendel (de)	skląstis (v)	['sklʲaːstʲɪs]
schuif (de)	sklendė̃ (m)	[sklʲɛn'dʲe:]
hangslot (het)	pakabìnama spynà (m)	[paka'bʲɪnama spʲɪ'na]

aanbellen (ww)	skambìnti	['skambʲɪntʲɪ]
bel (geluid)	skambùtis (v)	[skam'butʲɪs]
deurbel (de)	skambùtis (v)	[skam'butʲɪs]
belknop (de)	mygtùkas (v)	[mʲiː k'tukas]

geklop (het)	beldìmas (v)	[bʲɛlʲ'dʲɪmas]
kloppen (ww)	baladóti	[balʲa'dotʲɪ]

code (de)	kodas (v)	['kodas]
cijferslot (het)	kodúota spyna (m)	[ko'duɑta spʲiː'na]
parlofoon (de)	domofonas (v)	[domo'fonas]
nummer (het)	numeris (v)	['nʊmʲɛrʲɪs]
naambordje (het)	lentẽlė (m)	[lʲɛn'tʲælʲeː]
deurspion (de)	akùtė (m)	[a'kʊtʲeː]

85. Huis op het platteland

dorp (het)	kaimas (v)	['kʌɪmas]
moestuin (de)	daržas (v)	['darʒas]
hek (het)	tvora (m)	[tvo'ra]
houten hekwerk (het)	aptvara (m)	[aptva'ra]
tuinpoortje (het)	vartẽliai (v dgs)	[var'tʲælʲɛɪ]

graanschuur (de)	klẽtis (v)	['klʲeːtʲɪs]
wortelkelder (de)	pogrindis (v)	['pogrʲɪndʲɪs]
schuur (de)	daržinẽ (m)	[darʒʲɪ'nʲeː]
waterput (de)	šulinỹs (v)	[ʃulʲɪ'nʲiːs]

kachel (de)	pečiùs (v)	[pʲɛ'tʂʲʊs]
de kachel stoken	kũrénti	[ku:'rʲɛntʲɪ]
brandhout (het)	málkos (m dgs)	['malʲkos]
houtblok (het)	málka (m)	['malʲka]

veranda (de)	veránda (m)	[vʲɛ'randa]
terras (het)	terasa (m)	[tʲɛra'sa]
bordes (het)	príeangis (v)	['prʲiɛangʲɪs]
schommel (de)	supynẽs (m dgs)	[sʊpʲiː'nʲeːs]

86. Kasteel. Paleis

kasteel (het)	pilìs (m)	[pʲɪ'lʲɪs]
paleis (het)	rũmai (v)	['ru:mʌɪ]
vesting (de)	tvirtóvė (m)	[tvʲɪr'tovʲeː]

ringmuur (de)	síena (m)	['sʲiɛna]
toren (de)	bókštas (v)	['bokʃtas]
donjon (de)	pagrindìnė síena (m)	[pagrʲɪn'dʲɪnʲe: 'sʲiɛna]

valhek (het)	pakeliamì vartai (v)	[pakʲɛlʲæ'mʲɪ 'vartʌɪ]
onderaardse gang (de)	požéminis praėjìmas (v)	[poʒʲe:mʲɪnʲɪs pralʲe:'jɪmas]
slotgracht (de)	griovỹs (v)	[grʲo'vʲiːs]

ketting (de)	grandìs (m)	[gran'dʲɪs]
schietgat (het)	šáudymo anga (m)	['ʃaudʲiːmɔ an'ga]

prachtig (bn)	nuostabùs	[nʊɑsta'bʊs]
majestueus (bn)	didìngas	[dʲɪ'dʲɪngas]

onneembaar (bn)	neprieĩnamas	[nʲɛprʲiˈɛɪnamas]
middeleeuws (bn)	vidùramžių	[vʲɪ'dʊramʒʲu:]

87. Appartement

appartement (het)	bùtas (v)	['bʊtas]
kamer (de)	kambarỹs (v)	[kamba'rʲi:s]
slaapkamer (de)	miegamàsis (v)	[mʲiɛga'masʲɪs]
eetkamer (de)	valgomàsis (v)	[valʲgo'masʲɪs]
salon (de)	svečių̃ kambarỹs (v)	[svʲɛ'tʂʲu: kamba'rʲi:s]
studeerkamer (de)	kabinètas (v)	[kabʲɪ'nʲɛtas]
gang (de)	prieškambaris (v)	['prʲiɛʃkambarʲɪs]
badkamer (de)	voniõs kambarỹs (v)	[vo'nʲo:s kamba'rʲi:s]
toilet (het)	tualètas (v)	[tʊa'lʲɛtas]
plafond (het)	lùbos (m dgs)	['lʲʊbos]
vloer (de)	griñdys (m dgs)	['grʲɪndʲi:s]
hoek (de)	kam̃pas (v)	['kampas]

88. Appartement. Schoonmaken

schoonmaken (ww)	tvarkýti	[tvar'kʲi:tʲɪ]
opbergen (in de kast, enz.)	tvarkýti (išnèšti)	[tvar'kʲi:tʲɪ]
stof (het)	dùlkės (m dgs)	['dʊlʲkʲe:s]
stoffig (bn)	dulkétas	[dʊlʲ'kʲe:tas]
stoffen (ww)	valýti dùlkes	[va'lʲi:tʲɪ 'dʊlʲkʲɛs]
stofzuiger (de)	dùlkių siurblỹs (v)	['dʊlʲkʲu: sʲʊr'blʲi:s]
stofzuigen (ww)	siur̃bti	['sʲʊrptʲɪ]
vegen (de vloer ~)	šlúoti	['ʃlʲʊatʲɪ]
veegsel (het)	šiùkšlės (m dgs)	['ʃʊkʃlʲe:s]
orde (de)	tvarkà (m)	[tvar'ka]
wanorde (de)	netvarkà (m)	[nʲɛtvar'ka]
zwabber (de)	plaušìnė šlúota (m)	[plʲaʊ'ʃɪnʲe: 'ʃlʲʊata]
poetsdoek (de)	skùduras (v)	['skʊdʊras]
veger (de)	šlúota (m)	['ʃlʲʊata]
stofblik (het)	semtuvėlis (v)	[sʲɛmtʊvʲe:'lʲɪs]

89. Meubels. Interieur

meubels (mv.)	bàldai (v)	['balʲdʌɪ]
tafel (de)	stãlas (v)	['sta:lʲas]
stoel (de)	kėdė̃ (m)	[kʲe:'dʲe:]
bed (het)	lóva (m)	['lʲʊova]
bankstel (het)	sofà (m)	[so'fa]
fauteuil (de)	fòtelis (v)	['fotʲɛlʲɪs]
boekenkast (de)	spìnta (m)	['spʲɪnta]
boekenrek (het)	lentýna (m)	[lʲɛn'tʲi:na]
kledingkast (de)	drabùžių spìnta (m)	[dra'bʊʒʲu: 'spʲɪnta]
kapstok (de)	pakabà (m)	[paka'ba]

staande kapstok (de)	kabyklà (m)	[kabʲiːkʼlʲa]
commode (de)	komodà (m)	[kɔmoˈda]
salontafeltje (het)	žurnãlinis staliùkas (v)	[ʒʊrˈnaːlʲɪnʲɪs staˈlʲʊkas]

spiegel (de)	veidrodis (v)	[ˈvʲɛɪdrodʲɪs]
tapijt (het)	kìlimas (v)	[ˈkʲɪlʲɪmas]
tapijtje (het)	kilimẽlis (v)	[kʲɪlʲɪˈmʲeːlʲɪs]

haard (de)	židinỹs (v)	[ʒʲɪdʲɪˈnʲiːs]
kaars (de)	žvãkė (m)	[ˈʒvaːkʲeː]
kandelaar (de)	žvakìdė (m)	[ʒvaˈkʲɪdʲeː]

gordijnen (mv.)	užúolaidos (m dgs)	[ʊˈʒʊɑlʲʌɪdos]
behang (het)	tapètai (v)	[taˈpʲɛtʌɪ]
jaloezie (de)	žãliuzės (m dgs)	[ˈʒaːlʲʊzʲeːs]

bureaulamp (de)	stalìnė lémpa (m)	[staˈlʲɪnʲeː ˈlʲɛmpa]
wandlamp (de)	šviestùvas (v)	[ʃvʲiɛˈstʊvas]
staande lamp (de)	toršèras (v)	[torˈʃɛras]
luchter (de)	sietýnas (v)	[sʲiɛˈtʲiːnas]

poot (ov. een tafel, enz.)	kojýtė (m)	[kɔˈjiːtʲeː]
armleuning (de)	rañktūris (v)	[ˈraŋktuːrʲɪs]
rugleuning (de)	ãtlošas (v)	[ˈaːtlʲoʃas]
la (de)	stálčius (v)	[ˈstalʲtʂʲʊs]

90. Beddengoed

beddengoed (het)	pãtalynė (m)	[ˈpaːtalʲiːnʲeː]
kussen (het)	pagálvė (m)	[paˈɡalʲvʲeː]
kussenovertrek (de)	ùžvalkalas (v)	[ˈʊʒvalʲkalas]
deken (de)	užklótas (v)	[ʊʒˈklʲotas]
laken (het)	paklõdė (m)	[pakˈlʲoːdʲeː]
sprei (de)	lovãtiesė (m)	[lʲoˈvaːtʲiɛsʲeː]

91. Keuken

keuken (de)	virtùvė (m)	[vʲɪrˈtʊvʲeː]
gas (het)	dùjos (m dgs)	[ˈdʊjos]
gasfornuis (het)	dùjinė (m)	[ˈdʊjinʲeː]
elektrisch fornuis (het)	elektrìnė (m)	[ɛlʲɛkˈtrʲɪnʲeː]
oven (de)	órkaitė (m)	[ˈorkʌɪtʲeː]
magnetronoven (de)	mikrobangų̃ krosnẽlė (m)	[mʲɪkrobanˈɡu: krosˈnʲæʲlʲeː]

koelkast (de)	šaldytùvas (v)	[ʃalʲdʲiːˈtʊvas]
diepvriezer (de)	šáldymo kãmera (m)	[ˈʃalʲdʲiːmɔ ˈkaːmʲɛra]
vaatwasmachine (de)	ĩndų plovìmo mašinà (m)	[ˈɪndu: plʲoˈvʲɪmɔ maʃʲɪˈna]

vleesmolen (de)	mẽsmalė (m)	[ˈmʲeːsmalʲeː]
vruchtenpers (de)	sulčiãspaudė (m)	[sʊlʲˈtʂʲæspɑʊdʲeː]
toaster (de)	tòsteris (v)	[ˈtostʲɛrʲɪs]
mixer (de)	mìkseris (v)	[ˈmʲɪksʲɛrʲɪs]

koffiemachine (de)	kavõs aparãtas (v)	[ka'vo:s apa'ra:tas]
koffiepot (de)	kavinùkas (v)	[kavⁱɪ'nʊkas]
koffiemolen (de)	kavãmalė (m)	[ka'va:malʲe:]

fluitketel (de)	arbatinùkas (v)	[arbatʲɪ'nʊkas]
theepot (de)	arbãtinis (v)	[arba:'tʲɪnʲɪs]
deksel (de/het)	dangtẽlis (v)	[daŋk'tʲælʲɪs]
theezeefje (het)	sietẽlis (v)	[sʲiɛ'tʲælʲɪs]

lepel (de)	šáukštas (v)	['ʃɑʊkʃtas]
theelepeltje (het)	arbãtinis šaukštẽlis (v)	[ar'ba:tʲɪnʲɪs ʃɑʊkʃ'tʲælʲɪs]
eetlepel (de)	válgomasis šáukštas (v)	['valʲgomasʲɪs 'ʃɑʊkʃtas]
vork (de)	šakùtė (m)	[ʃa'kʊtʲe:]
mes (het)	peĩlis (v)	['pʲɛɪlʲɪs]

vaatwerk (het)	iñdai (v)	['ɪndʌɪ]
bord (het)	lėkště (m)	[lʲe:kʃ'tʲe:]
schoteltje (het)	lėkštẽlė (m)	[lʲe:kʃ'tʲælʲe:]

likeurglas (het)	taurẽlė (m)	[tɑʊ'rʲælʲe:]
glas (het)	stiklìnė (m)	[stʲɪk'lʲɪnʲe:]
kopje (het)	puodùkas (v)	[pʊɑ'dʊkas]

suikerpot (de)	cùkrinė (m)	['tsʊkrʲɪnʲe:]
zoutvat (het)	drùskinė (m)	['drʊskʲɪnʲe:]
pepervat (het)	pipìrinė (m)	[pʲɪ'pʲɪrʲɪnʲe:]
boterschaaltje (het)	svíestinė (m)	['svʲiɛstʲɪnʲe:]

steelpan (de)	púodas (v)	['pʊɑdas]
bakpan (de)	keptùvė (m)	[kʲɛp'tʊvʲe:]
pollepel (de)	sámtis (v)	['samtʲɪs]
vergiet (de/het)	kiaurãsamtis (v)	[kʲɛʊ'ra:samtʲɪs]
dienblad (het)	padẽklas (v)	[pa'dʲe:klʲas]

fles (de)	bùtelis (v)	['bʊtʲɛlʲɪs]
glazen pot (de)	stiklaĩnis (v)	[stʲɪk'lʲʌɪnʲɪs]
blik (conserven~)	skardìnė (m)	[skar'dʲɪnʲe:]

flesopener (de)	atidarytùvas (v)	[atʲɪdarʲi:'tʊvas]
blikopener (de)	konsérvų atidarytùvas (v)	[kɔn'sʲɛrvu: atʲɪdarʲi:'tʊvas]
kurkentrekker (de)	kamščiãtraukis (v)	[kamʃ'tʃ̩ætrɑʊkʲɪs]
filter (de/het)	fìltras (v)	['fʲɪlʲtras]
filteren (ww)	filtrúoti	[fʲɪlʲ'trʊɑtʲɪ]

| huisvuil (het) | šiùkšlės (m dgs) | ['ʃʊkʃlʲe:s] |
| vuilnisemmer (de) | šiùkšlių kìbiras (v) | ['ʃʊkʃlʲu: 'kʲɪbʲɪras] |

92. Badkamer

badkamer (de)	voniõs kambarỹs (v)	[vo'nʲo:s kamba'rʲi:s]
water (het)	vanduõ (v)	[van'dʊɑ]
kraan (de)	čiáupas (v)	['tʃʲæʊpas]
warm water (het)	kárštas vanduõ (v)	['karʃtas van'dʊɑ]
koud water (het)	šáltas vanduõ (v)	['ʃalʲtas van'dʊɑ]

tandpasta (de)	dantų pasta (m)	[dan'tu: pas'ta]
tanden poetsen (ww)	valýti dantis	[va'lʲi:tʲɪ dan'tʲɪs]
tandenborstel (de)	dantų šepetėlis (v)	[dan'tu: ʃepe'tʲe:lʲɪs]

zich scheren (ww)	skustis	['skustʲɪs]
scheercrème (de)	skutìmosi putos (m dgs)	[sku'tʲɪmosʲɪ 'putos]
scheermes (het)	skutìmosi peiliukas (v)	[sku'tʲɪmosʲɪ pʲɛɪ'lʲukas]

wassen (ww)	pláuti	['plʲautʲɪ]
een bad nemen	maudytis, praustis	['maudʲi:tʲɪs], ['praustʲɪs]
douche (de)	dušas (v)	['duʃas]
een douche nemen	praustis dušè	['praustʲɪs du'ʃɛ]

bad (het)	vonia (m)	[vo'nʲæ]
toiletpot (de)	unitazas (v)	[unʲɪ'ta:zas]
wastafel (de)	kriauklė (m)	[krʲɛuk'lʲe:]

| zeep (de) | muilas (v) | ['muɪlʲas] |
| zeepbakje (het) | muilinė (m) | ['muɪlʲɪnʲe:] |

spons (de)	kempinė (m)	[kʲɛm'pʲɪnʲe:]
shampoo (de)	šampunas (v)	[ʃam'pu:nas]
handdoek (de)	rankšluostis (v)	['raŋkʃlʲuostʲɪs]
badjas (de)	chalãtas (v)	[xa'lʲa:tas]

was (bijv. handwas)	skalbimas (v)	[skalʲ'bʲɪmas]
wasmachine (de)	skalbimo mašina (m)	[skalʲ'bʲɪmɔ maʃʲɪ'na]
de was doen	skalbti baltinius	['skʌlʲptʲɪ 'ba lʲtʲɪnʲus]
waspoeder (de)	skalbimo miltẽliai (v dgs)	[skalʲ'bʲɪmɔ mʲɪlʲ'tʲælʲɛɪ]

93. Huishoudelijke apparaten

televisie (de)	televizorius (v)	[tʲɛlʲɛ'vʲɪzorʲus]
cassettespeler (de)	magnetofonas (v)	[magnʲɛto'fonas]
videorecorder (de)	video magnetofonas (v)	[vʲɪdʲɛɔ magnʲɛto'fonas]
radio (de)	imtuvas (v)	[ɪm'tuvas]
speler (de)	grotuvas (v)	[gro'tuvas]

videoprojector (de)	video projektorius (v)	['vʲɪdʲɛɔ pro'jæktorʲus]
home theater systeem (het)	namų kino teãtras (v)	[na'mu: 'kʲɪnɔ tʲɛ'a:tras]
DVD-speler (de)	DVD grotuvas (v)	[dʲɪvʲɪ'dʲɪ gro'tuvas]
versterker (de)	stiprintuvas (v)	[stʲɪprʲɪn'tuvas]
spelconsole (de)	žaidimų príedėlis (v)	[ʒʌɪ'dʲɪmu: 'prʲɪɛdʲe:lʲɪs]

videocamera (de)	videokãmera (m)	[vʲɪdʲɛo'ka:mʲɛra]
fotocamera (de)	fotoaparãtas (v)	[fotoapa'ra:tas]
digitale camera (de)	skaitmenìnis	[skʌɪtmʲɛ'nʲɪnʲɪs
	fotoaparãtas (v)	fotoapa'ra:tas]

stofzuiger (de)	dulkių siurblỹs (v)	['dulʲkʲu: sʲur'blʲi:s]
strijkijzer (het)	lygintuvas (v)	[lʲi:gʲɪn'tuvas]
strijkplank (de)	lyginimo lentà (m)	['lʲi:gʲɪnʲɪmɔ lʲɛn'ta]
telefoon (de)	telefonas (v)	[tʲɛlʲɛ'fonas]
mobieltje (het)	mobilusis telefonas (v)	[mobʲɪ'lʲusʲɪs tʲɛlʲɛ'fonas]

| schrijfmachine (de) | rāšymo mašinėlė (m) | ['ra:ʃɪ:mɔ maʃɪ'nʲe:lʲe:] |
| naaimachine (de) | siuvìmo mašinà (m) | [sʲʊ'vʲɪmɔ maʃɪ'na] |

microfoon (de)	mikrofònas (v)	[mʲɪkro'fonas]
koptelefoon (de)	ausìnės (m dgs)	[ɑʊ'sʲɪnʲe:s]
afstandsbediening (de)	pùltas (v)	['pʊlʲtas]

CD (de)	kompāktinis dìskas (v)	[kɔm'pa:ktʲɪnʲɪs 'dʲɪskas]
cassette (de)	kasètė (m)	[ka'sʲɛtʲe:]
vinylplaat (de)	plokštėlė (m)	[plokʃ'tʲælʲe:]

94. Reparaties. Renovatie

renovatie (de)	remòntas (v)	[rʲɛ'montas]
renoveren (ww)	darýti remòntą	[da'rʲi:tʲɪ rʲɛ'monta:]
repareren (ww)	remontúoti	[rʲɛmon'tʊatʲɪ]
op orde brengen	tvarkýti	[tvar'kʲi:tʲɪ]
overdoen (ww)	pérdaryti	['pʲɛrdarʲi:tʲɪ]

verf (de)	dažaì (v dgs)	[da'ʒʌɪ]
verven (muur ~)	dažýti	[da'ʒʲi:tʲɪ]
schilder (de)	dažýtojas (v)	[da'ʒʲi:to:jɛs]
kwast (de)	teptùkas (v)	[tʲɛp'tʊkas]

| kalk (de) | báltinimas (v) | ['balʲtʲɪnʲɪmas] |
| kalken (ww) | bālinti | ['ba:lʲɪntʲɪ] |

behang (het)	tapètai (v)	[ta'pʲɛtʌɪ]
behangen (ww)	tapetúoti	[tapʲɛ'tʊatʲɪ]
lak (de/het)	lākas (v)	['lʲa:kas]
lakken (ww)	lakúoti	[lʲa'kʊatʲɪ]

95. Loodgieterswerk

water (het)	vanduõ (v)	[van'dʊɑ]
warm water (het)	kárštas vanduõ (v)	['karʃtas van'dʊɑ]
koud water (het)	šáltas vanduõ (v)	['ʃalʲtas van'dʊɑ]
kraan (de)	čiáupas (v)	['tʂʲæʊpas]

druppel (de)	lāšas (v)	['lʲa:ʃas]
druppelen (ww)	lašnóti	[lʲaʃ'notʲɪ]
lekken (een lek hebben)	varvéti	[var'vʲe:tʲɪ]
lekkage (de)	tekéti	[tʲɛ'kʲe:tʲɪ]
plasje (het)	balà (m)	[ba'lʲa]

buis, leiding (de)	vamzdis (v)	['vamzdʲɪs]
stopkraan (de)	ventìlis (v)	[vʲɛn'tʲɪlʲɪs]
verstopt raken (ww)	užsiteršti	[ʊʒsʲɪ'tʲɛrʃtʲɪ]

gereedschap (het)	įrankiai (v dgs)	['i:raŋkʲɛɪ]
Engelse sleutel (de)	skečiamàsis rāktas (v)	[skʲɛtʂʲæ'masʲɪs 'ra:ktas]
losschroeven (ww)	atsùkti	[at'sʊktʲɪ]

aanschroeven (ww)	užsùkti	[ʊʒ'sʊktʲɪ]
ontstoppen (riool, enz.)	valýti	[vaˈlʲiːtʲɪ]
loodgieter (de)	santèchnikas (v)	[sanˈtʲɛxnʲɪkas]
kelder (de)	rūsỹs (v)	[ruːˈsʲiːs]
riolering (de)	kanalizãcija (m)	[kanalʲɪ'zaːtsʲɪjɛ]

96. Brand. Vuurzee

vuur (het)	ugnìs (v)	[ʊg'nʲɪs]
vlam (de)	liepsnà (m)	[lʲiɛps'na]
vonk (de)	žíežirba (m)	['ʒʲiɛʒʲɪrba]
rook (de)	dū́mas (v)	['duːmas]
fakkel (de)	fãkelas (v)	['faːkʲɛlʲas]
kampvuur (het)	láužas (v)	['lʲɑʊʒas]

benzine (de)	benzìnas (v)	[bʲɛn'zʲɪnas]
kerosine (de)	žìbalas (v)	['ʒʲɪbalʲas]
brandbaar (bn)	degùs	[dʲɛ'gʊs]
ontplofbaar (bn)	sprogùs	['sprogʊs]
VERBODEN TE ROKEN!	NERŪKÝTI!	[nʲɛruːˈkʲiːtʲɪ]

veiligheid (de)	saugùmas (v)	[sɑʊ'gʊmas]
gevaar (het)	pavõjus (v)	[pa'voːjʊs]
gevaarlijk (bn)	pavojìngas	[pavo'jɪngas]

in brand vliegen (ww)	užsidègti	[ʊʒsʲɪ'dʲɛktʲɪ]
explosie (de)	sprogìmas (v)	[spro'gʲɪmas]
in brand steken (ww)	padègti	[pa'dʲɛktʲɪ]
brandstichter (de)	padegéjas (v)	[padʲɛ'gʲeːjas]
brandstichting (de)	padegìmas (v)	[padʲɛ'gʲɪmas]

vlammen (ww)	liepsnóti	[lʲiɛps'notʲɪ]
branden (ww)	dègti	['dʲeːktʲɪ]
afbranden (ww)	sudègti	[sʊ'dʲɛktʲɪ]

de brandweer bellen	iškviẽsti gaĩsrininkus	[ɪʃkʲ'vʲɛstʲɪ 'gʌɪsrʲɪnʲɪŋkʊs]
brandweerman (de)	gaisrìnis	['gʌɪsrʲɪnʲɪs]
brandweerwagen (de)	gaĩsrinė mašinà (m)	[gʌɪsrʲɪnʲeː maʃʲɪ'na]
brandweer (de)	gaĩsrinė kománda (m)	['gʌɪsrʲɪnʲeː ko'manda]
uitschuifbare ladder (de)	gaisrìnės kópėčios (m dgs)	['gʌɪsrʲɪnʲeːs 'kopʲeːtʃʲos]

brandslang (de)	žarnà (m)	[ʒar'na]
brandblusser (de)	gesintùvas (v)	[gʲɛsʲɪn'tʊvas]
helm (de)	šálmas (v)	['ʃalʲmas]
sirene (de)	sirenà (m)	[sʲɪrʲɛ'na]

roepen (ww)	šaũkti	['ʃɑʊktʲɪ]
hulp roepen	kviẽsti pagálbą	['kvʲɛstʲɪ pa'galʲbaː]
redder (de)	gélbėtojas (v)	['gʲɛlʲbʲeːtoːjɛs]
redden (ww)	gélbėti	['gʲælʲbʲeːtʲɪ]

aankomen (per auto, enz.)	atvažiúoti	[atva'ʒʲʊɑtʲɪ]
blussen (ww)	gesìnti	[gʲɛ'sʲɪntʲɪ]
water (het)	vanduõ (v)	[van'dʊɑ]

zand (het)	smėlis (v)	['smʲeːlʲɪs]
ruïnes (mv.)	griuvėsiai (v dgs)	[grʲʊ'vʲeːsʲɛɪ]
instorten (gebouw, enz.)	nugriŭti	[nʊ'grʲuːtʲɪ]
ineenstorten (ww)	nuvìrsti	[nʊ'vʲɪrstʲɪ]
inzakken (ww)	apgriŭti	[ap'grʲuːtʲɪ]

| brokstuk (het) | núolauža (m) | ['nʊalʲauʒa] |
| as (de) | pelenaĩ (v dgs) | [pʲɛlʲɛ'nʌɪ] |

| verstikken (ww) | uždùsti | [ʊʒ'dʊstʲɪ] |
| omkomen (ww) | žúti | ['ʒuːtʲɪ] |

MENSELIJKE ACTIVITEITEN

Baan. Business. Deel 1

97. Bankieren

bank (de)	bánkas (v)	['baŋkas]
bankfiliaal (het)	skỹrius (v)	['skʲiːrʲʊs]
bankbediende (de)	konsultántas (v)	[kɔnsʊlʲ'tantas]
manager (de)	valdýtojas (v)	[valʲ'dʲiːtoːjɛs]
bankrekening (de)	sąskaita (m)	['saːskʌɪta]
rekeningnummer (het)	sąskaitos numeris (v)	['saːskʌɪtos 'nʊmʲɛrʲɪs]
lopende rekening (de)	einamóji sąskaita (m)	[ɛɪna'moːjɪ 'saːskʌɪta]
spaarrekening (de)	kaupiamóji sąskaita (m)	[kɑʊpʲæ'moːjɪ 'saːskʌɪta]
een rekening openen	atidarýti sąskaitą	[atʲɪda'rʲiːtʲɪ 'saːskʌɪtaː]
de rekening sluiten	uždarýti sąskaitą	[ʊʒda'rʲiːtʲɪ 'saːskʌɪtaː]
op rekening storten	padéti į̃ sąskaitą	[pa'dʲeːtʲɪ iː 'saːskʌɪtaː]
opnemen (ww)	paimti iš sąskaitos	['pʌɪmtʲɪ ɪʃ 'saːskʌɪtos]
storting (de)	indėlis (v)	['ɪndʲeːlʲɪs]
een storting maken	įnešti indėlį	[iː'nʲɛʃtʲɪ 'ɪndʲeːlʲiː]
overschrijving (de)	pavedimas (v)	[pavʲɛ'dʲɪmas]
een overschrijving maken	atlìkti pavedimą	[at'lʲɪktʲɪ pavʲɛ'dʲɪmaː]
som (de)	sumà (m)	[sʊ'ma]
Hoeveel?	Kíek?	['kʲiɛk?]
handtekening (de)	párašas (v)	['paːraʃas]
ondertekenen (ww)	pasirašýti	[pasʲɪra'ʃʲiːtʲɪ]
kredietkaart (de)	kreditinė kortẽlė (m)	[krʲɛ'dʲɪtʲɪnʲe: kor'tʲælʲe:]
code (de)	kòdas (v)	['kodas]
kredietkaartnummer (het)	kreditinės kortẽlės numeris (v)	[krʲɛ'dʲɪtʲɪnʲe:s kor'tʲælʲe:s 'nʊmerʲɪs]
geldautomaat (de)	bankomãtas (v)	[baŋko'ma:tas]
cheque (de)	kvìtas (v)	['kvʲɪtas]
een cheque uitschrijven	išrašýti kvìtą	[ɪʃra'ʃʲɪtʲɪ 'kvʲɪta:]
chequeboekje (het)	čẽkių knygẽlė (m)	['tʂʲɛkʲu: knʲi:'gʲælʲe:]
lening, krediet (de)	kreditas (v)	[krʲɛ'dʲɪtas]
een lening aanvragen	kreĩptis dė̃l kredito	['krʲɛɪptʲɪs dʲe:lʲ krʲɛ'dʲɪto]
een lening nemen	imti kreditą	['ɪmtʲɪ krʲɛ'dʲɪta:]
een lening verlenen	suteìkti kreditą	[sʊ'tʲɛɪktʲɪ krʲɛ'dʲɪta:]
garantie (de)	garántija (m)	[ga'rantʲɪjɛ]

98. Telefoon. Telefoongesprek

telefoon (de)	telefonas (v)	[tʲɛlʲɛ'fonas]
mobieltje (het)	mobilùsis telefonas (v)	[mobʲɪ'lusʲɪs tʲɛlʲɛ'fonas]
antwoordapparaat (het)	autoatsakiklis (v)	[ɑutoatsa'kʲɪklʲɪs]

bellen (ww)	skambinti	['skambʲɪntʲɪ]
belletje (telefoontje)	skambùtis (v)	[skam'butʲɪs]

een nummer draaien	surinkti nùmerį	[suˈrʲɪŋktʲɪ ˈnumʲɛrʲɪ:]
Hallo!	Alio!	[aˈlʲo!]
vragen (ww)	paklàusti	[pakˈlʲɑustʲɪ]
antwoorden (ww)	atsakyti	[atsaˈkʲi:tʲɪ]

horen (ww)	girdéti	[gʲɪrˈdʲe:tʲɪ]
goed (bw)	geraĩ	[gʲɛˈrʌɪ]
slecht (bw)	prastaĩ	[prasˈtʌɪ]
storingen (mv.)	trukdžiaĩ (v dgs)	[trukˈdʒʲɛɪ]

hoorn (de)	ragẽlis (v)	[raˈgʲælʲɪs]
opnemen (ww)	pakélti ragẽlį	[paˈkʲɛlʲtʲɪ raˈgʲælʲɪ:]
ophangen (ww)	padéti ragẽlį	[paˈdʲe:tʲɪ raˈgʲælʲɪ:]

bezet (bn)	ùžimtas	['uʒʲɪmtas]
overgaan (ww)	skambéti	[skamˈbʲe:tʲɪ]
telefoonboek (het)	telefonų knygà (m)	[tʲɛlʲɛ'fonu: knʲi:'ga]

lokaal (bn)	vietinis	['vʲiɛtʲɪnʲɪs]
interlokaal (bn)	tarpmiestinis	[tarpmʲiɛs'tʲɪnʲɪs]
buitenlands (bn)	tarptautìnis	[tarptɑu'tʲɪnʲɪs]

99. Mobiele telefoon

mobieltje (het)	mobilùsis telefonas (v)	[mobʲɪ'lusʲɪs tʲɛlʲɛ'fonas]
scherm (het)	ekrãnas (v)	[ɛk'ra:nas]
toets, knop (de)	mygtùkas (v)	[mʲi:k'tukas]
simkaart (de)	SIM-kortẽlė (m)	[sʲɪm-kor'tʲælʲe:]

batterij (de)	akumuliãtorius (v)	[akumu'lʲiætorʲus]
leeg zijn (ww)	išsikráuti	[ɪʃsʲɪ'krɑutʲɪ]
acculader (de)	įkrovìklis (v)	[i:kro'vʲɪ:klʲɪs]

menu (het)	valgiãraštis (v)	[valʲˈgʲæraʃtʲɪs]
instellingen (mv.)	nustãtymai (v dgs)	[nuˈsta:tʲi:mʌɪ]
melodie (beltoon)	melòdija (m)	[mʲɛˈlʲodʲɪjɛ]
selecteren (ww)	pasirinkti	[pasʲɪˈrʲɪŋktʲɪ]

rekenmachine (de)	skaičiuotùvas (v)	[skʌɪtʃʲuo'tuvas]
voicemail (de)	bàlso pãstas (v)	['balʲsɔ 'pa:ʃtas]
wekker (de)	žadintùvas (v)	[ʒadʲɪn'tuvas]
contacten (mv.)	telefonų knygà (m)	[tʲɛlʲɛ'fonu: knʲi:'ga]
SMS-bericht (het)	SMS žinùtė (m)	[ɛsɛ'mɛs ʒʲɪnutʲe:]
abonnee (de)	abonentãs (v)	[abo'nʲɛntas]

100. Schrijfbehoeften

balpen (de)	automātinis šratinùkas (v)	[ɑʊtoˈmaːtʲɪnʲɪs ʃratʲɪˈnʊkas]
vulpen (de)	plunksnãkotis (v)	[plʲʊŋkˈsnaːkotʲɪs]
potlood (het)	pieštùkas (v)	[pʲiɛʃˈtʊkas]
marker (de)	žymēklis (v)	[ʒʲiːˈmʲæklʲɪs]
viltstift (de)	flomãsteris (v)	[flʲoˈmaːstʲɛrʲɪs]
notitieboekje (het)	bloknòtas (v)	[blʲokˈnotas]
agenda (boekje)	dienòraštis (v)	[dʲiɛˈnoraʃtʲɪs]
liniaal (de/het)	liniuõtė (m)	[lʲɪˈnʲʊoːtʲeː]
rekenmachine (de)	skaičiuotùvas (v)	[skʌɪtʃʲʊoˈtʊvas]
gom (de)	trintùkas (v)	[trʲɪnˈtʊkas]
punaise (de)	smeigtùkas (v)	[smʲɛɪkˈtʊkas]
paperclip (de)	sąvaržėlė (m)	[saːvarˈʒʲeːlʲeː]
lijm (de)	klijaĩ (v dgs)	[klʲɪˈjʌɪ]
nietmachine (de)	segìklis (v)	[sʲɛˈgʲɪklʲɪs]
perforator (de)	skylāmušis (v)	[skʲiːˈlʲaːmʊʃʲɪs]
potloodslijper (de)	drožtùkas (v)	[droʒˈtʊkas]

Baan. Business. Deel 2

101. Massamedia

krant (de)	laìkraštis (v)	['lʲʌɪkraʃtʲɪs]
tijdschrift (het)	žurnãlas (v)	[ʒʊr'na:lʲas]
pers (gedrukte media)	spaudà (m)	[spɑʊ'da]
radio (de)	rãdijas (v)	['ra:dʲɪjas]
radiostation (het)	rãdijo stotìs (m)	['ra:dʲɪjɔ sto'tʲɪs]
televisie (de)	televìzija (m)	[tʲɛlʲɛ'vʲɪzʲɪjɛ]

presentator (de)	vedéjas (v)	[vʲɛ'dʲe:jas]
nieuwslezer (de)	dìktorius (v)	['dʲɪktorʲʊs]
commentator (de)	komentãtorius (v)	[kɔmʲɛn'ta:torʲʊs]

journalist (de)	žurnalìstas (v)	[ʒʊrna'lʲɪstas]
correspondent (de)	korespondeñtas (v)	[korʲɛspon'dʲɛntas]
fotocorrespondent (de)	fotokorespondeñtas (v)	[fotokorʲɛspon'dʲɛntas]
reporter (de)	repòrteris (v)	[rʲɛ'portʲɛrʲɪs]

redacteur (de)	redãktorius (v)	[rʲɛ'da:ktorʲʊs]
chef-redacteur (de)	vyriáusiasis redãktorius (v)	[vʲi:'rʲæʊsʲæsʲɪs rʲɛ'da:ktorʲʊs]

zich abonneren op	užsiprenumeruóti	[ʊʒsʲɪprʲɛnʊmʲɛ'rʊɑtʲɪ]
abonnement (het)	prenumeratà (m)	[prʲɛnʊmʲɛra'ta]
abonnee (de)	prenumerãtorius (v)	[prʲɛnʊmʲɛ'ra:torʲʊs]
lezen (ww)	skaitýti	[skʌɪ'tʲi:tʲɪ]
lezer (de)	skaitýtojas (v)	[skʌɪ'tʲi:to:jɛs]

oplage (de)	tirãžas (v)	[tʲɪ'ra:ʒas]
maand-, maandelijks (bn)	mėnesìnis	[mʲe:nesʲɪnʲɪs]
wekelijks (bn)	savaìtinis	[sa'vʌɪtʲɪnʲɪs]
nummer (het)	nùmeris (v)	['nʊmʲɛrʲɪs]
vers (~ van de pers)	naũjas	['nɑʊjas]

kop (de)	añtraštė (m)	['antraʃtʲe:]
korte artikel (het)	straipsnẽlis (v)	[strʌɪp'snʲælʲɪs]
rubriek (de)	rùbrika (m)	['rʊbrʲɪka]
artikel (het)	stráipsnis (v)	['strʌɪpsnʲɪs]
pagina (de)	pùslapis (v)	['pʊslʲapʲɪs]

reportage (de)	reportãžas (v)	[rʲɛpor'ta:ʒas]
gebeurtenis (de)	ívykis (v)	['i:vʲɪ:kʲɪs]
sensatie (de)	sensãcija (m)	[sʲɛn'sa:tsʲɪjɛ]
schandaal (het)	skandãlas (v)	[skan'da:lʲas]
schandalig (bn)	skandalìngas	[skanda'lʲɪngas]
groot (~ schandaal, enz.)	garsùs	[gar'sʊs]

programma (het)	laidà (m)	[lʲʌɪ'da]
interview (het)	interviù (v)	[ɪntʲɛrv'jʊ]

| live uitzending (de) | tiesióginė transliãcija (m) | [tʲiɛ'sʲogʲɪnʲe: transˈlʲætsʲɪjɛ] |
| kanaal (het) | kanãlas (v) | [ka'na:lʲas] |

102. Landbouw

landbouw (de)	žẽmės ū̃kis (v)	[ˈʒʲæmʲe:s 'u:kʲɪs]
boer (de)	valstietis (v)	[valʲs'tʲɛtʲɪs]
boerin (de)	valstiẽtė (m)	[valʲs'tʲɛtʲe:]
landbouwer (de)	fèrmeris (v)	[ˈfʲɛrmʲɛrʲɪs]

| tractor (de) | trãktorius (v) | [ˈtra:ktorʲʊs] |
| maaidorser (de) | kombáinas (v) | [kɔm'bʌɪnas] |

ploeg (de)	plū̃gas (v)	[ˈplʲu:gas]
ploegen (ww)	ã̃rti	[ˈa:rtʲɪ]
akkerland (het)	dirvà (m)	[dʲɪr'va]
voor (de)	vagà (m)	[va'ga]

zaaien (ww)	séti	[ˈsʲe:tʲɪ]
zaaimachine (de)	sėjamóji mašinà (m)	[sʲe:ja'mo:jɪ maʃɪ'na]
zaaien (het)	sė́jimas (v)	[sʲe:'jɪmas]

| zeis (de) | dal̃gis (v) | [ˈdalʲgʲɪs] |
| maaien (ww) | pjáuti | [ˈpjɑʊtʲɪ] |

| schop (de) | kastùvas (v) | [kas'tʊvas] |
| spitten (ww) | kàsti | [ˈkastʲɪ] |

schoffel (de)	kapõklė (m)	[ka'po:klʲe:]
wieden (ww)	ravéti	[ra'vʲe:tʲɪ]
onkruid (het)	pìktžolė (m)	[ˈpʲɪktʒolʲe:]

gieter (de)	laistytùvas (v)	[lʲʌɪstʲi:'tʊvas]
begieten (water geven)	laistyti	[ˈlʲʌɪstʲi:tʲɪ]
bewatering (de)	laistymas (v)	[ˈlʲʌɪstʲi:mas]

| riek, hooivork (de) | šā́kės (m dgs) | [ˈʃa:kʲe:s] |
| hark (de) | grėblỹs (v) | [grʲe:bˈlʲi:s] |

meststof (de)	trąšà (m)	[tra:'ʃa]
bemesten (ww)	tręšti	[ˈtrʲɛ:ʃtʲɪ]
mest (de)	mė́šlas (v)	[ˈmʲe:ʃlʲas]

veld (het)	laũkas (v)	[ˈlʲɑʊkas]
wei (de)	píeva (m)	[ˈpʲiɛva]
moestuin (de)	darž̃as (v)	[ˈdarʒas]
boomgaard (de)	sõdas (v)	[ˈso:das]

weiden (ww)	ganýti	[ga'nʲi:tʲɪ]
herder (de)	piemuõ (v)	[pʲiɛ'mʊɑ]
weiland (de)	ganyklà (m)	[ganʲi:k'lʲa]

| veehouderij (de) | gyvulininkỹstė (m) | [gʲi:vʊlʲɪnʲɪŋ'kʲi:stʲe:] |
| schapenteelt (de) | avininkỹstė (m) | [avʲɪnʲɪŋ'kʲi:stʲe:] |

plantage (de)	plantãcija (m)	[plʲan'ta:tsʲɪjɛ]
rijtje (het)	lýsvė (m)	['lʲi:svʲe:]
broeikas (de)	šiltãdaržis (v)	[ʃɪlʲʲ'ta:darʒʲɪs]

| droogte (de) | sausrà (m) | [saʊs'ra] |
| droog (bn) | sausrìngas | [saʊs'rʲɪngas] |

graan (het)	grũdas (v)	['gru:das]
graangewassen (mv.)	javaì (v dgs)	[ja'vʌɪ]
oogsten (ww)	nuimti	['nʊimtʲɪ]

molenaar (de)	malũnininkas (v)	[ma'lʲʊ:nʲɪnʲɪŋkas]
molen (de)	malũnas (v)	[ma'lʲʊ:nas]
malen (graan ~)	málti grũdus	['malʲtʲɪ 'gru:dʊs]
bloem (bijv. tarwebloem)	mìltai (v dgs)	['mʲɪlʲtʌɪ]
stro (het)	šiaudaì (v dgs)	[ʃɛʊ'dʌɪ]

103. Gebouw. Bouwproces

bouwplaats (de)	statýbvietė (m)	[sta'tʲi:bvʲiɛtʲe:]
bouwen (ww)	statýti	[sta'tʲi:tʲɪ]
bouwvakker (de)	statýbininkas (v)	[sta'tʲi:bʲɪnʲɪŋkas]

project (het)	projèktas (v)	[pro'jæktas]
architect (de)	architèktas (v)	[arxʲɪ'tʲɛktas]
arbeider (de)	darbinìñkas (v)	[darbʲɪ'nʲɪŋkas]

fundering (de)	fundameñtas (v)	[fʊnda'mʲɛntas]
dak (het)	stógas (v)	['stogas]
heipaal (de)	põlis (v)	['po:lʲɪs]
muur (de)	síena (m)	['sʲiɛna]

| betonstaal (het) | armatūrà (m) | [armatu:'ra] |
| steigers (mv.) | statýbiniai pastõliai (v dgs) | [sta'tʲi:bʲɪnʲɛɪ pas'to:lʲɛɪ] |

beton (het)	betònas (v)	[bʲɛ'tonas]
graniet (het)	granìtas (v)	[gra'nʲɪtas]
steen (de)	akmuõ (v)	[ak'mʊɑ]
baksteen (de)	plytà (m)	[plʲi:'ta]

zand (het)	smėlis (v)	['smʲe:lʲɪs]
cement (de/het)	cemeñtas (v)	[tsʲɛ'mʲɛntas]
pleister (het)	tìnkas (v)	['tʲɪŋkas]
pleisteren (ww)	tinkúoti	[tʲɪŋ'kʊɑtʲɪ]

verf (de)	dažaì (v dgs)	[da'ʒʌɪ]
verven (muur ~)	dažýti	[da'ʒʲi:tʲɪ]
ton (de)	statìnė (m)	[sta'tʲɪnʲe:]

kraan (de)	krãnas (v)	['kra:nas]
heffen, hijsen (ww)	kélti	['kʲɛlʲtʲɪ]
neerlaten (ww)	nuléisti	[nʊ'lʲɛɪstʲɪ]
bulldozer (de)	buldòzeris (v)	[bʊlʲ'dozʲɛrʲɪs]
graafmachine (de)	ekskavãtorius (v)	[ɛkska'va:torʲʊs]

graafbak (de)	káušas (v)	['kɑʊʃas]
graven (tunnel, enz.)	kàsti	['kastʲɪ]
helm (de)	šálmas (v)	['ʃalʲmas]

Beroepen en ambachten

104. Zoeken naar werk. Ontslag

baan (de)	dárbas (v)	['darbas]
werknemers (mv.)	etãtai (dgs)	[ɛ'ta:tʌɪ]
personeel (het)	personãlas (v)	[pʲɛrso'na:las]

carrière (de)	karjerà (m)	[karjɛ'ra]
vooruitzichten (mv.)	perspektyvà (m)	[pʲɛrspʲɛktʲi:'va]
meesterschap (het)	meistriškùmas (v)	[mʲɛɪstrʲɪʃˈkumas]

keuze (de)	atrankà (m)	[atraŋ'ka]
uitzendbureau (het)	darbúotojų paieškõs agentūra (m)	[dar'buɑto:ju: paʲɪɛʃ'ko:s agʲɛntu:'ra]
CV, curriculum vitae (het)	gyvẽnimo apråšymas (v)	[gʲi:'vʲænʲɪmɔ ap'ra:ʃɪ:mas]
sollicitatiegesprek (het)	pókalbis (v)	['pokalʲbʲɪs]
vacature (de)	laisvà dárbo vietà (m)	[lʲʌɪs'va 'darbɔ vʲɪɛ'ta]

salaris (het)	dárbo ùžmokestis (v)	['darbɔ 'ʊʒmokʲɛstʲɪs]
vaste salaris (het)	algà (m)	[alʲ'ga]
loon (het)	atlýginimas (v)	[at'lʲi:gʲɪnʲɪmas]

betrekking (de)	páreigos (m dgs)	['parʲɛɪgos]
taak, plicht (de)	pareigà (m)	[parʲɛɪ'ga]
takenpakket (het)	sritìs (m)	[srʲɪ't'ɪs]
bezig (~ zijn)	ùžimtas	['ʊʒʲɪmtas]

| ontslagen (ww) | atléisti | [at'lʲɛɪstʲɪ] |
| ontslag (het) | atleidìmas (v) | [atlʲɛɪ'dʲɪmas] |

werkloosheid (de)	bedarbÿstė (m)	[bʲɛdar'bʲi:stʲe:]
werkloze (de)	bedaŕbis (v)	[bʲɛ'darbʲɪs]
pensioen (het)	peñsija (m)	['pʲɛnsʲɪjɛ]
met pensioen gaan	išeĩti į̃ peñsiją	[ɪ'ʃɛɪtʲɪ i: 'pʲɛnsʲɪja:]

105. Zakenmensen

directeur (de)	diréktorius (v)	[dʲɪ'rʲɛktorʲʊs]
beheerder (de)	valdýtojas (v)	[valʲ'dʲi:to:jɛs]
hoofd (het)	vadõvas (v)	[va'do:vas]

baas (de)	viršininkas (v)	['vʲɪrʃʲɪnʲɪŋkas]
superieuren (mv.)	vadovýbė (m)	[vado'vʲi:bʲe:]
president (de)	prezideñtas (v)	[prʲɛzʲɪ'dʲɛntas]
voorzitter (de)	pìrmininkas (v)	['pʲɪrmʲɪnʲɪŋkas]
adjunct (de)	pavaduótojas (v)	[pava'duɑto:jɛs]
assistent (de)	padėjéjas (v)	[padʲe:'jɛ:jas]

| secretaris (de) | sekretõrius (v) | [sʲɛkrʲɛ'to:rʲʊs] |
| persoonlijke assistent (de) | asmenìnis sekretõrius (v) | [asmʲɛ'nʲɪnʲɪs sʲɛkrʲɛ'to:rʲʊs] |

zakenman (de)	komersántas (v)	[kɔmʲɛr'santas]
ondernemer (de)	verslininkas (v)	['vʲɛrslʲɪnʲɪŋkas]
oprichter (de)	steigéjas (v)	[stʲɛɪ'gʲe:jas]
oprichten (een nieuw bedrijf ~)	įsteĩgti	[i:'stʲɛɪktʲɪ]

stichter (de)	steigéjas (v)	[stʲɛɪ'gʲe:jas]
partner (de)	pártneris (v)	['partnʲɛrʲɪs]
aandeelhouder (de)	ãkcininkas (v)	['a:ktsʲɪnʲɪŋkas]

miljonair (de)	milijoniẽrius (v)	[mʲɪlʲɪjɔ'nʲɛrʲʊs]
miljardair (de)	milijardiẽrius (v)	[mʲɪlʲɪjar'dʲɛrʲʊs]
eigenaar (de)	valdýtojas (v)	[valʲ'dʲi:to:jɛs]
landeigenaar (de)	žẽmės savinìnkas (v)	['ʒʲæmʲe:s savʲɪ'nʲɪŋkas]

klant (de)	klieñtas (v)	['klʲiɛntas]
vaste klant (de)	pastovùs klieñtas (v)	[pasto'vʊs klʲi'ɛntas]
koper (de)	pirkéjas (v)	[pʲɪr'kʲe:jas]
bezoeker (de)	lankýtojas (v)	[lʲaŋ'kʲi:to:jɛs]

professioneel (de)	profesionãlas (v)	[profʲɛsʲɪjɔ'na:lʲas]
expert (de)	ekspèrtas (v)	[ɛks'pʲɛrtas]
specialist (de)	specialìstas (v)	[spʲɛtsʲɪja'lʲɪstas]
bankier (de)	bánkininkas (v)	['baŋkʲɪnʲɪŋkas]
makelaar (de)	brõkeris (v)	['brokʲɛrʲɪs]

kassier (de)	kãsininkas (v)	['ka:sʲɪnʲɪŋkas]
boekhouder (de)	buhálteris (v)	[bʊ'yalʲtʲɛrʲɪs]
bewaker (de)	apsauginìnkas (v)	[apsɑʊgʲɪ'nʲɪŋkas]

investeerder (de)	investúotojas (v)	[ɪnvʲɛs'tʊɑto:jɛs]
schuldenaar (de)	skõlininkas (v)	['sko:lʲɪnʲɪŋkas]
crediteur (de)	kredìtorius (v)	[krʲɛ'dʲɪtorʲʊs]
lener (de)	paskolõs gavéjas (v)	[pasko'lʲo:s ga'vʲe:jas]

| importeur (de) | importúotojas (v) | [ɪmpor'tʊɑto:jɛs] |
| exporteur (de) | eksportúotojas (v) | [ɛkspor'tʊɑto:jɛs] |

producent (de)	gamìntojas (v)	[ga'mʲɪnto:jɛs]
distributeur (de)	plãtintojas (v)	['plʲa:tʲɪnto:jɛs]
bemiddelaar (de)	tárpininkas (v)	['tarpʲɪnʲɪŋkas]

adviseur, consulent (de)	konsultántas (v)	[kɔnsʊlʲ'tantas]
vertegenwoordiger (de)	atstõvas (v)	[at'sto:vas]
agent (de)	ageñtas (v)	[a'gʲɛntas]
verzekeringsagent (de)	draudìmo ageñtas (v)	[drɑʊ'dʲɪmɔ a'gʲɛntas]

106. Dienstverlenende beroepen

| kok (de) | viréjas (v) | [vʲɪ'rʲe:jas] |
| chef-kok (de) | vyriáusiasis viréjas (v) | [vʲi:'rʲæʊsʲæsʲɪs vʲɪ'rʲe:jas] |

bakker (de)	kepėjas (v)	[kʲɛ'pʲeːjas]
barman (de)	barmenas (v)	['barmʲɛnas]
kelner, ober (de)	padavėjas (v)	[pada'vʲeːjas]
serveerster (de)	padavėja (m)	[pada'vʲeːja]

advocaat (de)	advokãtas (v)	[advo'kaːtas]
jurist (de)	juristas (v)	[juˈrʲɪstas]
notaris (de)	notãras (v)	[noˈtaːras]

elektricien (de)	monteris (v)	['montʲɛrʲɪs]
loodgieter (de)	santechnikas (v)	[san'tʲɛxnʲɪkas]
timmerman (de)	dailidė (v)	[dʌɪ'lʲɪdʲeː]

masseur (de)	masažistas (v)	[masa'ʒʲɪstas]
masseuse (de)	masažistė (m)	[masa'ʒʲɪstʲeː]
dokter, arts (de)	gydytojas (v)	['gʲiːdʲiːtoːjɛs]

taxichauffeur (de)	taksistas (v)	[tak'sʲɪstas]
chauffeur (de)	vairuotojas (v)	[vʌɪ'ruato:jɛs]
koerier (de)	kurjeris (v)	['kʊrjɛrʲɪs]

kamermeisje (het)	kambarinė (m)	[kamba'rʲɪnʲeː]
bewaker (de)	apsauginiñkas (v)	[apsɑʊgʲɪ'nʲɪŋkas]
stewardess (de)	stiuardėsė (m)	[stʲuar'dʲɛsʲeː]

meester (de)	mokytojas (v)	['mokʲiːtoːjɛs]
bibliothecaris (de)	bibliotekininkas (v)	[bɪblʲɪjo'tʲɛkʲɪnʲɪŋkas]
vertaler (de)	vertėjas (v)	[vʲɛr'tʲeːjas]
tolk (de)	vertėjas (v)	[vʲɛr'tʲeːjas]
gids (de)	gidas (v)	['gʲɪdas]

kapper (de)	kirpėjas (v)	[kʲɪr'pʲeːjas]
postbode (de)	pãštininkas (v)	['paːʃtʲɪnʲɪŋkas]
verkoper (de)	pardavėjas (v)	[parda'vʲeːjas]

tuinman (de)	sõdininkas (v)	['soːdʲɪnʲɪŋkas]
huisbediende (de)	tarnas (v)	['tarnas]
dienstmeisje (het)	tarnaitė (m)	[tar'nʌɪtʲeː]
schoonmaakster (de)	valytoja (m)	[va'lʲiːtoːjɛ]

107. Militaire beroepen en rangen

soldaat (rang)	eilinis (v)	[ɛɪ'lʲɪnʲɪs]
sergeant (de)	seržántas (v)	[sʲɛr'ʒantas]
luitenant (de)	leitenántas (v)	[lʲɛɪtʲɛ'nantas]
kapitein (de)	kapitõnas (v)	[kapʲɪ'toːnas]

majoor (de)	majõras (v)	[ma'jɔːras]
kolonel (de)	pulkininkas (v)	['pʊlʲkʲɪnʲɪŋkas]
generaal (de)	generõlas (v)	[gʲɛnʲɛ'roːlʲas]
maarschalk (de)	mãršalas (v)	['marʃalʲas]
admiraal (de)	admirõlas (v)	[admʲɪ'roːlʲas]
militair (de)	kariškis (v)	[ka'rʲɪʃkʲɪs]
soldaat (de)	kareivis (v)	[ka'rʲɛɪvʲɪs]

| officier (de) | kariniñkas (v) | [karʲɪ'nʲɪŋkas] |
| commandant (de) | vãdas (v) | ['va:das] |

grenswachter (de)	pasieniẽtis (v)	[pasʲiɛ'nʲɛtʲɪs]
marconist (de)	radìstas (v)	[ra'dʲɪstas]
verkenner (de)	žvalgas (v)	['ʒvalʲgas]
sappeur (de)	pioniẽrius (v)	[pʲɪjo'nʲɛrʲʊs]
schutter (de)	šaulỹs (v)	[ʃɑʊ'lʲi:s]
stuurman (de)	štùrmanas (v)	['ʃtʊrmanas]

108. Ambtenaren. Priesters

| koning (de) | karãlius (v) | [ka'ra:lʲʊs] |
| koningin (de) | karaliẽnė (m) | [kara'lʲiɛnʲe:] |

| prins (de) | prìncas (v) | ['prʲɪntsas] |
| prinses (de) | princèsė (m) | [prʲɪn'tsʲɛsʲe:] |

| tsaar (de) | cãras (v) | ['tsa:ras] |
| tsarina (de) | cariẽnė (m) | [tsa'rʲiɛnʲe:] |

president (de)	prezideñtas (v)	[prʲɛzʲɪ'dʲɛntas]
minister (de)	minìstras (v)	[mʲɪ'nʲɪstras]
eerste minister (de)	minìstras pìrmininkas (v)	[mʲɪ'nʲɪstras 'pʲɪrmʲɪnʲɪŋkas]
senator (de)	senãtorius (v)	[sʲɛ'na:torʲʊs]

diplomaat (de)	diplomãtas (v)	[dʲɪplʲo'ma:tas]
consul (de)	kònsulas (v)	['konsulʲas]
ambassadeur (de)	ambasãdorius (v)	[amba'sa:dorʲʊs]
adviseur (de)	patarėjas (v)	[pata'rʲe:jas]

ambtenaar (de)	valdiniñkas (v)	[valʲdʲɪ'nʲɪŋkas]
prefect (de)	prefèktas (v)	[prʲɛ'fʲɛktas]
burgemeester (de)	mèras (v)	['mʲɛras]

| rechter (de) | teisėjas (v) | [tʲɛɪ'sʲe:jas] |
| aanklager (de) | prokuròras (v) | [proku'roras] |

missionaris (de)	misioniẽrius (v)	[mʲɪsʲɪjo'nʲɛrʲʊs]
monnik (de)	vienuõlis (v)	[vʲiɛ'nʊalʲɪs]
abt (de)	abãtas (v)	[a'ba:tas]
rabbi, rabbijn (de)	rãbinas (v)	['ra:bʲɪnas]

vizier (de)	vizìris (v)	[vʲɪ'zʲɪrʲɪs]
sjah (de)	šãchas (v)	['ʃa:xas]
sjeik (de)	šeĩchas (v)	['ʃɛɪxas]

109. Agrarische beroepen

imker (de)	bìtininkas (v)	['bʲɪtʲɪnʲɪŋkas]
herder (de)	piemuõ (v)	[pʲiɛ'mʊɑ]
landbouwkundige (de)	agronòmas (v)	[agro'nomas]

| veehouder (de) | gývulininkas (v) | ['gʲiːvulʲɪnʲɪŋkas] |
| dierenarts (de) | veterinãras (v) | [vʲɛtʲɛrʲɪ'naːras] |

landbouwer (de)	fèrmeris (v)	['fɛrmʲɛrʲɪs]
wijnmaker (de)	vyndarỹs (v)	[vʲiːnda'rʲiːs]
zoöloog (de)	zoológas (v)	[zooʲ'ʲogas]
cowboy (de)	kaubòjus (v)	[kɑʊ'bojʊs]

110. Kunst beroepen

| acteur (de) | ãktorius (v) | ['aːktorʲʊs] |
| actrice (de) | ãktorė (m) | ['aːktorʲeː] |

| zanger (de) | dainininkas (v) | [dʌɪnʲɪ'nʲɪŋkas] |
| zangeres (de) | dainininkė (m) | [dʌɪnʲɪ'nʲɪŋkʲeː] |

| danser (de) | šokéjas (v) | [ʃo'kʲeːjas] |
| danseres (de) | šokéja (m) | [ʃo'kʲeːja] |

| artiest (mann.) | artistas (v) | [ar'tʲɪstas] |
| artiest (vrouw.) | artistė (m) | [ar'tʲɪstʲeː] |

muzikant (de)	muzikántas (v)	[mʊzʲɪ'kantas]
pianist (de)	pianìstas (v)	[pʲɪja'nʲɪstas]
gitarist (de)	gitarìstas (v)	[gʲɪta'rʲɪstas]

orkestdirigent (de)	dirigeñtas (v)	[dʲɪrʲɪ'gʲɛntas]
componist (de)	kompozìtorius (v)	[kompo'zʲɪtorʲʊs]
impresario (de)	impresãrijas (v)	[ɪmprʲɛ'saːrʲɪjas]

filmregisseur (de)	režisiẽrius (v)	[rʲɛʒʲɪ'sʲɛrʲʊs]
filmproducent (de)	prodiùseris (v)	[pro'dʲʊsʲɛrʲɪs]
scenarioschrijver (de)	scenarìstas (v)	[stsʲɛna'rʲɪstas]
criticus (de)	krìtikas (v)	['krʲɪtʲɪkas]

schrijver (de)	rašýtojas (v)	[ra'ʃɪːtoːjɛs]
dichter (de)	poètas (v)	[po'ɛtas]
beeldhouwer (de)	skùlptorius (v)	['skʊlʲptorʲʊs]
kunstenaar (de)	mẽnininkas (v)	['mʲænʲɪnʲɪŋkas]

jongleur (de)	žongliẽrius (v)	[ʒon'glʲɛrʲʊs]
clown (de)	klóunas (v)	['klʲoʊnas]
acrobaat (de)	akrobãtas (v)	[akro'baːtas]
goochelaar (de)	fòkusininkas (v)	['fokʊsʲɪnʲɪŋkas]

111. Verschillende beroepen

dokter, arts (de)	gýdytojas (v)	['gʲiːdʲiːtoːjɛs]
ziekenzuster (de)	medicìnos sesẽlė (m)	[mʲɛdʲɪ'tsʲɪnos se'sʲælʲeː]
psychiater (de)	psichiãtras (v)	[psʲɪxʲɪ'jatras]
tandarts (de)	stomatológas (v)	[stomato'ʲogas]
chirurg (de)	chirùrgas (v)	[xʲɪ'rʊrgas]

astronaut (de)	astronáutas (v)	[astroˈnɑutas]
astronoom (de)	astronòmas (v)	[astroˈnomas]
piloot (de)	pilòtas (v)	[pʲɪˈlʲotas]
chauffeur (de)	vairúotojas (v)	[vʌɪˈruɑto:jɛs]
machinist (de)	mašinìstas (v)	[maʃɪˈnʲɪstas]
mecanicien (de)	mechānikas (v)	[mʲɛˈxa:nʲɪkas]
mijnwerker (de)	šāchtininkas (v)	[ˈʃa:xtʲɪnʲɪŋkas]
arbeider (de)	darbiniñkas (v)	[darbʲɪˈnʲɪŋkas]
bankwerker (de)	šáltkalvis (v)	[ˈʃalʲtkalʲvʲɪs]
houtbewerker (de)	stãlius (v)	[ˈsta:lʲus]
draaier (de)	tèkintojas (v)	[ˈtʲækʲɪnto:jɛs]
bouwvakker (de)	statýbininkas (v)	[staˈtʲi:bʲɪnʲɪŋkas]
lasser (de)	suvìrintojas (v)	[suˈvʲɪrʲɪnto:jɛs]
professor (de)	profèsorius (v)	[proˈfʲɛsorʲus]
architect (de)	architèktas (v)	[arxʲɪˈtʲɛktas]
historicus (de)	istòrikas (v)	[ɪsˈtorʲɪkas]
wetenschapper (de)	mòkslininkas (v)	[ˈmokslʲɪnʲɪŋkas]
fysicus (de)	fìzikas (v)	[ˈfʲɪzʲɪkas]
scheikundige (de)	chèmikas (v)	[ˈxʲɛmʲɪkas]
archeoloog (de)	archeològas (v)	[arxʲɛoˈlʲogas]
geoloog (de)	geològas (v)	[gʲɛoˈlʲogas]
onderzoeker (de)	tyrinétojas (v)	[tʲi:rʲɪˈnʲe:to:jɛs]
babysitter (de)	áuklė (m)	[ˈɑuklʲe:]
leraar, pedagoog (de)	pedagògas (v)	[pʲɛdaˈgogas]
redacteur (de)	redāktorius (v)	[rʲɛˈda:ktorʲus]
chef-redacteur (de)	vyriáusiasis redāktorius (v)	[vʲi:ˈræusʲæsʲɪs rʲɛˈda:ktorʲus]
correspondent (de)	korespondeñtas (v)	[korʲɛspon'dʲɛntas]
typiste (de)	mašìnininkė (m)	[maˈʃɪnʲɪnʲɪŋkʲe:]
designer (de)	dizáineris (v)	[dʲɪˈzʌɪnʲɛrʲɪs]
computerexpert (de)	kompiùterių specialìstas (v)	[komˈpʲutʲɛrʲu: spʲɛtsʲɪjaˈlʲɪstas]
programmeur (de)	programúotojas (v)	[progra'muɑto:jɛs]
ingenieur (de)	inžiniėrius (v)	[ɪnʒʲɪˈnʲɛrʲus]
matroos (de)	jūrininkas (v)	[ˈju:rʲɪnʲɪŋkas]
zeeman (de)	jūrèivis (v)	[ju:ˈrʲɛɪvʲɪs]
redder (de)	gélbétojas (v)	[ˈgʲælʲbʲe:to:jɛs]
brandweerman (de)	gaĩsrininkas (v)	[ˈgʌɪsrʲɪnʲɪŋkas]
politieagent (de)	polìcininkas (v)	[poˈlʲɪtsʲɪnʲɪŋkas]
nachtwaker (de)	sárgas (v)	[ˈsargas]
detective (de)	seklỹs (v)	[sʲɛkˈlʲi:s]
douanier (de)	muĩtininkas (v)	[ˈmuɪtʲɪnʲɪŋkas]
lijfwacht (de)	asmeñs sargýbinis (v)	[asˈmʲɛns sarˈgʲi:bʲɪnʲɪs]
gevangenisbewaker (de)	prižiūrétojas (v)	[prʲɪʒʲu:ˈrʲe:to:jɛs]
inspecteur (de)	inspèktorius (v)	[ɪnˈspʲɛktorʲus]
sportman (de)	spòrtininkas (v)	[ˈsportʲɪnʲɪŋkas]
trainer (de)	trèneris (v)	[ˈtrʲɛnʲɛrʲɪs]

slager, beenhouwer (de)	mėsininkas (v)	['mᶦe:sᶦɪnᶦɪŋkas]
schoenlapper (de)	batsiuvỹs (v)	[batsᶦʊ'vᶦi:s]
handelaar (de)	komersántas (v)	[kɔmᶦɛr'santas]
lader (de)	krovéjas (v)	[kro'vᶦe:jas]

kledingstilist (de)	modeliúotojas (v)	[modᶦɛ'lᶦʊɑto:jɛs]
model (het)	modelis (v)	['modᶦɛlᶦɪs]

112. Beroepen. Sociale status

scholier (de)	mokslelvis (v)	[moks'lᶦɛɪvᶦɪs]
student (de)	studentas (v)	[stʊ'dᶦɛntas]

filosoof (de)	filosófas (v)	[fᶦɪlᶦo'sofas]
econoom (de)	ekonomistas (v)	[ɛkono'mᶦɪstas]
uitvinder (de)	išradéjas (v)	[ɪʃra'dᶦe:jas]

werkloze (de)	bedarbis (v)	[bᶦɛ'darbᶦɪs]
gepensioneerde (de)	peñsininkas (v)	['pᶦɛnsᶦɪnᶦɪŋkas]
spion (de)	šnìpas (v)	['ʃnᶦɪpas]

gedetineerde (de)	kalinỹs (v)	[kalᶦɪ'nᶦi:s]
staker (de)	streikininkas (v)	['strᶦɛᶦɪkᶦɪnᶦɪŋkas]
bureaucraat (de)	biurokrátas (v)	[bᶦʊro'kra:tas]
reiziger (de)	keliáutojas (v)	[kᶦɛ'lᶦæʊto:jɛs]

homoseksueel (de)	homoseklualistas (v)	[ɣomosᶦɛklʊa'lᶦɪstas]
hacker (computerkraker)	programišius (v)	[progra'mᶦɪʃʊs]
hippie (de)	hìpis (v)	['ɣᶦɪpᶦɪs]

bandiet (de)	banditas (v)	[ban'dᶦɪtas]
huurmoordenaar (de)	samdomas žudikas (v)	['samdomas ʒʊ'dᶦɪkas]
drugsverslaafde (de)	narkománas (v)	[narko'ma:nas]
drugshandelaar (de)	narkótikų prekeivis (v)	[nar'kotᶦɪku: prᶦɛ'kᶦɛɪvᶦɪs]
prostituee (de)	prostitutė (m)	[prostᶦɪ'tʊtᶦe:]
pooier (de)	suteneris (v)	[sʊ'tᶦɛnᶦɛrᶦɪs]

tovenaar (de)	burtininkas (v)	['bʊrtᶦɪnᶦɪŋkas]
tovenares (de)	burtininkė (m)	['bʊrtᶦɪnᶦɪŋkᶦe:]
piraat (de)	pirátas (v)	[pᶦɪ'ra:tas]
slaaf (de)	vérgas (v)	['vᶦɛrgas]
samoerai (de)	samurãjus (v)	[samu'ra:jʊs]
wilde (de)	laukìnis žmogùs (v)	[lᶦɑʊ'kᶦɪnᶦɪs ʒmɔ'gʊs]

Sport

113. Soorten sporten. Sporters

sportman (de)	sportininkas (v)	['sportʲɪnʲɪŋkas]
soort sport (de/het)	sporto šaka (m)	['sportɔ ʃa'ka]
basketbal (het)	krepšinis (v)	[krʲɛp'ʃʲɪnʲɪs]
basketbalspeler (de)	krepšininkas (v)	['krʲæpʃʲɪnʲɪŋkas]
baseball (het)	beisbolas (v)	['bʲɛɪsbolʲas]
baseballspeler (de)	beisbolininkas (v)	['bʲɛɪsbolʲɪnʲɪŋkas]
voetbal (het)	futbolas (v)	['futbolʲas]
voetballer (de)	futbolininkas (v)	['futbolʲɪnʲɪŋkas]
doelman (de)	vartininkas (v)	['vartʲɪnʲɪŋkas]
hockey (het)	ledo ritulys (v)	['lʲædɔ rʲɪtu'lʲiːs]
hockeyspeler (de)	ledo ritulininkas (v)	['lʲædɔ 'rʲɪtulʲɪnʲɪŋkas]
volleybal (het)	tinklinis (v)	[tʲɪŋk'lʲɪnʲɪs]
volleybalspeler (de)	tinklininkas (v)	['tʲɪŋklʲɪnʲɪŋkas]
boksen (het)	boksas (v)	['boksas]
bokser (de)	boksininkas (v)	['boksʲɪnʲɪŋkas]
worstelen (het)	imtynes (m dgs)	[ɪm'tʲiːnʲeːs]
worstelaar (de)	imtynininkas (v)	[ɪm'tʲiːnʲɪnʲɪŋkas]
karate (de)	karate (m)	[kara'tʲeː]
karateka (de)	karatistas (v)	[kara'tʲɪstas]
judo (de)	dziudo (v)	[dzʲʊ'do]
judoka (de)	dziudo imtynininkas (v)	[dzʲʊ'dɔ im'tʲiːnʲɪnʲɪŋkas]
tennis (het)	tenisas (v)	['tʲɛnʲɪsas]
tennisspeler (de)	tenisininkas (v)	['tʲɛnʲɪsʲɪnʲɪŋkas]
zwemmen (het)	plaukimas (v)	[plʲɑʊ'kʲɪmas]
zwemmer (de)	plaukikas (v)	[plʲɑʊ'kʲɪkas]
schermen (het)	fechtavimas (v)	[fʲɛx'taːvʲɪmas]
schermer (de)	fechtuotojas (v)	[fʲɛx'tʊɑto:jɛs]
schaak (het)	šachmatai (v dgs)	[ʃax'maːtʌɪ]
schaker (de)	šachmatininkas (v)	[ʃax'maːtʲɪnʲɪŋkas]
alpinisme (het)	alpinizmas (v)	[alʲpʲɪ'nʲɪzmas]
alpinist (de)	alpinistas (v)	[alʲpʲɪ'nʲɪstas]
hardlopen (het)	begimas (v)	[bʲeː'gʲɪmas]

renner (de)	bėgìkas (v)	[bʲe:'gʲɪkas]
atletiek (de)	lengvóji atlètika (m)	[lʲɛng'vo:jɪ at'lʲɛtʲɪka]
atleet (de)	atlètas (v)	[at'lʲɛtas]

| paardensport (de) | jojìmo spòrtas (v) | [jɔ'jɪmɔ 'sportas] |
| ruiter (de) | jojìkas (v) | [jɔ'jɪkas] |

kunstschaatsen (het)	dailùsis čiuožìmas (v)	[dʌɪ'lʲʊsʲɪs tʂʲʊo'ʒʲɪmas]
kunstschaatser (de)	figūrininkas (v)	[fʲɪ'gu:rʲɪnʲɪŋkas]
kunstschaatsster (de)	figūrininkė (m)	[fʲɪ'gu:rʲɪnʲɪŋkʲe:]

gewichtheffen (het)	sunkióji atlètika (m)	[sʊŋ'kʲo:jɪ at'lʲɛtʲɪka]
autoraces (mv.)	automobìlių lenktỹnės (m dgs)	[aʊtomo'bʲɪlʲu: lʲɛŋ'ktʲi:nʲe:s]
coureur (de)	lenktỹnininkas (v)	[lʲɛŋk'tʲi:nʲɪnʲɪŋkas]

| wielersport (de) | dvìračių spòrtas (v) | ['dvʲɪratʂʲu: 'sportas] |
| wielrenner (de) | dvìratininkas (v) | ['dvʲɪratʲɪnʲɪŋkas] |

verspringen (het)	šúoliai (v) į̃ tõlį	['ʃʊalʲɛɪ i: 'to:lʲɪ:]
polsstokspringen (het)	šúoliai (v dgs) sù kártimi	['ʃʊalʲɛɪ 'sʊ 'kartʲɪmʲɪ]
verspringer (de)	šúolininkas (v)	['ʃʊalʲɪnʲɪŋkas]

114. Soorten sporten. Diversen

Amerikaans voetbal (het)	amerikiẽtiškas fùtbolas (v)	[amʲɛrʲɪ'kʲɛtʲɪʃkas 'fʊtbolʲas]
badminton (het)	bãdmintonas (v)	['ba:dmʲɪntonas]
biatlon (de)	biatlònas (v)	[bʲɪjat'lʲonas]
biljart (het)	biliárdas (v)	[bʲɪlʲɪ'jardas]

bobsleeën (het)	bòbslėjus (v)	['bobslʲe:jʊs]
bodybuilding (de)	kultūrìzmas (v)	[kʊlʲtu:'rʲɪzmas]
waterpolo (het)	vandénsvydis (v)	[van'dʲɛnsvʲi:dʲɪs]
handbal (de)	rañkinis (v)	['raŋkʲɪnʲɪs]
golf (het)	gòlfas (v)	['golʲfas]

roeisport (de)	irklãvimas (v)	[ɪr'klʲa:vʲɪmas]
duiken (het)	nárdymas (v)	['nardʲi:mas]
langlaufen (het)	slìdininkų lenktỹnės (m dgs)	['slʲɪdʲɪnʲɪŋku: lʲɛŋk'tʲi:nʲe:s]
tafeltennis (het)	stãlo tènisas (v)	['sta:lʲo 'tʲɛnʲɪsas]

zeilen (het)	buriãvimas (v)	[bʊ'rʲævʲɪmas]
rally (de)	rãlis (v)	['ra:lʲɪs]
rugby (het)	règbis (v)	['rʲɛgbʲɪs]
snowboarden (het)	sniẽglenčių spòrtas (v)	['snʲɪɛglʲɛntʂʲu: 'sportas]
boogschieten (het)	šáudymas ìš lañko (v)	['ʃaʊdʲi:mas ɪʃ 'lʲaŋkɔ]

115. Fitnessruimte

lange halter (de)	štánga (m)	['ʃtanga]
halters (mv.)	svarmenys (v dgs)	['sva:rmʲɛnʲi:s]
training machine (de)	treniruõklis (v)	[trʲɛnʲɪ'rʊaklʲɪs]
hometrainer (de)	dviratinis treniruõklis (v)	[dvʲɪra'tʲɪnʲɪs trʲɛnʲɪ'rʊaklʲɪs]

loopband (de)	bėgimo takelis (v)	[bʲeːgʲɪmɔ taˈkʲælʲɪs]
rekstok (de)	skersinis (v)	[skʲɛrˈsʲɪnʲɪs]
brug (de) gelijke leggers	lygiagretės (m dgs)	[lʲiːgʲæːgrʲɛtʲeːs]
paardsprong (de)	arklys (v)	[arkˈlʲiːs]
mat (de)	paklotas (v)	[pakˈlʲoːtas]

springtouw (het)	šokyklė (m)	[ʃoˈkʲiːklʲeː]
aerobics (de)	aerobika (m)	[aɛˈrobʲɪka]
yoga (de)	joga (m)	[jɔˈga]

116. Sporten. Diversen

Olympische Spelen (mv.)	Olimpinės žaidynės (m dgs)	[oˈlʲɪmpʲɪnʲeːs ʒʌɪˈdʲiːnʲeːs]
winnaar (de)	nugalėtojas (v)	[nʊgaˈlʲeːtoːjɛs]
overwinnen (ww)	nugalėti	[nʊgaˈlʲeːtʲɪ]
winnen (ww)	laimėti	[lʲʌɪˈmʲeːtʲɪ]

| leider (de) | lyderis (v) | [ˈlʲiːdʲɛrʲɪs] |
| leiden (ww) | būti lyderiu | [ˈbuːtʲɪ ˈlʲiːdʲɛrʲʊ] |

eerste plaats (de)	pirmoji vieta (m)	[pʲɪrˈmoːjɪ vʲiɛˈta]
tweede plaats (de)	antroji vieta (m)	[anˈtroːjɪ vʲiɛˈta]
derde plaats (de)	trečioji vieta (m)	[trʲɛˈtʃʲoːjɪ vʲiɛˈta]

medaille (de)	medalis (v)	[mʲɛˈdaːlʲɪs]
trofee (de)	trofėjus (v)	[troˈfʲeːjʊs]
beker (de)	taurė (m)	[tɑʊˈrʲeː]
prijs (de)	prizas (v)	[ˈprʲɪzas]
hoofdprijs (de)	pagrindinis prizas (v)	[pagrʲɪnˈdʲɪnʲɪs ˈprʲɪzas]

| record (het) | rekordas (v) | [rʲɛˈkordas] |
| een record breken | pasiekti rekordą | [paˈsʲiɛktʲɪ rʲɛˈkordaː] |

| finale (de) | finalas (v) | [fʲɪˈnaːlʲas] |
| finale (bn) | finalinis | [fʲɪˈnaːlʲɪnʲɪs] |

| kampioen (de) | čempionas (v) | [tʂɛmˈpʲɪjonas] |
| kampioenschap (het) | čempionatas (v) | [tʂɛmpʲɪjoˈnaːtas] |

stadion (het)	stadionas (v)	[stadʲɪˈɔnas]
tribune (de)	tribūna (m)	[trʲɪbuːˈna]
fan, supporter (de)	sirgalius (v)	[sʲɪrˈgaːlʲʊs]
tegenstander (de)	varžovas (v)	[varˈʒoːvas]

| start (de) | startas (v) | [ˈstartas] |
| finish (de) | finišas (v) | [ˈfʲɪnʲɪʃas] |

| nederlaag (de) | pralaimėjimas (v) | [pralʲʌɪˈmʲeːjɪmas] |
| verliezen (ww) | pralaimėti | [pralʲʌɪˈmʲeːtʲɪ] |

rechter (de)	teisėjas (v)	[tʲɛɪˈsʲeːjas]
jury (de)	žiuri (v)	[ʒʲʊˈrʲɪ]
stand (~ is 3-1)	rezultatas (v)	[rʲɛzʊlʲˈtaːtas]
gelijkspel (het)	lygiosios (m dgs)	[ˈlʲiːgʲosʲos]

in gelijk spel eindigen	sužaìsti lygiomìs	[su'ʒʌɪstʲɪ lʲi:gʲo'mʲɪs]
punt (het)	tãškas (v)	['ta:ʃkas]
uitslag (de)	rezultãtas (v)	[rʲɛzʊlʲ'ta:tas]

| periode (de) | kėlinỹs (v) | [kʲe:lʲɪ'nʲi:s] |
| pauze (de) | pértrauka (m) | ['pʲɛrtraʊka] |

doping (de)	dòpingas (v)	['dopʲɪngas]
straffen (ww)	skìrti baũdą	['skʲɪrtʲɪ 'baʊda:]
diskwalificeren (ww)	diskvalifikúoti	[dʲɪskvalʲɪfʲɪ'kʊatʲɪ]

toestel (het)	príetaisas (v)	['prʲiɛtʌɪsas]
speer (de)	íetis (m)	['rʲɛtʲɪs]
kogel (de)	rutulỹs (v)	[rʊtʊ'lʲi:s]
bal (de)	kamuolỹs (v)	[kamʊa'lʲi:s]

doel (het)	taikinỹs (v)	[tʌɪkʲɪ'nʲi:s]
schietkaart (de)	taikinỹs (v)	[tʌɪkʲɪ'nʲi:s]
schieten (ww)	šáuti	['ʃaʊtʲɪ]
precies (bijv. precieze schot)	tikslùs	[tʲɪks'lʲʊs]

trainer, coach (de)	trèneris (v)	['trʲɛnʲɛrʲɪs]
trainen (ww)	trenirúoti	[trʲɛnʲɪ'rʊatʲɪ]
zich trainen (ww)	trenirúotis	[trʲɛnʲɪ'rʊatʲɪs]
training (de)	treniruõtė (m)	[trenʲɪ'rʊatʲe:]

gymnastiekzaal (de)	spòrto sãlė (m)	['sportɔ sa:'lʲe:]
oefening (de)	pratìmas (v)	[pra'tʲɪmas]
opwarming (de)	pramankštà (m)	[pramaŋkʃ'ta]

107

Onderwijs

117. School

school (de)	mokyklà (m)	[mokⁱi:k'lⁱa]
schooldirecteur (de)	mokỹklos diréktorius (v)	[mo'kⁱi:klⁱos dⁱɪ'rⁱɛktorⁱʊs]
leerling (de)	mokinỹs (v)	[mokⁱɪ'nⁱi:s]
leerlinge (de)	mokině (m)	[mokⁱɪ'nⁱe:]
scholier (de)	moksleìvis (v)	[moks'lⁱɛɪvⁱɪs]
scholiere (de)	moksleìvě (m)	[moks'lⁱɛɪvⁱe:]
leren (lesgeven)	mókyti	['mokⁱi:tⁱɪ]
studeren (bijv. een taal ~)	mókytis	['mokⁱi:tⁱɪs]
van buiten leren	mókytis atmintinaì	['mokⁱi:tⁱɪs atmⁱɪntⁱɪ'nʌɪ]
leren (bijv. ~ tellen)	mókytis	['mokⁱi:tⁱɪs]
in school zijn	mókytis	['mokⁱi:tⁱɪs]
(schooljongen zijn)		
naar school gaan	eìti į̃ mokỹklą̃	['ɛɪtⁱɪ i: mo'kⁱɪ:klⁱa:]
alfabet (het)	abėcělė́ (m)	[abⁱe:'tsⁱe:lⁱe:]
vak (schoolvak)	dalỹkas (v)	[da'lⁱi:kas]
klaslokaal (het)	klãsė (m)	['klⁱa:sⁱe:]
les (de)	pamokà (m)	[pamo'ka]
pauze (de)	pértrauka (m)	['pⁱɛrtrɑʊka]
bel (de)	skambùtis (v)	[skam'bʊtⁱɪs]
schooltafel (de)	súolas (v)	['sʊɑlⁱas]
schoolbord (het)	lentà (m)	[lⁱɛn'ta]
cijfer (het)	pažymỹs (v)	[paʒⁱi:'mⁱi:s]
goed cijfer (het)	gēras pažymỹs (v)	['gⁱæras paʒⁱi:'mⁱi:s]
slecht cijfer (het)	prãstas pažymỹs (v)	['pra:stas paʒⁱi:'mⁱi:s]
een cijfer geven	rašýti pãžymį	[ra'ʃⁱɪ:tⁱɪ 'pa:ʒⁱɪ:mⁱɪ:]
.		
fout (de)	klaidà (m)	[klⁱʌɪ'da]
fouten maken	darýti klaidàs	[da'rⁱi:tⁱɪ klⁱʌɪ'das]
corrigeren (fouten ~)	taisýti	[tʌɪ'sⁱi:tⁱɪ]
spiekbriefje (het)	paruoštùkas (v)	[parʊɑ'ʃtʊkas]
huiswerk (het)	namų̃ dárbas (v)	[na'mu: 'darbas]
oefening (de)	pratìmas (v)	[pra'tⁱɪmas]
aanwezig zijn (ww)	bū́ti	['bu:tⁱɪ]
absent zijn (ww)	nebū́ti	[nⁱɛ'bu:tⁱɪ]
school verzuimen	praléisti pãmokas	[pra'lⁱɛɪstⁱɪ 'pa:mokas]
bestraffen (een stout kind ~)	baũsti	['bɑʊstⁱɪ]
bestraffing (de)	bausmě̃ (m)	[bɑʊs'mⁱe:]

gedrag (het)	elgesỹs (v)	[εlʲgʲɛ'sʲi:s]
cijferlijst (de)	dienỹnas (v)	[dʲiɛ'nʲi:nas]
potlood (het)	pieštùkas (v)	[pʲiɛʃ'tʊkas]
gom (de)	trìntùkas (v)	[trʲɪn'tʊkas]
krijt (het)	kreidà (m)	[krʲɛɪda]
pennendoos (de)	penãlas (v)	[pʲɛ'nalʲas]

boekentas (de)	pòrtfelis (v)	['portfɛlʲɪs]
pen (de)	tušinùkas (v)	[tʊʃɪ'nʊkas]
schrift (de)	sąsiuvinis (v)	['sa:sʲʊvʲɪnʲɪs]
leerboek (het)	vadovėlis (v)	[vado'vʲe:lʲɪs]
passer (de)	skriestùvas (v)	[skrʲiɛ'stʊvas]

| technisch tekenen (ww) | braižỹti | [brʌɪ'ʒʲi:tʲɪ] |
| technische tekening (de) | brėžinỹs (v) | [brʲe:ʒʲɪ'nʲi:s] |

gedicht (het)	eilėraštis (v)	[ɛɪ'lʲe:raʃtʲɪs]
van buiten (bw)	atmintinaĩ	[atmʲɪntʲɪ'nʌɪ]
van buiten leren	mókytis atmintinaĩ	['mokʲi:tʲɪs atmʲɪntʲɪ'nʌɪ]

vakantie (de)	atóstogos (m dgs)	[a'tostogos]
met vakantie zijn	atostogáuti	[atosto'gɑʊtʲɪ]
vakantie doorbrengen	praléisti atóstogas	[pra'lʲɛɪstʲɪ a'tostogas]

toets (schriftelijke ~)	kontròlinis dárbas (v)	[kɔn'trolʲɪnʲɪs 'darbas]
opstel (het)	rašinỹs (v)	[raʃɪ'nʲi:s]
dictee (het)	diktántas (v)	[dʲɪk'tantas]
examen (het)	egzãminas (v)	[ɛg'za:mʲɪnas]
examen afleggen	laikỹti egzãminus	[lʲʌɪ'kʲi:tʲɪ ɛg'za:mʲɪnʊs]
experiment (het)	bañdymas (v)	['bandʲi:mas]

118. Hogeschool. Universiteit

academie (de)	akadèmija (m)	[aka'dʲɛmʲɪjɛ]
universiteit (de)	universitètas (v)	[ʊnʲɪvʲɛrsʲɪ'tʲɛtas]
faculteit (de)	fakultètas (v)	[fakʊlʲ'tʲɛtas]

student (de)	studeñtas (v)	[stʊ'dʲɛntas]
studente (de)	studeñtė (m)	[stʊ'dentʲe:]
leraar (de)	dėstytojas (v)	['dʲe:stʲi:to:jɛs]

| collegezaal (de) | auditòrija (m) | [ɑʊdʲɪ'torʲɪjɛ] |
| afgestudeerde (de) | absolveñtas (v) | [absolʲ'vʲɛntas] |

| diploma (het) | diplòmas (v) | [dʲɪp'lʲomas] |
| dissertatie (de) | disertãcija (m) | [dʲɪsʲɛr'ta:tsʲɪjɛ] |

| onderzoek (het) | tyrinėjimas (v) | [tʲi:rʲɪ'nʲɛjɪmas] |
| laboratorium (het) | laboratòrija (m) | [lʲabora'torʲɪjɛ] |

college (het)	paskaità (m)	[paskʌɪ'ta]
medestudent (de)	bendrakursis (v)	[bʲɛndra'kʊrsʲɪs]
studiebeurs (de)	stipeñdija (m)	[stʲɪ'pʲɛndʲɪjɛ]
academische graad (de)	mókslinis láipsnis (v)	['mokslʲɪnʲɪs 'lʌɪpsnʲɪs]

119. Wetenschappen. Disciplines

wiskunde (de)	matemãtika (m)	[mat'ɛ'ma:t'ɪka]
algebra (de)	álgebra (m)	['al'g'ɛbra]
meetkunde (de)	geomètrija (m)	[g'ɛo'm'ɛtr'ɪjɛ]

astronomie (de)	astronòmija (m)	[astro'nom'ɪjɛ]
biologie (de)	biològija (m)	[b'ɪjo'l'og'ɪjɛ]
geografie (de)	geogrãfija (m)	[g'ɛo'gra:f'ɪjɛ]
geologie (de)	geològija (m)	[g'ɛo'l'og'ɪjɛ]
geschiedenis (de)	istòrija (m)	[ɪs'tor'ɪjɛ]

geneeskunde (de)	medicinà (m)	[m'ɛd'ɪts'ɪ'na]
pedagogiek (de)	pedagògika (m)	[p'ɛda'gog'ɪka]
rechten (mv.)	tèisè (m)	['t'ɛis'e:]

fysica, natuurkunde (de)	fìzika (m)	['f'ɪz'ɪka]
scheikunde (de)	chèmija (m)	['x'ɛm'ɪjɛ]
filosofie (de)	filosòfija (m)	[f'ɪl'o'sof'ɪjɛ]
psychologie (de)	psichològija (m)	[ps'ɪxo'l'og'ɪjɛ]

120. Schrift. Spelling

grammatica (de)	gramãtika (m)	[gra'ma:t'ɪka]
vocabulaire (het)	lèksika (m)	['l'ɛks'ɪka]
fonetiek (de)	fonètika (m)	[fo'n'ɛt'ɪka]

zelfstandig naamwoord (het)	daiktãvardis (v)	[dʌɪk'ta:vard'ɪs]
bijvoeglijk naamwoord (het)	bũdvardis (v)	['bu:dvard'ɪs]
werkwoord (het)	veiksmãžodis (v)	[v'ɛɪks'ma:ʒod'ɪs]
bijwoord (het)	príeveiksmis (v)	['pr'ɪɛv'ɛɪksm'ɪs]

voornaamwoord (het)	įvardis (v)	['i:vard'ɪs]
tussenwerpsel (het)	jaustùkas (v)	[jɛʊs'tʊkas]
voorzetsel (het)	príelinksnis (v)	['pr'ɪɛl'ɪŋksn'ɪs]

stam (de)	žõdžio šaknìs (m)	['ʒo:dʒ'ɔ ʃak'n'ɪs]
achtervoegsel (het)	galũnė (m)	[ga'l'u:n'e:]
voorvoegsel (het)	príešdėlis (v)	['pr'ɪɛʃd'e:l'ɪs]
lettergreep (de)	skiemuõ (v)	[sk'ɪɛ'mʊɑ]
achtervoegsel (het)	príesaga (m)	['pr'ɪɛsaga]

nadruk (de)	kìrtis (m)	['k'ɪrt'ɪs]
afkappingsteken (het)	apostròfas (v)	[apos'trofas]

punt (de)	tãškas (v)	['ta:ʃkas]
komma (de/het)	kablèlis (v)	[kab'l'æl'ɪs]
puntkomma (de)	kabliãtaškis (v)	[kab'l'ætaʃk'ɪs]
dubbelpunt (de)	dvìtaškis (v)	['dv'ɪtaʃk'ɪs]
beletselteken (het)	daũgtaškis (v)	['dɑʊktaʃk'ɪs]

vraagteken (het)	klaustùkas (v)	[kl'ɑʊ'stʊkas]
uitroepteken (het)	šauktùkas (v)	[ʃɑʊk'tʊkas]

aanhalingstekens (mv.)	kabùtės (m dgs)	[ka'butʲe:s]
tussen aanhalingstekens (bw)	kabùtése	[ka'butʲe:se]
haakjes (mv.)	skliaustėliai (v dgs)	[sklʲɛʊ'stʲælʲɛɪ]
tussen haakjes (bw)	skliaustėliuose	[sklʲɛʊ'stʲælʲʊosʲɛ]

streepje (het)	defisas (v)	[dʲɛ'fɪsas]
gedachtestreepje (het)	brūkšnỹs (v)	[bru:kʃnʲiːs]
spatie	tárpas (v)	['tarpas]
(~ tussen twee woorden)		

letter (de)	raĩdė (m)	['rʌɪdʲe:]
hoofdletter (de)	didžiòji raĩdė (m)	[dʲɪ'dʒʲoːjɪ 'rʌɪdʲe:]

klinker (de)	balsis (v)	['balʲsʲɪs]
medeklinker (de)	príebalsis (v)	['prʲɛbalʲsʲɪs]

zin (de)	sakinỹs (v)	[sakʲɪ'nʲiːs]
onderwerp (het)	veiksnỹs (v)	[vʲɛɪks'nʲiːs]
gezegde (het)	tarinỹs (v)	[tarʲɪ'nʲiːs]

regel (in een tekst)	eilùtė (m)	[ɛɪ'lʲʊtʲe:]
op een nieuwe regel (bw)	ìš naujõs eilùtės	[ɪʃ 'naʊjoːs ɛɪ'lʲʊtʲe:s]
alinea (de)	pastraipa (m)	[past'rʌɪpa]

woord (het)	žõdis (v)	['ʒoːdʲɪs]
woordgroep (de)	žõdžių junginỹs (v)	['ʒoːdʒʲu: jʊngʲɪ'nʲiːs]
uitdrukking (de)	išsireiškìmas (v)	[ɪʃsʲɪrʲɛɪʃkʲɪmas]
synoniem (het)	sinonìmas (v)	[sʲɪno'nʲɪmas]
antoniem (het)	antonìmas (v)	[anto'nʲɪmas]

regel (de)	taisỹklė (m)	[tʌɪ'sʲiːklʲe:]
uitzondering (de)	išimtìs (m)	[ɪʃɪm'tʲɪs]
correct (bijv. ~e spelling)	teisìngas	[tʲɛɪ'sʲɪngas]

vervoeging, conjugatie (de)	asmenuõtė (m)	[asme'nʊɑtʲe:]
verbuiging, declinatie (de)	linksniuõtė (m)	[lʲɪŋks'nʲʊoːtʲe:]
naamval (de)	liñksnis (v)	['lʲɪŋksnʲɪs]
vraag (de)	kláusimas (v)	['klʲaʊsʲɪmas]
onderstrepen (ww)	pabraũkti	[pa'braʊktʲɪ]
stippellijn (de)	punktỹras (v)	[pʊŋk'tʲiːras]

121. Vreemde talen

taal (de)	kalbà (m)	[kalʲ'ba]
vreemd (bn)	užsienio	['ʊʒsʲiɛnʲɔ]
vreemde taal (de)	užsienio kalbà (m)	['ʊʒsʲiɛnʲɔ kalʲba]
leren (bijv. van buiten ~)	studijúoti	[stʊdʲɪ'jʊɑtʲɪ]
studeren (Nederlands ~)	mókytis	['mokʲiːtʲɪs]

lezen (ww)	skaitýti	[skʌɪ'tʲiːtʲɪ]
spreken (ww)	kalbėti	[kalʲ'bʲe:tʲɪ]
begrijpen (ww)	supràsti	[sʊp'rastʲɪ]
schrijven (ww)	rašýti	[ra'ʃiːtʲɪ]
snel (bw)	greĩtai	['grʲɛɪtʌɪ]

langzaam (bw)   lėtai   [lʲe:'tʌɪ]
vloeiend (bw)   laisvai   [lʲʌɪs'vʌɪ]

regels (mv.)   taisyklės (m dgs)   [tʌɪ'sʲi:klʲe:s]
grammatica (de)   gramãtika (m)   [gra'ma:tʲɪka]
vocabulaire (het)   lèksika (m)   ['lʲɛksʲɪka]
fonetiek (de)   fonètika (m)   [fo'nʲɛtʲɪka]

leerboek (het)   vadovėlis (v)   [vado'vʲe:lʲɪs]
woordenboek (het)   žodýnas (v)   [ʒo'dʲi:nas]
leerboek (het) voor zelfstudie   savimokos vadovėlis (v)   [sa'vʲɪmokos vado'vʲe:lʲɪs]
taalgids (de)   pasikalbėjimų knygėlė (m)   [pasʲɪkalʲʲ'bʲɛjɪmu: knʲi:'glælʲe:]

cassette (de)   kasetė (m)   [ka'sʲɛtʲe:]
videocassette (de)   vaizdãjuostė (m)   [vʌɪz'da:juɑstʲe:]
CD (de)   kompãktinis diskas (v)   [kɔm'pa:ktʲɪnʲɪs 'dʲɪskas]
DVD (de)   DVD diskàs (v)   [dʲɪvʲɪ'dʲɪ dʲɪs'kas]

alfabet (het)   abėcėlė (m)   [abʲe:'tsʲe:lʲe:]
spellen (ww)   sakýti paraidžiui   [sa'kʲi:tʲɪ parʌɪ'dʒʲʊɪ]
uitspraak (de)   tarìmas (v)   [ta'rʲɪmas]

accent (het)   akcentas (v)   [ak'tsʲɛntas]
met een accent (bw)   sù akcentù   ['sʊ aktsʲɛn'tʊ]
zonder accent (bw)   bè akceñto   ['bʲɛ ak'tsʲɛntɔ]

woord (het)   žõdis (v)   ['ʒo:dʲɪs]
betekenis (de)   prasmė (m)   [pras'mʲe:]

cursus (de)   kùrsai (v dgs)   ['kʊrsʌɪ]
zich inschrijven (ww)   užsirašýti   [ʊʒsʲɪra'ʃɪ:tʲɪ]
leraar (de)   dėstytojas (v)   ['dʲe:stʲi:to:jɛs]

vertaling (een ~ maken)   vertìmas (v)   [vʲɛr'tʲɪmas]
vertaling (tekst)   vertìmas (v)   [vʲɛr'tʲɪmas]
vertaler (de)   vertéjas (v)   [vʲɛr'tʲe:jas]
tolk (de)   vertéjas (v)   [vʲɛr'tʲe:jas]

polyglot (de)   poliglòtas (v)   [polʲɪ'glotas]
geheugen (het)   atmintìs (m)   [atmʲɪn'tʲɪs]

122. Sprookjesfiguren

Sinterklaas (de)   Kalėdų Sēnis (v)   [ka'lʲe:du: 'senʲɪs]
Assepoester (de)   Pelėnė (m)   [pʲɛ'lʲænʲe:]
zeemeermin (de)   undìnė (m)   [ʊn'dʲɪnʲe:]
Neptunus (de)   Neptūnas (v)   [nʲɛp'tu:nas]

magiër, tovenaar (de)   bùrtininkas (v)   ['bʊrtʲɪnʲɪŋkas]
goede heks (de)   bùrtininkė (m)   ['bʊrtʲɪnʲɪŋkʲe:]
magisch (bn)   stebuklìngas   [stʲɛbʊk'lʲɪŋgas]
toverstokje (het)   bùrtų lazdėlė (m)   ['bʊrtu: laz'dʲælʲe:]
sprookje (het)   pãsaka (m)   ['pa:saka]
wonder (het)   stebùklas (v)   [stʲɛ'bʊklʲas]

dwerg (de)	gnomas (v)	['gnomas]
veranderen in ...	pavirsti į ...	[pa'vⁱɪrstⁱɪ iː ..]
(anders worden)		

geest (de)	vaiduoklis (v)	[vʌɪ'dʊɑklⁱɪs]
spook (het)	šmėkla (m)	['ʃmⁱeːklⁱa]
monster (het)	pabaisa (m)	[pa'bʌɪsa]
draak (de)	drakonas (v)	[dra'konas]
reus (de)	milžinas (v)	['mⁱɪlⁱʒⁱɪnas]

123. Dierenriem

Ram (de)	avinas (v)	['aːvⁱɪnas]
Stier (de)	Jautis (v)	['jɑʊtⁱɪs]
Tweelingen (mv.)	Dvyniai (v dgs)	[dvⁱiː'nⁱɛɪ]
Kreeft (de)	Vėžys (v)	[vⁱeː'ʒⁱiːs]
Leeuw (de)	Liūtas (v)	['lⁱuːtas]
Maagd (de)	Mergelė (m)	[mⁱɛr'gⁱælⁱeː]

Weegschaal (de)	Svarstyklės (m dgs)	[svar'stⁱiːklⁱeːs]
Schorpioen (de)	Skorpionas (v)	[skorpⁱɪ'onas]
Boogschutter (de)	Šaulys (v)	[ʃɑʊ'lⁱiːs]
Steenbok (de)	Ožiaragis (v)	[oʒⁱæ'raːgⁱɪs]
Waterman (de)	Vandenis (v)	[van'dⁱænⁱɪs]
Vissen (mv.)	Žuvys (m dgs)	['ʒʊvⁱiːs]

karakter (het)	charakteris (v)	[xa'raːktⁱɛrⁱɪs]
karaktertrekken (mv.)	charakterio bruožai (v dgs)	[xa'raːktⁱɛrⁱo 'brʊɑʒʌɪ]
gedrag (het)	elgesys (v)	[ɛlⁱgⁱɛ'sⁱiːs]
waarzeggen (ww)	burti	['bʊrtⁱɪ]
waarzegster (de)	burėja (m)	[bʊ'rⁱeːja]
horoscoop (de)	horoskopas (v)	[ɣoro'skopas]

Kunst

124. Theater

theater (het)	teãtras (v)	[tʲɛ'a:tras]
opera (de)	òpera (m)	['opʲɛra]
operette (de)	operètė (m)	[opʲɛ'rʲɛtʲe:]
ballet (het)	balètas (v)	[ba'lʲɛtas]
affiche (de/het)	afišã (m)	[afʲɪ'ʃa]
theatergezelschap (het)	trùpė (m)	['trʊpʲe:]
tournee (de)	gastrolès (m dgs)	[gas'trolʲe:s]
op tournee zijn	gastroliúoti	[gastro'lʲʊɑtʲɪ]
repeteren (ww)	repetúoti	[rʲɛpʲɛ'tʊɑtʲɪ]
repetitie (de)	repetìcija (m)	[rʲɛpʲɛ'tʲɪtsʲɪjɛ]
repertoire (het)	repertuãras (v)	[rʲɛpʲɛrtʊ'a:ras]
voorstelling (de)	vaidìnimas (v)	[vʌɪ'dʲɪnʲɪmas]
spektakel (het)	spektãklis (v)	[spʲɛk'ta:klʲɪs]
toneelstuk (het)	pjèsė (m)	['pjæsʲe:]
biljet (het)	bìlietas (v)	['bʲɪlʲiɛtas]
kassa (de)	bìlietų kasà (m)	['bʲɪlʲiɛtu: ka'sa]
foyer (de)	hòlas (v)	['ɣolʲas]
garderobe (de)	rũbinė (m)	['ru:bʲɪnʲe:]
garderobe nummer (het)	numeriùkas (v)	[nʊmʲɛ'rʲʊkas]
verrekijker (de)	žiūrõnas (v)	[ʒʲu:'ro:nas]
plaatsaanwijzer (de)	kontrolièrius (v)	[kontro'lʲɛrʲʊs]
parterre (de)	pàrteris (v)	['partʲɛrʲɪs]
balkon (het)	balkònas (v)	[balʲ'konas]
gouden rang (de)	beletãžas (v)	[bʲɛlʲɛ'ta:ʒas]
loge (de)	lòžė (m)	['lʲoʒʲe:]
rij (de)	eilė̃ (m)	[ɛɪ'lʲe:]
plaats (de)	vietà (m)	[vʲiɛ'ta]
publiek (het)	pùblika (m)	['pʊblʲɪka]
kijker (de)	žiūrõvas (v)	[ʒʲu:'ro:vas]
klappen (ww)	plõti	['plʲo:tʲɪ]
applaus (het)	plojìmai (v dgs)	[plʲo'jɪmʌɪ]
ovatie (de)	ovãcijos (m dgs)	[o'va:tsʲɪjos]
toneel (op het ~ staan)	scenà (m)	[stsʲɛ'na]
gordijn, doek (het)	ùždanga (m)	['ʊʒdanga]
toneeldecor (het)	dekorãcija (m)	[dʲɛko'ra:tsʲɪjɛ]
backstage (de)	kulìsai (v dgs)	[kʊ'lʲɪsʌɪ]
scène (de)	scenà (m)	[stsʲɛ'na]
bedrijf (het)	ãktas (v), veìksmas (v)	['a:ktas], ['vʲɛɪksmas]
pauze (de)	antrãktas (v)	[an'tra:ktas]

125. Bioscoop

acteur (de)	āktorius (v)	['a:ktorʲυs]
actrice (de)	āktorė (m)	['a:ktorʲe:]
bioscoop (de)	kìnas (v)	['kʲɪnas]
aflevering (de)	sèrija (m)	['sʲɛrʲɪjɛ]
detectivefilm (de)	detektỹvas (v)	[dʲɛtʲɛk'tʲi:vas]
actiefilm (de)	veìksmo fìlmas (v)	['vʲɛɪksmɔ 'fʲɪlʲmas]
avonturenfilm (de)	núotykių fìlmas (v)	['nυatʲi:kʲu: 'fʲɪlʲmas]
sciencefictionfilm (de)	fantāstinis fìlmas (v)	[fan'ta:stʲɪnʲɪs 'fʲɪlʲmas]
griezelfilm (de)	siaũbo fìlmas (v)	['sʲɛυbɔ 'fʲɪlʲmas]
komedie (de)	kìno komèdija (m)	['kʲɪnɔ ko'mʲɛdʲɪjɛ]
melodrama (het)	melodramà (m)	[mʲɛlʲodra'ma]
drama (het)	dramà (m)	[dra'ma]
speelfilm (de)	mēninis fìlmas (v)	['mʲænʲɪnʲɪs 'fʲɪlʲmas]
documentaire (de)	dokumeñtinis fìlmas (v)	[dokυ'mʲɛntʲɪnʲɪs 'fʲɪlʲmas]
tekenfilm (de)	animācinis fìlmas (v)	[anʲɪ'ma:tsʲɪnʲɪs 'fʲɪlʲmas]
stomme film (de)	nebylùsis fìlmas (v)	[nʲɛbʲi:'lυsʲɪs 'fʲɪlʲmas]
rol (de)	vaidmuõ (v)	[vʌɪd'mυɑ]
hoofdrol (de)	pagrindìnis vaidmuõ (v)	[pagrʲɪn'dʲɪnʲɪs vʌɪd'mυɑ]
spelen (ww)	vaidìnti	[vʌɪ'dʲɪntʲɪ]
filmster (de)	kìno žvaigždė̃ (m)	['kʲɪnɔ ʒvʌɪgʒ'dʲe:]
bekend (bn)	žìnomas	['ʒʲɪnomas]
beroemd (bn)	garsùs	[gar'sυs]
populair (bn)	populiarùs	[popυlʲæ'rυs]
scenario (het)	scenārijus (v)	[stsʲɛ'na:rʲɪjυs]
scenarioschrijver (de)	scenarìstas (v)	[stsʲɛna'rʲɪstas]
regisseur (de)	rēžisiērius (v)	[rʲɛʒʲɪ'sʲɛrʲυs]
filmproducent (de)	prodiùseris (v)	[pro'dʲυsʲɛrʲɪs]
assistent (de)	asisteñtas (v)	[asʲɪs'tʲɛntas]
cameraman (de)	operātorius (v)	[opʲɛ'ra:torʲυs]
stuntman (de)	kaskādininkas (v)	[kas'ka:dʲɪnʲɪŋkas]
een film maken	filmúoti	[fʲɪlʲ'mυatʲɪ]
auditie (de)	bañdymai (v dgs)	['bandʲi:mʌɪ]
opnamen (mv.)	filmāvimas (v)	[fʲɪlʲ'ma:vʲɪmas]
filmploeg (de)	filmāvimo grùpė (m)	[fʲɪlʲ'ma:vʲɪmɔ 'grυpʲe:]
filmset (de)	filmāvimo aikštẽlė (m)	[fʲɪlʲ'ma:vʲɪmɔ ʌɪkʃ'tʲælʲe:]
filmcamera (de)	filmāvimo kāmera (m)	[fʲɪlʲ'ma:vʲɪmɔ 'ka:mʲɛra]
bioscoop (de)	kìno teātras (v)	['kʲɪnɔ tʲɛ'a:tras]
scherm (het)	ekrānas (v)	[ɛk'ra:nas]
een film vertonen	ródyti fìlmą	['rodʲi:tʲɪ fʲɪlʲma:]
geluidsspoor (de)	gar̃so takẽlis (v)	['garsɔ ta'kʲælʲɪs]
speciale effecten (mv.)	specialíeji efèktai (v dgs)	[spʲɛtsʲɪ'jja'lʲiɛjɪ ɛ'fʲɛktʌɪ]
ondertiteling (de)	subtìtrai (v dgs)	[sυp'tʲɪtrʌɪ]
voortiteling, aftiteling (de)	tìtrai (v)	['tʲɪtrʌɪ]
vertaling (de)	vertìmas (v)	[vʲɛr'tʲɪmas]

115

126. Schilderij

kunst (de)	mēnas (v)	['mʲænas]
schone kunsten (mv.)	dailíeji menaĩ (v dgs)	[dʌɪ'lʲiɛjɪ mʲɛ'nʌɪ]
kunstgalerie (de)	galèrija (m)	[ga'lʲɛrʲɪjɛ]
kunsttentoonstelling (de)	pavéikslų parodà (m)	[pa'vʲɛɪkslʲu: paro'da]

schilderkunst (de)	tapýba (m)	[ta'pʲiːba]
grafiek (de)	grãfika (m)	['gra:fʲɪka]
abstracte kunst (de)	abstrakcionìzmas (v)	[abstrakts'ɪjo'nʲɪzmas]
impressionisme (het)	impresionìzmas (v)	[ɪmprʲɛs'ɪjo'nʲɪzmas]

schilderij (het)	pavéikslas (v)	[pa'vʲɛɪkslʲas]
tekening (de)	piešinỹs (v)	[pʲiɛʃ'ɪ'nʲiːs]
poster (de)	plakãtas (v)	[plʲa'ka:tas]

illustratie (de)	iliustrãcija (m)	[ɪlʲus'traːtsʲɪjɛ]
miniatuur (de)	miniatiūrà (m)	[mʲɪnʲɪja'tʲuːˈra]
kopie (de)	kòpija (m)	['kopʲɪjɛ]
reproductie (de)	reprodùkcija (m)	[rʲɛpro'dʊktsʲɪjɛ]

mozaïek (het)	mozáika (m)	[mo'zaːika]
gebrandschilderd glas (het)	vitrãžas (v)	[vʲɪt'raːʒas]
fresco (het)	freskà (m)	[frʲɛs'ka]
gravure (de)	graviūrà (m)	[gravʲuːˈra]

buste (de)	biùstas (v)	['bʲʊstas]
beeldhouwwerk (het)	skulptūrà (m)	[skʊlʲptuːˈra]
beeld (bronzen ~)	statulà (m)	[statʊ'lʲa]
gips (het)	gìpsas (v)	['gʲɪpsas]
gipsen (bn)	ìš gìpso	[ɪʃ 'gʲɪpsɔ]

portret (het)	portrètas (v)	[por'trʲɛtas]
zelfportret (het)	autoportrètas (v)	[ɑutopor'trʲɛtas]
landschap (het)	vietóvaizdis (v)	[vʲiɛ'tovʌɪzdʲɪs]
stilleven (het)	natiurmòrtas (v)	[natʲʊr'mortas]
karikatuur (de)	karikatūrà (m)	[karʲɪkatuːˈra]

verf (de)	dažaĩ (v dgs)	[da'ʒʌɪ]
aquarel (de)	akvarèlė (m)	[akva'rʲɛlʲeː]
olieverf (de)	alìejus (m)	[a'lʲiɛjʊs]
potlood (het)	pieštùkas (v)	[pʲiɛʃ'tʊkas]
Oostindische inkt (de)	tùšas (v)	['tʊʃas]
houtskool (de)	añglys (m dgs)	[aŋ'glʲiːs]

tekenen (met krijt)	piẽšti	['pʲɛʃtʲɪ]
poseren (ww)	pozúoti	[po'zuɑtʲɪ]
naaktmodel (man)	pozúotojas (v)	[po'zuɑtoːjɛs]
naaktmodel (vrouw)	pozúotoja (m)	[po'zuɑtoːjɛ]

kunstenaar (de)	dailininkas (v)	['dʌɪlʲɪnʲɪŋkas]
kunstwerk (het)	kūrinỹs (v)	[kuːrʲɪ'nʲiːs]
meesterwerk (het)	šedèvras (v)	[ʃɛ'dʲɛvras]
studio, werkruimte (de)	dirbtùvė (m)	[dʲɪrp'tʊvʲeː]
schildersdoek (het)	dróbė (m)	['drobʲeː]

| schildersezel (de) | molbèrtas (v) | [mol⁽ᵖ⁾bᵉrtas] |
| palet (het) | palètė (m) | [pa'lⁱɛtⁱe:] |

lijst (een vergulde ~)	rėmai (v)	['rⁱe:mʌɪ]
restauratie (de)	restaurãvimas (v)	[rⁱɛstɑʊ'ra:vⁱɪmas]
restaureren (ww)	restaurúoti	[rⁱɛstɑʊ'rʊɑtⁱɪ]

127. Literatuur & Poëzie

literatuur (de)	literatūrà (m)	[lⁱɪtⁱɛratu:'ra]
auteur (de)	áutorius (v)	['ɑʊtorⁱʊs]
pseudoniem (het)	slapývardis (v)	[slⁱa'pⁱi:vardⁱɪs]

boek (het)	knygà (m)	[knⁱi:'ga]
boekdeel (het)	tòmas (v)	['tomas]
inhoudsopgave (de)	turinỹs (v)	[tʊrⁱɪ'nⁱi:s]
pagina (de)	pùslapis (v)	['pʊslⁱapⁱɪs]
hoofdpersoon (de)	pagrindìnis veikéjas (v)	[pagrⁱɪn'dⁱɪnⁱɪs vⁱɛɪ'kⁱe:jas]
handtekening (de)	autogrãfas (v)	[ɑʊto'gra:fas]

verhaal (het)	apsãkymas (v)	[ap'sa:kⁱi:mas]
novelle (de)	apýsaka (m)	[a'pⁱi:saka]
roman (de)	romãnas (v)	[ro'ma:nas]
werk (literatuur)	rãštai (v)	['ra:ʃtʌɪ]
fabel (de)	pasakéčia (m)	[pasa'kⁱe:tʂⁱæ]
detectiveroman (de)	detektỹvas (v)	[dⁱɛtⁱɛk'tⁱi:vas]

gedicht (het)	eiléraštis (v)	[ɛɪ'lⁱe:raʃtⁱɪs]
poëzie (de)	poèzija (m)	[po'ɛzⁱɪjɛ]
epos (het)	poemà (m)	[poⁱɛ'ma]
dichter (de)	poètas (v)	[po'ɛtas]

fictie (de)	beletrìstika (m)	[bⁱɛlⁱɛ'trⁱɪstⁱɪka]
sciencefiction (de)	móksline fantãstika (m)	['mokslⁱɪnⁱe: fan'ta:stⁱɪka]
avonturenroman (de)	núotykiai (v)	['nʊɑtⁱi:kⁱɛɪ]
opvoedkundige literatuur (de)	móksline literatūrà (m)	['mokslⁱɪnⁱe: lⁱɪteratu:'ra]
kinderliteratuur (de)	vaikų literatūrà (m)	[vʌɪ'ku: lⁱɪtⁱɛratu:'ra]

128. Circus

circus (de/het)	cìrkas (v)	['tsⁱɪrkas]
chapiteau circus (de/het)	kilnójamasis cìrkas (v)	[kⁱɪlⁱⁱⁿojamasⁱɪs 'tsⁱɪrkas]
programma (het)	programà (m)	[progra'ma]
voorstelling (de)	vaidìnimas (v)	[vʌɪ'dⁱɪnⁱɪmas]

| nummer (circus ~) | nùmeris (v) | ['nʊmⁱɛrⁱɪs] |
| arena (de) | arenà (m) | [arⁱɛ'na] |

pantomime (de)	pantomimà (m)	[pantomⁱɪ'ma]
clown (de)	klòunas (v)	['klⁱoʊnas]
acrobaat (de)	akrobãtas (v)	[akro'ba:tas]
acrobatiek (de)	akrobãtika (m)	[akro'ba:tⁱɪka]

gymnast (de)	gimnãstas (v)	[gʲɪm'na:stas]
gymnastiek (de)	gimnãstika (m)	[gʲɪm'na:stʲɪka]
salto (de)	sálto (v)	['salʲtɔ]

sterke man (de)	atlètas (v)	[at'lʲɛtas]
temmer (de)	trámdytojas (v)	['tramdʲi:to:jɛs]
ruiter (de)	jojìkas (v)	[jɔ'jɪkas]
assistent (de)	asistentas (v)	[asʲɪs'tʲɛntas]

stunt (de)	triùkas (v)	['trʲʊkas]
goocheltruc (de)	fòkusas (v)	['fokʊsas]
goochelaar (de)	fòkusininkas (v)	['fokʊsʲɪnʲɪŋkas]

jongleur (de)	žongliẽrius (v)	[ʒon'glʲɛrʲʊs]
jongleren (ww)	žonglirúoti	[ʒonglʲɪ'rʊatʲɪ]
dierentrainer (de)	dresúotojas (v)	[drʲɛ'sʊato:jɛs]
dressuur (de)	dresãvimas (v)	[drʲɛ'sa:vʲɪmas]
dresseren (ww)	dresúoti	[drʲɛ'sʊatʲɪ]

129. Muziek. Popmuziek

muziek (de)	mùzika (m)	['mʊzʲɪka]
muzikant (de)	muzikántas (v)	[mʊzʲɪ'kantas]
muziekinstrument (het)	mùzikos instrumeñtas (v)	['mʊzʲɪkos instrʊ'mʲɛntas]
spelen (bijv. gitaar ~)	gróti ...	['grotʲɪ ...]

gitaar (de)	gitarà (m)	[gʲɪta'ra]
viool (de)	smuìkas (v)	['smʊɪkas]
cello (de)	violončèlè (m)	[vʲɪjɔlon'tʂʲɛlʲe:]
contrabas (de)	kontrabõsas (v)	[kɔntra'bo:sas]
harp (de)	árfa (m)	['arfa]

piano (de)	pianìnas (v)	[pʲɪja'nʲɪnas]
vleugel (de)	fortepijõnas (v)	[fortʲɛpʲɪ'jɔ:nas]
orgel (het)	vargõnai (v)	[var'go:nʌɪ]

blaasinstrumenten (mv.)	pučiamíeji (v dgs)	[pʊtʂʲæ'mʲɪɛjɪ]
hobo (de)	obòjus (v)	[o'bojʊs]
saxofoon (de)	saksofònas (v)	[sakso'fonas]
klarinet (de)	klarnètas (v)	[klʲar'nʲɛtas]
fluit (de)	fleità (m)	[flʲɛɪ'ta]
trompet (de)	dūdà (m)	[du:'da]

| accordeon (de/het) | akordeònas (v) | [akordʲɛ'onas] |
| trommel (de) | bũgnas (v) | ['bu:gnas] |

duet (het)	duètas (v)	[dʊ'ʲɛtas]
trio (het)	trìo (v)	['trʲɔ]
kwartet (het)	kvartètas (v)	[kvar'tʲɛtas]
koor (het)	chòras (v)	['xoras]
orkest (het)	orkèstras (v)	[or'kʲɛstras]

| popmuziek (de) | popmùzika (m) | [pop'mʊzʲɪka] |
| rockmuziek (de) | ròko mùzika (m) | ['rokɔ 'mʊzʲɪka] |

rockgroep (de)	roko grupė (m)	['rokɔ 'grʊpʲeː]
jazz (de)	džiãzas (v)	['dʒʲæzas]
idool (het)	stãbas (v)	['staːbas]
bewonderaar (de)	gerbéjas (v)	[gʲɛr'bʲeːjas]
concert (het)	koncèrtas (v)	[kɔn'tsʲɛrtas]
symfonie (de)	simfònija (m)	[sʲɪm'fonʲɪjɛ]
compositie (de)	kũrinỹs (v)	[kuːrʲɪ'nʲiːs]
componeren (muziek ~)	sukùrti	[sʊ'kʊrtʲɪ]
zang (de)	dainãvimas (v)	[dʌɪ'naːvʲɪmas]
lied (het)	dainà (m)	[dʌɪ'na]
melodie (de)	melòdija (m)	[mʲɛ'lʲodʲɪjɛ]
ritme (het)	rìtmas (v)	['rʲɪtmas]
blues (de)	bliùzas (v)	['blʲʊzas]
bladmuziek (de)	nãtos (m dgs)	['naːtos]
dirigeerstok (baton)	dirigeñto batutà (m)	[dʲɪrʲɪ'gʲɛntɔ batʊ'ta]
strijkstok (de)	strỹkas (v)	['strʲiːkas]
snaar (de)	stygà (m)	[stʲi'ga]
koffer (de)	dėklas (v)	['dʲeːklʲas]

Rusten. Entertainment. Reizen

130. Trip. Reizen

toerisme (het)	turizmas (v)	[tʊ'rʲɪzmas]
toerist (de)	turistas (v)	[tʊ'rʲɪstas]
reis (de)	kelionė (m)	[kʲɛ'lʲoːnʲeː]
avontuur (het)	nuotykis (v)	['nʊɑtʲiːkʲɪs]
tocht (de)	išvyka (m)	['ɪʃvʲiːka]
vakantie (de)	atostogos (m dgs)	[a'tostogos]
met vakantie zijn	atostogáuti	[atosto'gɑʊtʲɪ]
rust (de)	poilsis (v)	['poɪlʲsʲɪs]
trein (de)	traukinỹs (v)	[trɑʊkʲɪ'nʲiːs]
met de trein	tráukiniu	['trɑʊkʲɪnʲʊ]
vliegtuig (het)	lėktùvas (v)	[lʲeːk'tʊvas]
met het vliegtuig	lėktuvù	[lʲeːktʊ'vʊ]
met de auto	automobiliù	[ɑʊtomobʲɪ'lʲʊ]
per schip (bw)	laivù	[lʲʌɪ'vʊ]
bagage (de)	bagãžas (v)	[ba'gaːʒas]
valies (de)	lagamìnas (v)	[lʲaga'mʲɪnas]
bagagekarretje (het)	bagãžo vežimėlis (v)	[ba'gaːʒɔ veʒʲɪ'mʲeːlʲɪs]
paspoort (het)	pãsas (v)	['paːsas]
visum (het)	vizà (m)	[vʲɪ'za]
kaartje (het)	bìlietas (v)	['bʲɪlʲiɛtas]
vliegticket (het)	lėktùvo bìlietas (v)	[lʲeːk'tʊvɔ 'bʲɪlʲiɛtas]
reisgids (de)	vadõvas (v)	[va'doːvas]
kaart (de)	žemélapis (v)	[ʒe'mʲeːlʲapʲɪs]
gebied (landelijk ~)	vietóvė (m)	[vʲiɛ'tovʲeː]
plaats (de)	vietà (m)	[vʲiɛ'ta]
exotische bestemming (de)	egzòtika (m)	[ɛg'zotʲɪka]
exotisch (bn)	egzòtinis	[ɛg'zotʲɪnʲɪs]
verwonderlijk (bn)	nuostabùs	[nʊɑsta'bʊs]
groep (de)	grùpė (m)	['grʊpʲeː]
rondleiding (de)	ekskùrsija (m)	[ɛks'kʊrsʲɪjɛ]
gids (de)	ekskùrsijos vadõvas (v)	[ɛks'kʊrsʲɪjos va'doːvas]

131. Hotel

motel (het)	motèlis (v)	[mo'tʲɛlʲɪs]
3-sterren	3 žvaigždùtės	['trʲɪs ʒvʌɪgʒ'dʊtʲeːs]
5-sterren	5 žvaigždùtės	['penʲkʲos ʒvʌɪgʒ'dʊtʲeːs]

overnachten (ww)	apsistóti	[aps'ɪs'totʲɪ]
kamer (de)	kambarỹs (v)	[kamba'rʲi:s]
eenpersoonskamer (de)	vienvietis kambarỹs (v)	['vʲiɛn'vʲɛtʲɪs kamba'rʲi:s]
tweepersoonskamer (de)	dvivietis kambarỹs (v)	[dvʲɪ'vʲɛtʲɪs kamba'rʲi:s]
een kamer reserveren	rezervúoti kaṁbarį	[rʲɛzʲɛr'vuatʲɪ 'kambarʲɪ:]

| halfpension (het) | pusiáu pensiónas (v) | [pusʲæʊ pʲɛnsʲɪ'jɔnas] |
| volpension (het) | pensiónas (v) | [pʲɛnsʲɪ'jɔnas] |

met badkamer	sù vonià	['sʊ vo'nʲæ]
met douche	sù dušù	['sʊ dʊ'ʃʊ]
satelliet-tv (de)	palydovinė televìzija (m)	[palʲi:'do:vʲɪnʲe: tʲɛlʲɛ'vʲɪzʲɪjɛ]
airconditioner (de)	kondicionierius (v)	[kondʲɪtsʲɪjo'nʲɛrʲus]
handdoek (de)	rankšluostis (v)	['raŋkʃlʲuastʲɪs]
sleutel (de)	raktas (v)	['ra:ktas]

administrateur (de)	administrãtorius (v)	[admʲɪnʲɪs'tra:torʲus]
kamermeisje (het)	kambarìnė (m)	[kamba'rʲɪnʲe:]
piccolo (de)	nešìkas (v)	[nʲɛ'ʃɪkas]
portier (de)	registrãtorius (v)	[rʲɛgʲɪs'tra:torʲus]

restaurant (het)	restorãnas (v)	[rʲɛsto'ra:nas]
bar (de)	bãras (v)	['ba:ras]
ontbijt (het)	pùsryčiai (v dgs)	['pusrʲi:tʂʲɛɪ]
avondeten (het)	vakarienė (m)	[vaka'rʲɛnʲe:]
buffet (het)	švédiškas stãlas (v)	['ʃvʲɛdʲɪʃkas 'sta:lʲas]

| hal (de) | vestibiùlis (v) | [vʲɛstʲɪr'bʲʊlʲɪs] |
| lift (de) | lìftas (v) | ['lʲɪftas] |

| NIET STOREN | NETRUKDÝTI | [nʲɛtrʊk'dʲi:tʲɪ] |
| VERBODEN TE ROKEN! | NERŪKÝTI! | [nʲɛru:'kʲi:tʲɪ] |

132. Boeken. Lezen

boek (het)	knygà (m)	[knʲi:'ga]
auteur (de)	áutorius (v)	['autorʲus]
schrijver (de)	rašýtojas (v)	[ra'ʃɪ:to:jɛs]
schrijven (een boek)	parašýti	[para'ʃɪ:tʲɪ]

lezer (de)	skaitýtojas (v)	[skʌɪ'tʲi:to:jɛs]
lezen (ww)	skaitýti	[skʌɪ'tʲi:tʲɪ]
lezen (het)	skaĩtymas (v)	['skʌɪtʲi:mas]

| stil (~ lezen) | tỹliai | ['tʲi:lʲɛɪ] |
| hardop (~ lezen) | garsiai | ['garsʲɛɪ] |

uitgeven (boek ~)	léisti	['lʲɛɪstʲɪ]
uitgeven (het)	leidýba (m)	[lʲɛɪ'dʲɪba]
uitgever (de)	leidéjas (v)	[lʲɛɪ'dʲe:jas]
uitgeverij (de)	leidyklà (m)	[lʲɛɪdʲi:k'la]

| verschijnen (bijv. boek) | išeĩti | [ɪ'ʃɛɪtʲɪ] |
| verschijnen (het) | išėjìmas (v) | [ɪʃe:'jɪmas] |

oplage (de)	tirāžas (v)	[tʲɪ'raːʒas]
boekhandel (de)	knygýnas (v)	[knʲiː'gʲiːnas]
bibliotheek (de)	bibliotekà (m)	[bʲɪblʲɪjotʲɛ'ka]

novelle (de)	apýsaka (m)	[a'pʲiːsaka]
verhaal (het)	apsãkymas (v)	[ap'saːkʲiːmas]
roman (de)	romãnas (v)	[ro'maːnas]
detectiveroman (de)	detektývas (v)	[dʲɛtʲɛk'tʲiːvas]

memoires (mv.)	memuãrai (v dgs)	[mʲɛmʊ'aːrʌɪ]
legende (de)	legendà (m)	[lʲɛgʲɛn'da]
mythe (de)	mìtas (v)	['mʲɪtas]

gedichten (mv.)	eiléraščiai (v dgs)	[ɛɪ'lʲeːraʃʧʲɛɪ]
autobiografie (de)	autobiogrãfija (m)	[ɑʊtobʲɪjo'graːfʲɪjɛ]
bloemlezing (de)	rinktìniai rãštai (v dgs)	[rʲɪŋk'tʲɪnʲɛɪ raːʃtʌɪ]
sciencefiction (de)	fantãstika (m)	[fan'taːstʲɪka]
naam (de)	pavadìnimas (v)	[pava'dʲɪnʲɪmas]
inleiding (de)	įvadas (v)	['iːvadas]
voorblad (het)	titulìnis lãpas (v)	[tʲɪtʊ'lʲɪnʲɪs 'laːpas]

hoofdstuk (het)	skỹrius (v)	['skʲiːrʲʊs]
fragment (het)	ìštrauka (m)	['ɪʃtrɑʊka]
episode (de)	epizòdas (v)	[ɛpʲɪ'zodas]

intrige (de)	siužètas (v)	[sʲʊ'ʒʲɛtas]
inhoud (de)	turinỹs (v)	[tʊrʲɪ'nʲiːs]
inhoudsopgave (de)	turinỹs (v)	[tʊrʲɪ'nʲiːs]
hoofdpersonage (het)	pagrindìnis veikéjas (v)	[pagrʲɪn'dʲɪnʲɪs vʲɛɪ'kʲeːjas]

boekdeel (het)	tòmas (v)	['tomas]
omslag (de/het)	viršēlis (v)	[vʲɪr'ʃʲælʲɪs]
boekband (de)	apdarai (v dgs)	[apda'rʌɪ]
bladwijzer (de)	žymēlē (m)	[ʒʲiː'mʲælʲeː]

pagina (de)	pùslapis (v)	['pʊslʲapʲɪs]
bladeren (ww)	vartýti	[var'tʲiːtʲɪ]
marges (mv.)	pāraštēs (m dgs)	['paːraʃtʲeːs]
annotatie (de)	žymē̃ (m)	[ʒʲiː'mʲeː]
opmerking (de)	pastabà (m)	[pasta'ba]

tekst (de)	tèkstas (v)	['tʲɛkstas]
lettertype (het)	šrìftas (v)	['ʃrʲɪftas]
drukfout (de)	spaudõs klaidà (m)	[spɑʊ'doːs klʲʌɪ'da]

vertaling (de)	vertìmas (v)	[vʲɛr'tʲɪmas]
vertalen (ww)	vesti	['vʲɛrstʲɪ]
origineel (het)	originãlas (v)	[orʲɪgʲɪ'na'lʲas]

beroemd (bn)	žìnomas	['ʒʲɪnomas]
onbekend (bn)	nežìnomas	[nʲɛ'ʒʲɪnomas]
interessant (bn)	įdomùs	[iːdo'mʊs]
bestseller (de)	perkamiáusia knygà (m)	[pʲɛrka'mʲæʊsʲɛ knʲiː'ga]
woordenboek (het)	žodýnas (v)	[ʒo'dʲiːnas]
leerboek (het)	vadovēlis (v)	[vado'vʲeːlʲɪs]
encyclopedie (de)	enciklopèdija (m)	[ɛntsʲɪklʲo'pʲɛdʲɪjɛ]

133. Jacht. Vissen

jacht (de)	medžioklė (m)	[mʲɛ'dʒʲo:klʲe:]
jagen (ww)	medžioti	[mʲɛ'dʒʲotʲɪ]
jager (de)	medžiotojas (v)	[mʲɛ'dʒʲoto:jɛs]
schieten (ww)	šaudyti	['ʃaʊdʲi:tʲɪ]
geweer (het)	šautuvas (v)	['ʃaʊtʊvas]
patroon (de)	šovinys (v)	[ʃovʲɪ'nʲi:s]
hagel (de)	šratai (v dgs)	[ʃra'tʌɪ]
val (de)	spąstai (v dgs)	['spa:stʌɪ]
valstrik (de)	slastai (v dgs)	['slʲa:stʌɪ]
in de val trappen	pakliūti į spąstus	[pak'lʲu:tʲɪ i: 'spa:stʊs]
een val zetten	spęsti spąstus	['spʲe:stʲɪ 'spa:stʊs]
stroper (de)	brakonierius (v)	[brako'nʲɛrʲʊs]
wild (het)	žvėríena (m)	[ʒvʲe:'rʲiɛna]
jachthond (de)	medžioklinis šuõ (v)	[mʲɛ'dʒʲo:klʲɪnʲɪs 'ʃʊa]
safari (de)	safaris (v)	[sa'farʲɪs]
opgezet dier (het)	baidyklė (m)	[bʌɪ'dʲi:klʲe:]
visser (de)	žvejys (v)	[ʒvʲɛ'jɪ:s]
visvangst (de)	žvejojimas (v)	[ʒvʲɛ'jo:jɪmas]
vissen (ww)	žvejoti, žuvauti	[ʒvʲɛ'jotʲɪ], [ʒʊ'vaʊtʲɪ]
hengel (de)	meškerė (m)	[mʲɛʃke'rʲe:]
vislijn (de)	valas (v)	['va:lʲas]
haak (de)	kabliukas (v)	[kab'lʲʊkas]
dobber (de)	plūdė (m)	['plʲu:dʲe:]
aas (het)	jaukas (v)	['jɛʊkas]
de hengel uitwerpen	užmesti mēškerę	[ʊʒ'mʲɛstʲɪ 'mʲæʃkʲɛrʲɛ:]
bijten (ov. de vissen)	kibti	['kʲɪptʲɪ]
vangst (de)	žvejōklės laimikis (v)	[ʒvʲɛ'jo:klʲe:s lʌɪ'mʲɪkʲɪs]
wak (het)	eketē (m)	[eke'tʲe:]
net (het)	tiñklas (v)	['tʲɪŋklʲas]
boot (de)	valtis (m)	['valʲtʲɪs]
vissen met netten	žvejoti tinklais	[ʒvʲɛ'jotʲɪ tʲɪŋk'lʲʌɪs]
het net uitwerpen	užmesti tinklus	[ʊʒ'mʲɛstʲɪ tʲɪŋk'lʲʊs]
het net binnenhalen	ištraukti tinklus	[ɪʃ'traʊktʲɪ tʲɪŋk'lʲʊs]
in het net vallen	pakliūti į tinklus	[pak'lʲu:tʲɪ i: tʲɪŋk'lʊs]
walvisvangst (de)	banginių medžiotojas (v)	[ban'gʲɪnʲu: mʲɛ'dʒʲoto:jɛs]
walvisvaarder (de)	banginių medžiotojų laivas (v)	[ban'gʲɪnʲu: mʲɛ'dʒʲoto:ju: 'lʲʌɪvas]
harpoen (de)	žeberklas (v)	[ʒʲɛ'bʲɛrklʲas]

134. Spellen. Biljart

biljart (het)	biliardas (v)	[bʲɪlʲɪ'jardas]
biljartzaal (de)	biliardinė (m)	[bʲɪlʲɪ'jardʲɪnʲe:]

biljartbal (de)	biliárdo kamuolỹs (v)	[bʲIlʲI'jardɔ kamʊɑ'lʲi:s]
een bal in het gat jagen	įmušti kãmuolį	[i:'muʃtʲɪ 'ka:mʊɑlʲɪ:]
keu (de)	biliárdo lazdà (m)	[bʲIlʲI'jardɔ laz'da]
gat (het)	kišẽnė (m)	[kʲɪ'ʃænʲe:]

135. Spellen. Speelkaarten

ruiten (mv.)	bũgnai (v dgs)	['bu:gnʌɪ]
schoppen (mv.)	vỹnai (v dgs)	['vʲi:nʌɪ]
klaveren (mv.)	šìrdys (m dgs)	['ʃɪrdʲi:s]
harten (mv.)	krỹžiai (v dgs)	['krʲi:ʒʲɛɪ]

aas (de)	tũzas (v)	['tu:zas]
koning (de)	karãlius (v)	[ka'ra:lʲʊs]
dame (de)	damà (m)	[da'ma]
boer (de)	valètas (v)	[va'lʲɛtas]

speelkaart (de)	kortà (m)	[kɔr'ta]
kaarten (mv.)	kortos (m dgs)	['kɔrtos]
troef (de)	kõziris (v)	['kɔ:zʲɪrʲɪs]
pak (het) kaarten	málka (m)	['malʲka]

punt (bijv. vijftig ~en)	akìs (m)	[a'kʲɪs]
uitdelen (kaarten ~)	dalìnti	[da'lʲɪntʲɪ]
schudden (de kaarten ~)	maišýti	[mʌɪ'ʃiː:tʲɪ]
beurt (de)	éjimas (v)	[ɛː:'jɪmas]
valsspeler (de)	sukčiáutojas (v)	[sʊk'tʃʲæʊtoːjɛs]

136. Rusten. Spellen. Diversen

wandelen (on.ww.)	váikščioti	['vʌɪkʃtʂʲotʲɪ]
wandeling (de)	pasiváikščiojimas (v)	[pasʲɪ'vʌɪkʃtʂʲojɪmas]
trip (per auto)	pasivažinéjimas (v)	[pasʲɪvaʒʲɪ'nʲɛjɪmas]
avontuur (het)	núotykis (v)	['nʊɑtʲi:kʲɪs]
picknick (de)	ìškyla (m)	['ɪʃkʲi:lʲa]

spel (het)	žaidìmas (v)	[ʒʌɪ'dʲɪmas]
speler (de)	žaidéjas (v)	[ʒʌɪ'dʲeːjas]
partij (de)	pártija (m)	['partʲɪjɛ]

collectioneur (de)	kolekcionierius (v)	[kɔlʲɛktsʲɪjɔ'nʲɛrʲʊs]
collectioneren (ww)	kolekcionúoti	[kɔlʲɛktsʲɪjɔ'nʊɑtʲɪ]
collectie (de)	kolèkcija (m)	[kɔ'lʲɛktsʲɪjɛ]

kruiswoordraadsel (het)	kryžiãžodis (v)	[krʲi:'ʒʲæʒodʲɪs]
hippodroom (de)	hipodrõmas (v)	[ɣʲɪpo'dromas]
discotheek (de)	diskotekà (m)	[dʲɪskotʲɛ'ka]

sauna (de)	sáuna (m)	['sɑʊna]
loterij (de)	lotèrija (m)	[lʲo'tʲɛrʲɪjɛ]
trektocht (kampeertocht)	žỹgis (v)	['ʒʲi:gʲɪs]
kamp (het)	stovyklà (m)	[stovʲi:k'lʲa]

tent (de)	palapìnė (m)	[palʲa'pʲɪnʲe:]
kompas (het)	kòmpasas (v)	['kompasas]
rugzaktoerist (de)	turìstas (v)	[tʊ'rʲɪstas]

bekijken (een film ~)	žiūrėti	[ʒʲuː'rʲe:tʲɪ]
kijker (televisie~)	televìzijos žiūrõvas (v)	[tʲɛlʲɛ'vʲɪzʲɪjos 'ʒʲuːroːvas]
televisie-uitzending (de)	televìzijos laidà (m)	[tʲɛlʲɛ'vʲɪzʲɪjos lʌɪ'da]

137. Fotografie

fotocamera (de)	fotoaparãtas (v)	[fotoapa'raːtas]
foto (de)	fòto (v)	['fotɔ]

fotograaf (de)	fotogrãfas (v)	[foto'graːfas]
fotostudio (de)	fotogrãfijos stùdija (m)	[foto'graːfʲɪjos 'stʊdʲɪjɛ]
fotoalbum (het)	fotoalbùmas (v)	[fotoalʲ'bʊmas]

lens (de), objectief (het)	objektỹvas (v)	[objɛktʲi:vas]
telelens (de)	teleobjektỹvas (v)	[tʲɛlʲɛobjɛk'tʲi:vas]
filter (de/het)	fìltras (v)	['fʲɪlʲtras]
lens (de)	lęšis (v)	['lʲɛːʃɪs]

optiek (de)	òptika (m)	['optʲɪka]
diafragma (het)	diafragmà (m)	[dʲɪjafrag'ma]
belichtingstijd (de)	išlaìkymas (v)	[ɪʃlʲʌɪkʲi:mas]
zoeker (de)	ieškìklis (v)	[ɪɛʃkʲɪklʲɪs]

digitale camera (de)	skaitmenìnė kãmera (m)	[skʌɪtme'nʲɪnʲe: 'ka:mera]
statief (het)	stõvas (v)	['sto:vas]
flits (de)	blýkstė (m)	['blʲiːkstʲe:]
fotograferen (ww)	fotografúoti	[fotogra'fʊatʲɪ]
kieken (foto's maken)	fotografúoti	[fotogra'fʊatʲɪ]
zich laten fotograferen	fotografúotis	[fotogra'fʊatʲɪs]

focus (de)	ryškùmas (v)	[rʲi:ʃkʊmas]
scherpstellen (ww)	nustatýti ryškùmą	[nʊsta'tʲiːtʲɪ rʲi:ʃkʊma:]
scherp (bn)	ryškùs	[rʲi:ʃkʊs]
scherpte (de)	ryškùmas (v)	[rʲi:ʃkʊmas]

contrast (het)	kontrãstas (v)	[kɔn'tra:stas]
contrastrijk (bn)	kontrastìngas	[kontras'tʲɪngas]

kiekje (het)	núotrauka (m)	['nʊatraʊka]
negatief (het)	negatỹvas (v)	[nʲega'tʲiːvas]
filmpje (het)	fotojúosta (m)	[foto:'jʊasta]
beeld (frame)	kãdras (v)	['ka:dras]
afdrukken (foto's ~)	spáusdinti	['spaʊsdʲɪntʲɪ]

138. Strand. Zwemmen

strand (het)	paplūdimỹs (v)	[pa'plʲuːdʲɪmʲi:s]
zand (het)	smėlis (v)	['smʲe:lʲɪs]

leeg (~ strand)	dykumìnis	[dʲi:kʊ'mʲɪnʲɪs]
bruine kleur (de)	įdegis (v)	['i:dʲɛgʲɪs]
zonnebaden (ww)	įdegti	[i:'dʲɛktʲɪ]
gebruind (bn)	įdėgęs	[i:'dʲægʲɛ:s]
zonnecrème (de)	įdegio krėmas (v)	['i:dʲɛgʲɔ 'krʲɛmas]

bikini (de)	bikìnis (v)	[bʲɪ'kʲɪnʲɪs]
badpak (het)	máudymosi kostiumėlis (v)	['maʊdʲi:mosʲɪ kostʲʊ'mʲe:lʲɪs]
zwembroek (de)	glaũdės (m dgs)	['glʲaʊdʲe:s]

zwembad (het)	baseĩnas (v)	[ba'sʲɛɪnas]
zwemmen (ww)	pláukioti	['plʲaʊkʲotʲɪ]
douche (de)	dùšas (v)	['duʃas]
zich omkleden (ww)	pérsirengti	['pʲɛrsʲɪrʲɛŋktʲɪ]
handdoek (de)	rañkšluostis (v)	['raŋkʃlʲʊastʲɪs]

boot (de)	váltis (m)	['valʲtʲɪs]
motorboot (de)	kãteris (v)	['ka:tʲɛrʲɪs]

waterski's (mv.)	vandeñs slìdės (m dgs)	[van'dʲɛns 'slʲɪdʲe:s]
waterfiets (de)	vandeñs dvìratis (v)	[van'dʲɛns 'dvʲɪratʲɪs]
surfen (het)	bañglenčių spòrtas (v)	['baŋglʲɛntʲʃʲu: 'sportas]
surfer (de)	bañglentininkas (v)	['baŋglʲɛntʲɪnʲɪŋkas]

scuba, aqualong (de)	akvalángas (v)	[akva'lʲangas]
zwemvliezen (mv.)	plaũkmenys (v dgs)	['plʲaʊkmʲɛnʲi:s]
duikmasker (het)	kaũkė (m)	['kaʊkʲe:]
duiker (de)	nãras (v)	['na:ras]
duiken (ww)	nárdyti	['nardʲi:tʲɪ]
onder water (bw)	põ vándeniu	['po: 'vandʲɛnʲʊ]

parasol (de)	skėtis (v)	['skʲe:tʲɪs]
ligstoel (de)	šezlòngas (v)	[ʃɛz'lʲongas]
zonnebril (de)	akiniaĩ (dgs)	[akʲɪ'nʲɛɪ]
luchtmatras (de/het)	plaukìmo čiužinỹs (v)	[plʲaʊ'kʲɪmɔ tʂʲʊʒʲɪ'nʲi:s]

spelen (ww)	žaĩsti	['ʒʌɪstʲɪ]
gaan zwemmen (ww)	máudytis	['maʊdʲi:tʲɪs]

bal (de)	kamuolỹs (v)	[kamʊa'lʲi:s]
opblazen (oppompen)	pripū̃sti	[prʲɪ'pu:stʲɪ]
lucht-, opblaasbare (bn)	prìpučiamas	['prʲɪpʊtʂʲæmas]

golf (hoge ~)	bangà (m)	[ban'ga]
boei (de)	plū̃duras (v)	['plʲu:dʊras]
verdrinken (ww)	skę̃sti	['skʲɛ:stʲɪ]

redden (ww)	gélbéti	['gʲælʲbʲe:tʲɪ]
reddingsvest (de)	gélbėjimosi liemenė (m)	['gʲælʲbʲe:jimosʲɪ lʲiɛ'mʲænʲe:]
waarnemen (ww)	stebéti	[ste'bʲe:tʲɪ]
redder (de)	gélbétojas (v)	['gʲælʲbʲe:to:jɛs]

TECHNISCHE APPARATUUR. VERVOER

Technische apparatuur

139. Computer

computer (de)	kompiùteris (v)	[kɔm'pʲʊtʲɛrʲɪs]
laptop (de)	nešiojamasis	[nʲɛ'ʃojamasʲɪs
	kompiùteris (v)	kom'pʲʊtʲɛrʲɪs]
aanzetten (ww)	įjùngti	[iː'jʊŋktʲɪ]
uitzetten (ww)	išjùngti	[ɪʃ'jʊŋktʲɪ]
toetsenbord (het)	klaviatūrà (m)	[klʲavʲæːtuː'ra]
toets (enter~)	klavìšas (v)	[klʲa'vʲɪʃas]
muis (de)	pelė̃ (m)	[pʲɛ'lʲe:]
muismat (de)	kilimė̃lis (v)	[kʲɪlʲɪ'mʲeːlʲɪs]
knopje (het)	mygtùkas (v)	[mʲiːk'tʊkas]
cursor (de)	žymė̃klis (v)	[ʒʲiː'mʲæklʲɪs]
monitor (de)	monìtorius (v)	[mo'nʲɪtorʲʊs]
scherm (het)	ekrãnas (v)	[ɛk'raːnas]
harde schijf (de)	kietàsis dìskas (v)	[kʲiɛ'tasʲɪs 'dʲɪskas]
volume (het)	kíetojo dìsko talpà (m)	['kʲiɛtojo 'dʲɪsko talʲʲpa]
van de harde schijf		
geheugen (het)	atmintìs (m)	[atmʲɪn'tʲɪs]
RAM-geheugen (het)	operatyvióji atmintìs (m)	[opʲɛratʲiː'vʲoːjɪ atmʲɪn'tʲɪs]
bestand (het)	fàilas (v)	['fʌɪlʲas]
folder (de)	ãplankas (v)	['aːplʲaŋkas]
openen (ww)	atidarýti	[atʲɪda'rʲiːtʲɪ]
sluiten (ww)	uždarýti	[ʊʒda'rʲiːtʲɪ]
opslaan (ww)	išsáugoti	[ɪʃ'sɑʊgotʲɪ]
verwijderen (wissen)	ištrìnti	[ɪʃ'trʲɪntʲɪ]
kopiëren (ww)	nukopijúoti	[nʊkopʲɪ'jʊatʲɪ]
sorteren (ww)	rūšiúoti	[ruː'ʃʊatʲɪ]
overplaatsen (ww)	pérrašyti	['pʲɛrraʃʲɪːtʲɪ]
programma (het)	programà (m)	[progra'ma]
software (de)	progrãminė̃ įranga (m)	[pro'gra:mʲɪnʲe: 'iːranga]
programmeur (de)	programúotojas (v)	[progra'mʊatoːjɛs]
programmeren (ww)	programúoti	[progra'mʊatʲɪ]
hacker (computerkraker)	programìšius (v)	[progra'mʲɪʃʊs]
wachtwoord (het)	slaptãžodis (v)	[slʲap'ta:ʒodʲɪs]
virus (het)	vìrusas (v)	['vʲɪrʊsas]

ontdekken (virus ~)	aptìkti	[ap'tʲɪktʲɪ]
byte (de)	báitas (v)	['bʌɪtas]
megabyte (de)	megabáitas (v)	[mʲɛga'bʌɪtas]

| data (de) | dúomenys (v dgs) | ['duɑmʲɛnʲiːs] |
| databank (de) | duomenų̃ bãzė (m) | [duɑme'nu: 'ba:zʲeː] |

kabel (USB-~, enz.)	laĩdas (v)	['lʲʌɪdas]
afsluiten (ww)	prijùngti	[prʲɪ'juŋktʲɪ]
aansluiten op (ww)	atjùngti	[a'tjuŋktʲɪ]

140. Internet. E-mail

internet (het)	internètas (v)	[ɪntʲɛr'nʲɛtas]
browser (de)	naršỹklė (m)	[nar'ʃɪ:klʲeː]
zoekmachine (de)	paieškõs sistemà (m)	[paʲiɛʃ'ko:s sʲɪstʲɛ'ma]
internetprovider (de)	tiekėjas (v)	[tʲiɛ'kʲeːjas]

webmaster (de)	svetaìnių kūréjas (v)	[sve'tʌɪnʲu: ku:'rʲeːjas]
website (de)	svetaìnė (m)	[sve'tʌɪnʲeː]
webpagina (de)	tinklãlapis (v)	[tʲɪŋk'lʲa:lʲapʲɪs]

| adres (het) | ãdresas (v) | ['a:drʲɛsas] |
| adresboek (het) | adresų̃ knygà (m) | [adrʲɛ'su: knʲiː'ga] |

postvak (het)	pãšto dėžùtė (m)	['pa:ʃtɔ dʲeː'ʒutʲeː]
post (de)	korespondeñcija (m)	[kɔrʲɛspon'dʲɛntsʲɪjɛ]
vol (~ postvak)	pérpildytas	['pʲɛrpʲɪlʲdʲiːtas]

bericht (het)	pranešìmas (v)	[pranʲɛ'ʃɪmas]
binnenkomende berichten (mv.)	įeĩnantys pranešìmai (v dgs)	[iː'ɛɪnantʲɪːs pranʲɛ'ʃɪːmʌɪ]
uitgaande berichten (mv.)	išeĩnantys pranešìmai (v dgs)	[ɪ'ʃɛɪnantʲiːs pranʲɛ'ʃɪmʌɪ]

verzender (de)	siuntéjas (v)	[sʲun'tʲeːjas]
verzenden (ww)	išsių̃sti	[ɪʃ'sʲu:stʲɪ]
verzending (de)	išsiuntìmas (v)	[ɪʃsʲun'tʲɪmas]

| ontvanger (de) | gavéjas (v) | [ga'vʲeːjas] |
| ontvangen (ww) | gáuti | ['gautʲɪ] |

| correspondentie (de) | susirašinéjimas (v) | [susʲɪraʃɪ'nʲɛjɪmas] |
| corresponderen (met ...) | susirašinéti | [susʲɪraʃɪ'nʲeːtʲɪ] |

bestand (het)	fáilas (v)	['fʌɪlʲas]
downloaden (ww)	parsisių̃sti	[parsʲɪ'sʲu:stʲɪ]
creëren (ww)	sukùrti	[su'kurtʲɪ]
verwijderen (een bestand ~)	ištrìnti	[ɪʃ'trʲɪntʲɪ]
verwijderd (bn)	ištrìntas	[ɪʃ'trʲɪntas]

verbinding (de)	ryšỹs (v)	[rʲiː'ʃɪːs]
snelheid (de)	greĩtis (v)	['grʲɛɪtʲɪs]
modem (de)	modèmas (v)	[mo'dʲɛmas]
toegang (de)	prìeiga (m)	['prʲɪʲɛɪga]

poort (de)	príevadas (v)	['pr¹iɛvadas]
aansluiting (de)	pajungimas (v)	[pajʊn'g¹ɪmas]
zich aansluiten (ww)	prisijùngti	[pr¹ɪs¹ɪ'r¹jʊŋkt¹ɪ]

| selecteren (ww) | pasiriñkti | [pas¹ɪ'r¹ɪŋkt¹ɪ] |
| zoeken (ww) | ieškóti | [ɪɛʃ'kot¹ɪ] |

Vervoer

141. Vliegtuig

vliegtuig (het)	lėktùvas (v)	[lʲeːkˈtʊvas]
vliegticket (het)	lėktùvo bìlietas (v)	[lʲeːkˈtʊvɔ ˈbʲɪlʲiɛtas]
luchtvaartmaatschappij (de)	aviakompānija (m)	[avʲækomˈpɑːnʲɪjɛ]
luchthaven (de)	óro ùostas (v)	[ˈorɔ ˈʊɑstas]
supersonisch (bn)	viršgarsìnis	[vʲɪrʃɡarˈsʲɪnʲɪs]

gezagvoerder (de)	órlaivio kapitõnas (v)	[ˈorlʲʌɪvʲɔ kapʲɪˈtoːnas]
bemanning (de)	ekipāžas (v)	[ɛkʲɪˈpɑːʒas]
piloot (de)	pilõtas (v)	[pʲɪˈlʲotas]
stewardess (de)	stiuardėsė (m)	[stʲuarˈdʲɛsʲeː]
stuurman (de)	štùrmanas (v)	[ˈʃtʊrmanas]

vleugels (mv.)	sparnaì (v dgs)	[sparˈnʌɪ]
staart (de)	gālas (v)	[ˈɡaːlʲas]
cabine (de)	kabinà (m)	[kabʲɪˈna]
motor (de)	varìklis (v)	[vaˈrʲɪklʲɪs]
landingsgestel (het)	važiuõklė (m)	[vaʒʲuˈoːklʲeː]
turbine (de)	turbinà (m)	[turbʲɪˈna]

propeller (de)	propèleris (v)	[proˈpʲɛlʲɛrʲɪs]
zwarte doos (de)	juodà dėžė̃ (m)	[juɑˈda dʲeːˈʒʲeː]
stuur (het)	vairãratis (v)	[vʌɪˈraːratʲɪs]
brandstof (de)	degalaì (v dgs)	[dʲɛɡaˈlʲʌɪ]

veiligheidskaart (de)	instrùkcija (m)	[ɪnsˈtrʊktsʲɪjɛ]
zuurstofmasker (het)	deguõnies káukė (m)	[dʲɛɡuɑˈnʲiɛs ˈkɑukʲeː]
uniform (het)	unifòrma (m)	[unʲɪˈforma]

reddingsvest (de)	gélbėjimosi liemẽnė (m)	[ˈɡʲælʲbʲeːjimosʲɪ lʲiɛˈmʲænʲeː]
parachute (de)	parašiùtas (v)	[paraˈʃʊtas]

opstijgen (het)	kilìmas (v)	[kʲɪˈlʲɪmas]
opstijgen (ww)	kìlti	[ˈkʲɪlʲtʲɪ]
startbaan (de)	kilìmo tākas (v)	[kʲɪˈlʲɪmɔ ˈtaːkas]

zicht (het)	matomùmas (v)	[matoˈmʊmas]
vlucht (de)	skrỹdis (v)	[ˈskrʲiːdʲɪs]

hoogte (de)	aũkštis (v)	[ˈɑukʃtʲɪs]
luchtzak (de)	óro duobė̃ (m)	[ˈorɔ duɑˈbʲeː]

plaats (de)	vietà (m)	[vʲiɛˈta]
koptelefoon (de)	ausìnės (m dgs)	[ɑuˈsʲɪnʲeːs]
tafeltje (het)	atverčiamàsis staliùkas (v)	[atvʲɛrtʂʲæˈmasʲɪs staˈlʲʊkas]
venster (het)	iliuminātorius (v)	[ɪlʲʊmʲɪˈnaːtorʲʊs]
gangpad (het)	praėjimas (v)	[praeːˈjʲɪmas]

142. Trein

trein (de)	traukinỹs (v)	[trɑʊkʲɪˈnʲiːs]
elektrische trein (de)	elektrìnis traukinỹs (v)	[ɛlʲɛkˈtrʲɪnʲɪs trɑʊkʲɪˈnʲiːs]
sneltrein (de)	greitàsis traukinỹs (v)	[grʲɛɪˈtasʲɪs trɑʊkʲɪˈnʲiːs]
diesellocomotief (de)	motòrvežis (v)	[moˈtorvʲɛʒʲɪs]
locomotief (de)	garvežỹs (v)	[garvʲɛˈʒʲiːs]

rijtuig (het)	vagònas (v)	[vaˈgonas]
restauratierijtuig (het)	vagònas restorãnas (v)	[vaˈgonas rʲɛstoˈraːnas]

rails (mv.)	bėgiai (v dgs)	[ˈbʲeːgʲɛɪ]
spoorweg (de)	geležìnkelis (v)	[gʲɛlʲɛˈʒʲɪŋkʲɛlʲɪs]
dwarsligger (de)	pãbėgis (v)	[ˈpaːbʲeːgʲɪs]

perron (het)	platfòrma (m)	[plʲatˈforma]
spoor (het)	kėlias (v)	[ˈkʲælʲæs]
semafoor (de)	semafòras (v)	[sʲɛmaˈforas]
halte (bijv. kleine treinhalte)	stotìs (m)	[stoˈtʲɪs]

machinist (de)	mašinìstas (v)	[maʃɪˈnʲɪstas]
kruier (de)	nešìkas (v)	[nʲɛˈʃʲɪkas]
conducteur (de)	kondùktorius (v)	[konˈdʊktorʲʊs]
passagier (de)	keleìvis (v)	[kʲɛˈlʲɛɪvʲɪs]
controleur (de)	kontroliẽrius (v)	[kontroˈlʲɛrʲʊs]

gang (in een trein)	korìdorius (v)	[koˈrʲɪdorʲʊs]
noodrem (de)	stãbdymo krãnas (v)	[ˈsta:bdʲiːmɔ ˈkraːnas]
coupé (de)	kupė̃ (m)	[kʊˈpʲeː]
bed (slaapplaats)	lentýna (m)	[lʲɛnˈtʲiːna]
bovenste bed (het)	viršutìnė lentýna (m)	[vʲɪrʃʊˈtʲɪnʲeː lʲɛnˈtʲiːna]
onderste bed (het)	apatìnė lentýna (m)	[apaˈtʲɪnʲeː lʲɛnˈtʲiːna]
beddengoed (het)	pãtalynė (m)	[ˈpa:talʲiːnʲeː]

kaartje (het)	bìlietas (v)	[ˈbʲɪlʲietas]
dienstregeling (de)	tvarkãraštis (v)	[tvarˈka:raʃtʲɪs]
informatiebord (het)	šviẽslentė (m)	[ˈʃvʲɛslʲɛntʲeː]

vertrekken (De trein vertrekt …)	išvỹkti	[ɪʃˈvʲiːktʲɪ]
vertrek (ov. een trein)	išvykìmas (v)	[ɪʃvʲiˈkʲɪmas]
aankomen (ov. de treinen)	atvỹkti	[atˈvʲiːktʲɪ]
aankomst (de)	atvykìmas (v)	[atvʲiˈkʲɪmas]

aankomen per trein	atvažiúoti tráukiniu	[atvaˈʒʲʊatʲɪ ˈtrɑʊkʲɪnʲʊ]
in de trein stappen	į̃lipti į̃ tráukinį	[iːlʲɪːptʲɪ iː ˈtrɑʊkʲɪnʲɪː]
uit de trein stappen	išlìpti iš tráukinio	[ɪʃˈlʲɪptʲɪ ɪʃ ˈtrɑʊkʲɪnʲɔ]

treinwrak (het)	katastrofà (m)	[katastroˈfa]
ontspoord zijn	nulė̃kti nuõ bė̃gių	[nʊˈlʲeːktʲɪ ˈnʊɑ ˈbʲeːgʲuː]

locomotief (de)	garvežỹs (v)	[garvʲɛˈʒʲiːs]
stoker (de)	kūrìkas (v)	[kuːˈrʲɪkas]
stookplaats (de)	kūryklà (m)	[kuːrʲiːkˈlʲa]
steenkool (de)	anglìs (m)	[angˈlʲɪs]

143. Schip

schip (het)	laĩvas (v)	['lʲʌɪvas]
vaartuig (het)	laĩvas (v)	['lʲʌɪvas]

stoomboot (de)	gárlaivis (v)	['garlʲʌɪvʲɪs]
motorschip (het)	motòrlaivis (v)	[mo'torlʲʌɪvʲɪs]
lijnschip (het)	laĩneris (v)	['lʲʌɪnʲɛrʲɪs]
kruiser (de)	kreĩseris (v)	['krʲɛɪsʲɛrʲɪs]

jacht (het)	jachtà (m)	[jax'ta]
sleepboot (de)	vilkìkas (v)	[vʲɪlʲ'kʲɪkas]
duwbak (de)	bárža (m)	['barʒa]
ferryboot (de)	kéltas (v)	['kʲɛlʲtas]

zeilboot (de)	bùrinis laĩvas (v)	['burʲɪnʲɪs 'lʲʌɪvas]
brigantijn (de)	brigantinà (m)	[brʲɪgantʲɪ'na]

IJsbreker (de)	lẽdlaužis (v)	['lʲædlɑuʒʲɪs]
duikboot (de)	povandenìnis laĩvas (v)	[povandʲɛ'nʲɪnʲɪs 'lʲʌɪvas]

boot (de)	váltis (m)	['valʲtʲɪs]
sloep (de)	váltis (m)	['valʲtʲɪs]
reddingssloep (de)	gélbėjimo váltis (m)	['gʲælʲbʲeːjɪmɔ 'valʲtʲɪs]
motorboot (de)	kãteris (v)	['ka:tʲɛrʲɪs]

kapitein (de)	kapitõnas (v)	[kapʲɪ'to:nas]
zeeman (de)	jūreĩvis (v)	[ju:'rʲɛɪvʲɪs]
matroos (de)	jũrininkas (v)	['ju:rʲɪnʲɪŋkas]
bemanning (de)	ekipãžas (v)	[ɛkʲɪ'pa:ʒas]

bootsman (de)	bòcmanas (v)	['botsmanas]
scheepsjongen (de)	jùnga (m)	['junga]
kok (de)	viréjas (v)	[vʲɪ'rʲeːjas]
scheepsarts (de)	laĩvo gýdytojas (v)	['lʲʌɪvɔ 'gʲiːdʲiːto:jɛs]

dek (het)	dẽnis (v)	['dʲænʲɪs]
mast (de)	stíebas (v)	['stʲiɛbas]
zeil (het)	bùrė (m)	['burʲeː]

ruim (het)	triùmas (v)	['trʲumas]
voorsteven (de)	laĩvo príekis (v)	['lʲʌɪvɔ 'prʲiɛkʲɪs]
achtersteven (de)	laivãgalis (v)	[lʌɪ'va:galʲɪs]
roeispaan (de)	ìrklas (v)	['ɪrklʲas]
schroef (de)	sráigtas (v)	['srʌɪktas]

kajuit (de)	kajùtė (m)	[ka'jutʲeː]
officierskamer (de)	kajutkompãnija (m)	[kajutkom'pa:nʲɪjɛ]
machinekamer (de)	mašinų skỹrius (v)	[ma'ʃɪnu: 'skʲiːrʲus]
brug (de)	kapitõno tiltẽlis (v)	[kapʲɪ'to:nɔ tʲɪlʲ'tʲælʲɪs]
radiokamer (de)	rãdijo kabinà (m)	['ra:dʲɪjɔ kabʲɪ'na]
radiogolf (de)	bangà (m)	[ban'ga]
logboek (het)	laĩvo žurnãlas (v)	['lʲʌɪvɔ ʒurʲ'na:lʲas]
verrekijker (de)	žiūrõnas (v)	[ʒʲu:'ro:nas]
klok (de)	laĩvo skambãlas (v)	['lʲʌɪvɔ 'skambalʲas]

vlag (de)	vėliava (m)	['vᴵe:lᴵæva]
kabel (de)	lýnas (v)	['lᴵi:nas]
knoop (de)	mãzgas (v)	['ma:zgas]

| trapleuning (de) | turėklai (v dgs) | [tʊ'rᴵe:klᴵʌɪ] |
| trap (de) | trãpas (v) | ['tra:pas] |

anker (het)	iñkaras (v)	['ɪŋkaras]
het anker lichten	pakélti iñkarą	[pa'kᴵɛlᴵtᴵɪ 'ɪŋkara:]
het anker neerlaten	nuléisti iñkarą	[nʊ'lᴵɛɪstᴵɪ 'ɪŋkara:]
ankerketting (de)	iñkaro grandìnė (m)	['ɪŋkarɔ gran'dᴵɪnᴵe:]

haven (bijv. containerhaven)	úostas (v)	['ʊɑstas]
kaai (de)	príeplauka (m)	['prᴵɪɛplᴵɑʊka]
aanleggen (ww)	prisišvartúoti	[prᴵɪsᴵɪʃvar'tʊɑtᴵɪ]
wegvaren (ww)	išplaũkti	[ɪʃplᴵɑʊktᴵɪ]

reis (de)	keliõnė (m)	[kᴵɛ'lᴵo:nᴵe:]
cruise (de)	kruĩzas (v)	[krʊ'ɪzas]
koers (de)	kùrsas (v)	['kʊrsas]
route (de)	maršrùtas (v)	[marʃ'rʊtas]

vaarwater (het)	farvãteris (v)	[far'va:tᴵɛrᴵɪs]
zandbank (de)	seklumà (m)	[sᴵɛklᴵʊ'ma]
stranden (ww)	užplaũkti añt seklumõs	[ʊʒ'plᴵɑʊktᴵɪ ant sᴵɛklᴵʊ'mo:s]

storm (de)	audrà (m)	[ɑʊd'ra]
signaal (het)	signãlas (v)	[sᴵɪg'na:lᴵas]
zinken (ov. een boot)	skęsti	['skᴵɛ:stᴵɪ]
Man overboord!	Žmogùs vandenyjė!	[ʒmo'gʊs vandᴵɛnᴵi:'jæ!]
SOS (noodsignaal)	SOS	[ɛs ɔ ɛs]
reddingsboei (de)	gélbėjimosi rãtas (v)	[gᴵɛlᴵbᴵe:jimosᴵɪ 'ra:tas]

144. Vliegveld

luchthaven (de)	óro úostas (v)	['orɔ 'ʊɑstas]
vliegtuig (het)	lėktùvas (v)	[lᴵe:k'tʊvas]
luchtvaartmaatschappij (de)	aviakompãnija (m)	[avᴵækom'pa:nᴵɪjɛ]
luchtverkeersleider (de)	dispéčeris (v)	[dᴵɪs'pᴵɛtsᴵɛrᴵɪs]

vertrek (het)	išskridìmas (v)	[ɪʃskrᴵɪ'dᴵɪmas]
aankomst (de)	atskridìmas (v)	[atskrᴵɪ'dᴵɪmas]
aankomen (per vliegtuig)	atskrìsti	[ats'krᴵɪstᴵɪ]

| vertrektijd (de) | išvykìmo laĩkas (v) | [ɪʃvᴵi:'kᴵɪmɔ 'lᴵʌɪkas] |
| aankomstuur (het) | atvykìmo laĩkas (v) | [atvᴵi:'kᴵɪmɔ 'lᴵʌɪkas] |

| vertraagd zijn (ww) | vėlúoti | [vᴵe:'lᴵʊɑtᴵɪ] |
| vluchtvertraging (de) | skrýdžio atidėjìmas (v) | ['skrᴵi:dʒᴵɔ atᴵɪdᴵe:'jɪmas] |

informatiebord (het)	informãcinė švieslentė (m)	[ɪnfor'ma:tsᴵɪnᴵe: 'ʃvᴵɛslᴵɛntᴵe:]
informatie (de)	informãcija (m)	[ɪnfor'ma:tsᴵɪjɛ]
aankondigen (ww)	paskélbti	[pas'kᴵɛlᴵptᴵɪ]
vlucht (bijv. KLM ~)	reĩsas (v)	['rᴵɛɪsas]

| douane (de) | muìtinė (m) | ['mʊɪtʲɪnʲe:] |
| douanier (de) | muìtininkas (v) | ['mʊɪtʲɪnʲɪŋkas] |

douaneaangifte (de)	deklarãcija (m)	[dʲɛklʲa'ra:tsʲɪjɛ]
invullen (douaneaangifte ~)	užpìldyti	[ʊʒ'pʲɪlʲdʲi:tʲɪ]
een douaneaangifte invullen	užpìldyti deklarãciją	[ʊʒ'pʲɪlʲdʲi:tʲɪ dʲɛkla'ra:tsɪja:]
paspoortcontrole (de)	pasų kontrolė (m)	[pa'su: kon'trolʲe:]

bagage (de)	bagãžas (v)	[ba'ga:ʒas]
handbagage (de)	rañkinis bagãžas (v)	['raŋkʲɪnʲɪs ba'ga:ʒas]
bagagekarretje (het)	vežimėlis (v)	[vʲɛʒʲɪ'mʲe:lʲɪs]

landing (de)	įlaipìnimas (v)	[i:lʲʌɪ'pʲɪ:nʲɪmas]
landingsbaan (de)	nusileidìmo tãkas (v)	[nʊsʲɪlʲɛɪ'dʲɪmɔ ta:kas]
landen (ww)	leìstis	['lʲɛɪstʲɪs]
vliegtuigtrap (de)	laiptėliai (v dgs)	[lʌɪp'tʲælʲɛɪ]

inchecken (het)	registrãcija (m)	[rʲɛgʲɪs'tra:tsʲɪjɛ]
incheckbalie (de)	registrãcijos stãlas (v)	[rʲɛgʲɪs'tra:tsʲɪjɔs 'sta:lʲas]
inchecken (ww)	užsiregistrúoti	[ʊʒsʲɪrʲɛgʲɪs'trʊɑtʲɪ]
instapkaart (de)	įlipìmo talõnas (v)	[i:lʲɪ'pʲɪ:mɔ ta'lonas]
gate (de)	išėjìmas (v)	[ɪʃʲe:'jɪmas]

transit (de)	tranzìtas (v)	[tran'zʲɪtas]
wachten (ww)	laùkti	['lʲɑʊktʲɪ]
wachtzaal (de)	laukiamãsis (v)	[lʲɑʊkʲæ'masʲɪs]
begeleiden (uitwuiven)	lydėti	[lʲiː'dʲe:tʲɪ]
afscheid nemen (ww)	atsisveìkinti	[atsʲɪ'svʲɛɪkʲɪntʲɪ]

145. Fiets. Motorfiets

fiets (de)	dvìratis (v)	['dvʲɪratʲɪs]
bromfiets (de)	motorõleris (v)	[moto'rolʲɛrʲɪs]
motorfiets (de)	motocìklas (v)	[moto'tsʲɪklʲas]

met de fiets rijden	važiúoti dvìračiu	[va'ʒʲʊɑtʲɪ 'dvʲɪratʂʲʊ]
stuur (het)	vaìras (v)	['vʌɪras]
pedaal (de/het)	pedãlas (v)	[pʲɛ'da:lʲas]
remmen (mv.)	stãbdžiai (v dgs)	[sta:b'dʒʲɛɪ]
fietszadel (de/het)	sėdynė (m)	[sʲe:'dʲiːnʲe:]

pomp (de)	siurblỹs (v)	[sʲʊr'blʲi:s]
bagagedrager (de)	bagažìnė (m)	[baga'ʒʲɪnʲe:]
fietslicht (het)	žibiñtas (v)	[ʒʲɪ'bʲɪntas]
helm (de)	šálmas (v)	['ʃalʲmas]

wiel (het)	rãtas (v)	['ra:tas]
spatbord (het)	spárnas (v)	['sparnas]
velg (de)	rãtlankis (v)	['ra:tlʲaŋkʲɪs]
spaak (de)	stìpinas (v)	['stʲɪpʲɪnas]

Auto's

146. Soorten auto's

auto (de)	automobìlis (v)	[aʊtomo'bʲɪlʲɪs]
sportauto (de)	spòrtinis automobìlis (v)	['sportʲɪnʲɪs aʊtomo'bʲɪlʲɪs]
limousine (de)	limuzìnas (v)	[lʲɪmʊ'zʲɪnas]
terreinwagen (de)	visureìgis (v)	[vʲɪsʊ'rʲɛɪɡʲɪs]
cabriolet (de)	kabriolètas (v)	[kabrʲɪjo'lʲɛtas]
minibus (de)	mikroautobùsas (v)	[mʲɪkroaʊto'bʊsas]
ambulance (de)	greitòji pagálba (m)	[ɡrʲɛɪ'to:jɪ pa'ɡalʲba]
sneeuwruimer (de)	sniẽgo válymo mašinà (m)	['snʲɛɡɔ 'va:lʲi:mɔ maʃɪ'na]
vrachtwagen (de)	suñkvežimis (v)	['sʊŋkvʲɛʒʲɪmʲɪs]
tankwagen (de)	benzìnvežis (v)	[bʲɛn'zʲɪnvʲɛʒʲɪs]
bestelwagen (de)	furgònas (v)	[fʊr'gonas]
trekker (de)	vilkìkas (v)	[vʲɪlʲ'kʲɪkas]
aanhangwagen (de)	príekaba (m)	['prʲiɛkaba]
comfortabel (bn)	komfortabilùs	[komfortabʲɪ'lʲʊs]
tweedehands (bn)	dėvétas	[dʲe:'vʲe:tas]

147. Auto's. Carrosserie

motorkap (de)	kapòtas (v)	[ka'potas]
spatbord (het)	spařnas (v)	['sparnas]
dak (het)	stògas (v)	['stogas]
voorruit (de)	príekinis stìklas (v)	['prʲiɛkʲɪnʲɪs 'stʲɪklʲas]
achterruit (de)	galìnio vaìzdo véidrodis (v)	[ga'lʲɪnʲɔ 'vʌɪzdɔ 'vʲɛɪdrodʲɪs]
ruitensproeier (de)	plautùvas (v)	[plʲaʊ'tʊvas]
wisserbladen (mv.)	stìklo valytùvai (v dgs)	['stʲɪklɔ valʲi:'tʊvʌɪ]
zijruit (de)	šóninis stìklas (v)	['ʃonʲɪnʲɪs 'stʲɪklʲas]
raamlift (de)	stìklo kéltuvas (v)	['stʲɪklɔ 'kʲɛlʲtʊvas]
antenne (de)	antenà (m)	[antʲɛ'na]
zonnedak (het)	liùkas (v)	['lʲʊkas]
bumper (de)	bámperis (v)	['bampʲɛrʲɪs]
koffer (de)	bagažìnė (m)	[baga'ʒʲɪnʲe:]
imperiaal (de/het)	stògo bagažìnė (m)	['stogɔ baga'ʒʲɪnʲe:]
portier (het)	durelės (m dgs)	[dʊ'rʲælʲe:s]
handvat (het)	rañkena (m)	['raŋkʲɛna]
slot (het)	užraktas (v)	['ʊʒraktas]
nummerplaat (de)	nùmeris (v)	['nʊmʲɛrʲɪs]
knalpot (de)	duslintùvas (v)	[dʊslʲɪn'tʊvas]

| benzinetank (de) | benzìno bãkas (v) | [bᵉɛn'z¹ɪnɔ 'ba:kas] |
| uitlaatpijp (de) | išmetìmo vam̃zdis (v) | [ɪʃmᵉɛ't¹ɪmɔ 'vamzdᵘɪs] |

gas (het)	greĩtis (v)	['grᵉɛɪt¹ɪs]
pedaal (de/het)	pedãlas (v)	[pᵉɛ'da:lᵘas]
gaspedaal (de/het)	greĩčio pedãlas (v)	['grᵉɛɪtʂᵘo pᵉɛ'da:lᵘas]

rem (de)	stabdỹs (v)	[stab'dᵘi:s]
rempedaal (de/het)	stãbdžio pedãlas (v)	[sta:b'dʒᵘo pᵉɛ'da:lᵘas]
remmen (ww)	stabdýti	[stab'dᵘi:t¹ɪ]
handrem (de)	stovéjimo stabdỹs (v)	[sto'vᵘɛjɪmɔ stab'dᵘi:s]

koppeling (de)	sánkaba (m)	['saŋkaba]
koppelingspedaal (de/het)	sánkabos pedãlas (v)	['saŋkabos pᵉɛ'da:lᵘas]
koppelingsschijf (de)	sánkabos dìskas (v)	['saŋkabos 'dᵘɪskas]
schokdemper (de)	amortizãtorius (v)	[amortᵘɪ'za:torᵘʊs]

wiel (het)	rãtas (v)	['ra:tas]
reservewiel (het)	atsargìnis rãtas (v)	[atsar'gᵘɪn¹ɪs 'ra:tas]
band (de)	padangà (m)	[padan'ga]
wieldop (de)	rãto gaũbtas (v)	['ra:tɔ 'gɑʊptas]

aandrijfwielen (mv.)	vãrantieji rãtai (v dgs)	['va:rant¹iɛjɪ 'ra:tʌɪ]
met voorwielaandrijving	príekiniai vãromieji rãtai	['prᵉiɛk¹ɪn¹ɛɪ 'va:romᵘiɛjɪ 'ra:tʌɪ]
met achterwielaandrijving	galìniai vãromieji rãtai	[ga'lᵘɪn¹ɛɪ 'va:romᵘiɛjɪ 'ra:tʌɪ]
met vierwielaandrijving	visì vãromieji rãtai	[vᵘɪ's¹ɪ 'va:romᵘiɛjɪ 'ra:tʌɪ]

versnellingsbak (de)	pavarų̃ dė̃žė̃ (m)	[pava'ru: dᵉe:'ʒᵘe:]
automatisch (bn)	automãtinis	[ɑʊto'ma:t¹ɪn¹ɪs]
mechanisch (bn)	mechãninis	[mᵉɛ'xa:n¹ɪn¹ɪs]
versnellingspook (de)	pavarų̃ dė̃žė̃s svìrtis (m)	[pava'ru: dᵉe:'ʒᵘe:s 'svᵘɪrt¹ɪs]

| voorlicht (het) | žibiñtas (v) | [ʒᵘɪ'bᵘɪntas] |
| voorlichten (mv.) | žibìñtai (v dgs) | [ʒᵘɪ'bᵘɪntʌɪ] |

dimlicht (het)	ar̃timos žibiñtų šviẽsos (m dgs)	['artᵘɪmos ʒᵘɪ'bᵘɪntu: ʃvᵘɛsos]
grootlicht (het)	tólimos žibiñtų šviẽsos (m dgs)	['tolᵘɪmos ʒᵘɪ'bᵘɪntu: ʃvᵘɛsos]
stoplicht (het)	stòp signãlas (v)	['stop sᵘɪg'na:lᵘas]

standlichten (mv.)	gabarìtinės šviẽsos (m dgs)	[gaba'rᵘɪt¹ɪn¹e:s ʃvᵘɛsos]
noodverlichting (de)	avãrinės šviẽsos (m dgs)	[a'va:rᵘɪn¹e:s ʃvᵘɛsos]
mistlichten (mv.)	priešrūkiniai žibiñtai (v dgs)	[prᵉiɛʃ'ru:k¹ɪn¹ɛɪ ʒᵘɪ'bᵘɪntʌɪ]
pinker (de)	«pósūkis» (v)	['posu:k¹ɪs]
achteruitrijdlicht (het)	«atbulìnės eigõs» lemputė̃ (m)	[atbʊ'lᵘɪn¹e:s ɛɪ'go:s lᵉɛm'putᵘe:]

148. Auto's. Passagiersruimte

interieur (het)	salònas (v)	[sa'lⁱonas]
leren (van leer gemaak)	odìnis	[o'dᵘɪn¹ɪs]
fluwelen (abn)	veliū̃rinis	[vᵉɛ'lᵘu:r¹ɪn¹ɪs]
bekleding (de)	ãpmušalas (v)	['a:pmʊʃalⁱas]

toestel (het)	príetaisas (v)	['prʲiɛtʌisas]
instrumentenbord (het)	príetaisų skydėlis (v)	['prʲiɛtʌisu: skʲi:'dʲælʲis]
snelheidsmeter (de)	spidomètras (v)	[spʲido'mʲɛtras]
pijltje (het)	rodỹklė (m)	[ro'dʲi:klʲe:]

kilometerteller (de)	ridõs skaitìklis (v)	[rʲɪ'do:s skʌɪ'tʲɪklʲɪs]
sensor (de)	davìklis (v)	[da'vʲɪklʲɪs]
niveau (het)	lỹgis (v)	['lʲi:gʲɪs]
controlelampje (het)	lemputė (m)	[lʲɛm'pʊtʲe:]

stuur (het)	vaìras (v)	['vʌɪras]
toeter (de)	signãlas (v)	[sʲɪg'na:lʲas]
knopje (het)	mygtùkas (v)	[mʲi:k'tʊkas]
schakelaar (de)	jungìklis (v)	[jʊn'gʲɪklʲɪs]

stoel (bestuurders~)	sėdỹnė (m)	[sʲe:'dʲi:nʲe:]
rugleuning (de)	ãtlošas (v)	['a:tlʲoʃas]
hoofdsteun (de)	ãtlošas gálvai (v)	['a:tloʃas 'galʲvʌɪ]
veiligheidsgordel (de)	saugõs dìřžas (v)	[saʊ'go:s 'dʲɪrʒas]
de gordel aandoen	prisisėgti saugõs diržù	[prʲɪsʲɪ'sʲɛktʲɪ saʊ'go:s dʲɪr'ʒʊ]
regeling (de)	reguliãvimas (v)	[rʲɛgʊ'lʲævʲɪmas]

| airbag (de) | óro pagálvė (m) | ['oro pa'galʲvʲe:] |
| airconditioner (de) | kondicioniẽrius (v) | [kɔndʲɪtsʲɪjo'nʲɛrʲʊs] |

radio (de)	rãdijas (v)	['ra:dʲɪjas]
CD-speler (de)	CD grotùvas (v)	[sʲɪd'ɪ gro'tʊvas]
aanzetten (bijv. radio ~)	įjùngti	[i:'jʊŋktʲɪ]
antenne (de)	antenà (m)	[antʲɛ'na]
handschoenenkastje (het)	daiktãdėžė (m)	[dʌɪk'ta:dʲe:ʒʲe:]
asbak (de)	peleninė (m)	[pʲɛlʲɛ'nʲɪnʲe:]

149. Auto's. Motor

| diesel- (abn) | dyzelìnis | [dʲi:zʲɛ'lʲɪnʲɪs] |
| benzine- (~motor) | benzìninis | [bʲɛn'zʲɪnʲɪnʲɪs] |

motorinhoud (de)	varìklio apimtìs (m)	[va'rʲɪklʲɔ apʲɪm'tʲɪs]
vermogen (het)	galingùmas (v)	[galʲɪn'gʊmas]
paardenkracht (de)	árklio galià (m)	['arklʲɔ ga'lʲæ]
zuiger (de)	stūmõklis (v)	[stu:'mo:klʲɪs]
cilinder (de)	cilìndras (v)	[tsʲɪ'lʲɪndras]
klep (de)	vožtùvas (v)	[voʒ'tʊvas]

injectie (de)	inžèktorius (v)	[ɪn'ʒʲɛktorʲʊs]
generator (de)	generãtorius (v)	[gʲɛnʲɛ'ra:torʲʊs]
carburator (de)	karbiurãtorius (v)	[karbʲʊ'ra:torʲʊs]
motorolie (de)	varìklinė alyvà (m)	[va'rʲɪklʲɪnʲe: alʲi:'va]

radiator (de)	radiãtorius (v)	[ra'dʲætorʲʊs]
koelvloeistof (de)	áušinimo skỹstis (v)	['aʊʃɪnʲɪmɔ 'skʲi:stʲɪs]
ventilator (de)	ventiliãtorius (v)	[vʲɛntʲɪ'lʲætorʲʊs]
accu (de)	akumuliãtorius (v)	[akʊmʊ'lʲætorʲʊs]
starter (de)	stárteris (v)	['startʲɛrʲɪs]

contact (ontsteking)	uždegìmas (v)	[ʊʒdʲɛ'gʲɪmas]
bougie (de)	uždegìmo žvãkė (m)	[ʊʒdʲɛ'gʲɪmɔ 'ʒva:kʲeː]

pool (de)	gnýbtas (v)	[gnʲiːptas]
positieve pool (de)	pliùsas (v)	['plʲʊsas]
negatieve pool (de)	mìnusas (v)	['mʲɪnʊsas]
zekering (de)	saugìklis (v)	[sɑʊ'gʲɪklʲɪs]

luchtfilter (de)	óro fìltras (v)	['orɔ 'fɪlʲtras]
oliefilter (de)	alỹvos fìltras (v)	[a'lʲiːvos 'fɪlʲtras]
benzinefilter (de)	kùro fìltras (v)	['kʊrɔ 'fɪlʲtras]

150. Auto's. Botsing. Reparatie

auto-ongeval (het)	avãrija (m)	[a'va:rʲɪɛ]
verkeersongeluk (het)	eìsmo įvykis (v)	['ɛɪsmɔ 'iːvʲɪːkʲɪs]
aanrijden	atsitreñkti	[atsʲɪ'trʲɛŋktʲɪ]
(tegen een boom, enz.)		
verongelukken (ww)	sudùžti	[sʊ'dʊʒtʲɪ]
beschadiging (de)	žalà (m)	[ʒa'lʲa]
heelhuids (bn)	nenukentéjęs	[nʲɛnʊken'tʲeːjɛːs]

pech (de)	gedìmas (v)	[gʲɛ'dʲɪmas]
kapot gaan (zijn gebroken)	sulū́žti	[sʊ'lʲuːʒtʲɪ]
sleeptouw (het)	vìlkimo tròsas (v)	['vʲɪlʲkʲɪmɔ 'trosas]

lek (het)	pradūrìmas (v)	[pradu:'rʲɪmas]
lekke krijgen (band)	nuleìsti	[nʊ'lʲɛɪstʲɪ]
oppompen (ww)	pripumpúoti	[prʲɪpum'puɑtʲɪ]
druk (de)	slė́gis (v)	['slʲeːgʲɪs]
checken (controleren)	patìkrinti	[pa'tʲɪkrʲɪntʲɪ]

reparatie (de)	remòntas (v)	[rʲɛ'montas]
garage (de)	taisyklà (m)	[tʌɪsʲiːk'lʲa]
wisselstuk (het)	atsarginė dalìs (m)	[atsar'gʲɪnʲeː da'lʲɪs]
onderdeel (het)	detãlė (m)	[dʲɛta:'lʲeː]

bout (de)	varžtas (v)	['varʒtas]
schroef (de)	sráigtas (v)	['srʌɪktas]
moer (de)	veržlė̃ (m)	[vʲɛrʒ'lʲeː]
sluitring (de)	póveržlė (m)	['povɛrʒlʲeː]
kogellager (de/het)	guõlis (v)	['gʊɑlʲɪs]

pijp (de)	vamzdẽlis (v)	[vamz'dʲælʲɪs]
pakking (de)	tárpinė (m)	['tarpʲɪnʲeː]
kabel (de)	laìdas (v)	['lʲʌɪdas]

dommekracht (de)	kėlìklis (v)	['kʲeːlʲɪklʲɪs]
moersleutel (de)	veržlių rãktas (v)	[vʲɛrʒ'lʲu: 'ra:ktas]
hamer (de)	plaktùkas (v)	[plʲak'tʊkas]
pomp (de)	siurblỹs (v)	[sʲʊr'blʲiːs]
schroevendraaier (de)	atsuktùvas (v)	[atsʊk'tʊvas]
brandblusser (de)	gesintùvas (v)	[gʲɛsʲɪn'tʊvas]
gevarendriehoek (de)	avãrinis trìkampis (v)	[a'va:rʲɪnʲɪs 'trʲɪkampʲɪs]

afslaan	gèsti	[ˈgⁱɛstⁱɪ]
(ophouden te werken)		
uitvallen (het)	sustojìmas (v)	[sʊstoˈjɪmas]
zijn gebroken	bũti sulũžusiam	[ˈbuːtⁱɪ sʊˈlⁱuːʒʊsⁱæm]

oververhitten (ww)	pérkaisti	[ˈpⁱɛrkʌistⁱɪ]
verstopt raken (ww)	užsiteršti	[ʊʒsⁱɪˈtⁱɛrʃtⁱɪ]
bevriezen (autodeur, enz.)	užšálti	[ʊʒˈʃalⁱtⁱɪ]
barsten (leidingen, enz.)	skìlti	[ˈskⁱɪlⁱtⁱɪ]

druk (de)	slėgis (v)	[ˈslⁱeːgⁱɪs]
niveau (bijv. olieniveau)	lygis (v)	[ˈlⁱiːgⁱɪs]
slap (de drijfriem is ~)	sìlpnas	[ˈsⁱɪlⁱpnas]

deuk (de)	ịduba (m)	[ˈiːdʊba]
geklop (vreemde geluiden)	trinksėjimas (v)	[trⁱɪŋkˈsⁱɛjɪmas]
barst (de)	ịskilìmas (v)	[iːskⁱɪˈlⁱɪːmas]
kras (de)	ịbrėžìmas (v)	[iːbrⁱeːˈʒɪːmas]

151. Auto's. Weg

weg (de)	kẽlias (v)	[ˈkⁱælⁱæs]
snelweg (de)	automagistrãlė (m)	[ɑʊtomagⁱɪsˈtraːlⁱeː]
autoweg (de)	pléntas (v)	[ˈplⁱɛntas]
richting (de)	kryptìs (m)	[krⁱɪːpˈtⁱɪs]
afstand (de)	atstùmas (v)	[atˈstʊmas]

brug (de)	tìltas (v)	[ˈtⁱɪlⁱtas]
parking (de)	stovéjimo vietà (m)	[stoˈvⁱɛjɪmɔ vⁱiɛˈta]
plein (het)	aikštė̃ (m)	[ʌɪkʃˈtⁱeː]
verkeersknooppunt (het)	sánkryža (m)	[ˈsaŋkrⁱiːʒa]
tunnel (de)	tùnelis (v)	[ˈtʊnⁱɛlⁱɪs]

benzinestation (het)	degalìnė (m)	[dⁱɛgaˈlⁱɪnⁱeː]
parking (de)	stovéjimo aikštẽlė (m)	[stoˈvⁱɛjɪmɔ ʌɪkʃˈtⁱælⁱeː]
benzinepomp (de)	degalìnė (m)	[dⁱɛgaˈlⁱɪnⁱeː]
garage (de)	garãžas (v)	[gaˈraːʒas]
tanken (ww)	pripìlti degalų̃	[prⁱɪˈpⁱɪlⁱtⁱɪ dⁱɛgaˈlu:]
brandstof (de)	kùras (v)	[ˈkʊras]
jerrycan (de)	kanìstras (v)	[kaˈnⁱɪstras]

asfalt (het)	asfáltas (v)	[asˈfalⁱtas]
markering (de)	žénklinimas (v)	[ˈʒⁱɛŋklⁱɪnⁱɪmas]
trottoirband (de)	bordiũras (v)	[borˈdⁱuːras]
geleiderail (de)	ùžtvara (m)	[ˈʊʒtvara]
greppel (de)	griovỹs (v)	[grⁱoˈvⁱiːs]
vluchtstrook (de)	šalìkelė (m)	[ʃaˈlⁱɪkelⁱeː]
lichtmast (de)	stùlpas (v)	[ˈstʊˡpas]

besturen (een auto ~)	vairúoti	[vʌɪˈrʊɑtⁱɪ]
afslaan (naar rechts ~)	pasùkti	[paˈsʊktⁱɪ]
U-bocht maken (ww)	apsisùkti	[apsⁱɪˈsʊktⁱɪ]
achteruit (de)	atbulìnė eigà (m)	[atbʊˈlⁱɪnⁱeː ɛⁱga]
toeteren (ww)	pypsėti	[pⁱiːpˈsⁱeːtⁱɪ]

toeter (de)	garsìnis signãlas (v)	[gar'sⁱɪnⁱɪs sⁱɪg'na:lⁱas]
vastzitten (in modder)	užstrìgti	[ʊʒ'strⁱɪktⁱɪ]
spinnen (wielen gaan ~)	buksúoti	[bʊk'sʊɑtⁱɪ]
uitzetten (ww)	išjùngti	[ɪ'ʃjʊŋktⁱɪ]

snelheid (de)	greĩtis (v)	['grⁱɛɪtⁱɪs]
een snelheidsovertreding maken	vìršyti greĩtį	['vⁱɪrʃ'ɪ:tⁱɪ 'grⁱɛɪtⁱɪ:]
bekeuren (ww)	skìrti baũdą	['skⁱɪrtⁱɪ 'bɑʊda:]
verkeerslicht (het)	šviesofòras (v)	[ʃvⁱiɛso'foras]
rijbewijs (het)	vairúotojo pažyméjimas (v)	[vʌɪ'rʊɑtojo paʒⁱi:'mⁱejɪmas]

overgang (de)	pérvaža (m)	['pⁱɛrvaʒa]
kruispunt (het)	sánkryža (m)	['saŋkrⁱi:ʒa]
zebrapad (oversteekplaats)	pésčiūjų péréja (m)	[pⁱe:s'tʂⁱu:ju: 'pⁱɛrⁱe:ja]
bocht (de)	pósūkis (v)	['posu:kⁱɪs]
voetgangerszone (de)	pésčiūjų zonà (m)	[pⁱe:s'tʂⁱu:ju: zo'na]

MENSEN. GEBEURTENISSEN IN HET LEVEN

Gebeurtenissen in het leven

152. Vakanties. Evenement

feest (het)	šventė (m)	['ʃventʲe:]
nationale feestdag (de)	nacionãlinė šventė (m)	[natsʲɪjɔ'na:lʲɪnʲe: 'ʃventʲe:]
feestdag (de)	šventės dienà (m)	['ʃventʲe:s dʲiɛ'na]
herdenken (ww)	švęsti	['ʃvʲɛ:stʲɪ]

gebeurtenis (de)	įvykis (v)	['i:vʲɪ:kʲɪs]
evenement (het)	renginỹs (v)	[rʲɛngʲɪ'nʲi:s]
banket (het)	banketas (v)	[baŋ'kʲɛtas]
receptie (de)	priėmìmas (v)	[prʲɪʲe:'mʲɪmas]
feestmaal (het)	puotà (m)	[pʊɑ'ta]

verjaardag (de)	mėtinės (m dgs)	['mʲætʲɪnʲe:s]
jubileum (het)	jubiliẽjus (v)	[jʊbʲɪ'lʲɛjʊs]
vieren (ww)	atšvęsti	[at'ʃvʲɛ:stʲɪ]

Nieuwjaar (het)	Naujíeji mẽtai (v dgs)	[nɑʊ'jiɛjɪ 'mʲætʌɪ]
Gelukkig Nieuwjaar!	Sù Naujaĩsiais!	['sʊ nɑʊ'jʌɪsʲɛɪs!]

Kerstfeest (het)	Kalẽdos (m dgs)	[ka'lʲe:dos]
Vrolijk kerstfeest!	Linksmų̃ Kalẽdų!	[lʲɪŋks'mu: ka'lʲe:du:!]
kerstboom (de)	Kalẽdinė eglùtė (m)	[ka'lʲe:dʲɪnʲe: eg'lʊtʲe:]
vuurwerk (het)	saliùtas (v)	[sa'lʲʊtas]

bruiloft (de)	vestùvės (m dgs)	[vʲɛs'tʊvʲe:s]
bruidegom (de)	jaunìkis (v)	[jɛʊ'nʲɪkʲɪs]
bruid (de)	jaunóji (m)	[jɛʊ'no:jɪ]

uitnodigen (ww)	kviẽsti	['kvʲɛstʲɪ]
uitnodiging (de)	kvietìmas (v)	[kvʲiɛ'tʲɪmas]

gast (de)	svẽčias (v)	['svʲætʂʲæs]
op bezoek gaan	eĩti į̃ svečiùs	['ɛɪtʲɪ i: svʲɛ'tʂʲʊs]
gasten verwelkomen	sutìkti svečiùs	[sʊ'tʲɪktʲɪ svʲɛ'tʂʲʊs]

geschenk, cadeau (het)	dovanà (m)	[dova'na]
geven (iets cadeau ~)	dovanóti	[dova'notʲɪ]
geschenken ontvangen	gáuti dóvanas	['gɑʊtʲɪ 'dovanas]
boeket (het)	púokštė (m)	['pʊɑkʃtʲe:]

felicitaties (mv.)	sveĩkinimas (v)	['svʲɛɪkʲɪnʲɪmas]
feliciteren (ww)	sveĩkinti	['svʲɛɪkʲɪntʲɪ]
wenskaart (de)	sveĩkinimo atvirùkas (v)	['svʲɛɪkʲɪnʲɪmɔ atvʲɪ'rʊkas]
een kaartje versturen	išsių̃sti atvirùką	[ɪʃ'sʲu:stʲɪ atvʲɪ'rʊka:]

een kaartje ontvangen	gáuti atvirùką	['gɑʊt'ɪ atv'ɪ'rʊka:]
toast (de)	tòstas (v)	['tostas]
aanbieden (een drankje ~)	vaišìnti	[vʌɪ'ʃɪnt'ɪ]
champagne (de)	šampãnas (v)	[ʃam'pa:nas]

plezier hebben (ww)	lìnksmintis	['l'ɪŋksm'ɪnt'ɪs]
plezier (het)	linksmýbė (m)	[l'ɪŋks'm'i:b'e:]
vreugde (de)	džiaũgsmas (v)	['dʒ'ɛʊgsmas]

| dans (de) | šõkis (v) | ['ʃo:k'ɪs] |
| dansen (ww) | šókti | ['ʃokt'ɪ] |

| wals (de) | válsas (v) | ['val'sas] |
| tango (de) | tángo (v) | ['tangɔ] |

153. Begrafenissen. Begrafenis

kerkhof (het)	kãpinės (m dgs)	['ka:p'ɪn'e:s]
graf (het)	kãpas (v)	['ka:pas]
kruis (het)	krỹžius (v)	['kr'i:ʒ'ʊs]
grafsteen (de)	antkapis (v)	['antkap'ɪs]
omheining (de)	ãptvaras (v)	['a:ptvaras]
kapel (de)	koplyčià (m)	[kɔpl'i:'tʂ'æ]

dood (de)	mirtìs (m)	[m'ɪr't'ɪs]
sterven (ww)	mìrti	['m'ɪrt'ɪ]
overledene (de)	veliónis (v)	[v'ɛ'l'on'ɪs]
rouw (de)	gēdulas (v)	['g'æduł'as]

begraven (ww)	láidoti	['l'ʌɪdot'ɪ]
begrafenisonderneming (de)	láidojimo biùras (v)	['l'ʌɪdojɪmɔ 'b'ʊras]
begrafenis (de)	láidotuvės (m dgs)	['l'ʌɪdotʊv'e:s]

krans (de)	vainìkas (v)	[vʌɪ'n'ɪkas]
doodskist (de)	kãrstas (v)	['karstas]
lijkwagen (de)	katafálkas (v)	[kata'fał'kas]
lijkkleed (de)	lavõndengtė (m)	[l'a'vo:ndeŋkt'e:]

begrafenisstoet (de)	gēdulo procèsija (m)	['g'æduł'ɔ pro'ts'ɛs'ɪjɛ]
urn (de)	ùrna (m)	['ʊrna]
crematorium (het)	krematòriumas (v)	[kr'ɛma'tor'ʊmas]

overlijdensbericht (het)	nekrológas (v)	[n'ɛkro'l'ogas]
huilen (wenen)	veřkti	['v'ɛrkt'ɪ]
snikken (huilen)	raudóti	[rɑʊ'dot'ɪ]

154. Oorlog. Soldaten

peloton (het)	būrỹs (v)	[bu:'r'i:s]
compagnie (de)	kúopa (m)	['kʊopa]
regiment (het)	pùlkas (v)	['pʊł'kas]
leger (armee)	ármija (m)	['arm'ɪjɛ]

divisie (de)	divizija (m)	[dʲɪˈvʲɪzʲɪjɛ]
sectie (de)	būrys (v)	[buːˈrʲiːs]
troep (de)	kariúomenė (m)	[kaˈrʲʊɑmenʲeː]

soldaat (militair)	kareĩvis (v)	[kaˈrʲɛɪvʲɪs]
officier (de)	kariniñkas (v)	[karʲɪˈnʲɪŋkas]

soldaat (rang)	eilìnis (v)	[ɛɪˈlʲɪnʲɪs]
sergeant (de)	seržántas (v)	[sʲɛrˈʒantas]
luitenant (de)	leitenántas (v)	[lʲɛɪtʲɛˈnantas]
kapitein (de)	kapitõnas (v)	[kapʲɪˈtoːnas]
majoor (de)	majõras (v)	[maˈjɔːras]
kolonel (de)	pulkininkas (v)	[ˈpʊlʲkʲɪnʲɪŋkas]
generaal (de)	generõlas (v)	[gʲɛnʲɛˈroːlʲas]

matroos (de)	jūrininkas (v)	[ˈjuːrʲɪnʲɪŋkas]
kapitein (de)	kapitõnas (v)	[kapʲɪˈtoːnas]
bootsman (de)	bòcmanas (v)	[ˈbotsmanas]
artillerist (de)	artilerìstas (v)	[artʲɪlʲɛˈrʲɪstas]
valschermjager (de)	desántininkas (v)	[dʲɛˈsantʲɪnʲɪŋkas]
piloot (de)	lakũnas (v)	[lʲaˈkuːnas]
stuurman (de)	štùrmanas (v)	[ˈʃtʊrmanas]
mecanicien (de)	mechãnikas (v)	[mʲɛˈxaːnʲɪkas]

sappeur (de)	pioniẽrius (v)	[pʲɪjoˈnʲɛrʲʊs]
parachutist (de)	parašiùtininkas (v)	[paraˈʃʊtʲɪnʲɪŋkas]
verkenner (de)	žvalgas (v)	[ˈʒvalʲgas]
scherpschutter (de)	snáiperis (v)	[ˈsnʌɪpʲɛrʲɪs]

patrouille (de)	patrùlis (v)	[patˈrʊlʲɪs]
patrouilleren (ww)	patruliúoti	[patrʊˈlʲʊɑtʲɪ]
wacht (de)	sargýbinis (v)	[sarˈgʲiːbʲɪnʲɪs]
krijger (de)	karỹs (v)	[kaˈrʲiːs]
patriot (de)	patriõtas (v)	[patrʲɪˈjotas]
held (de)	dìdvyris (v)	[ˈdʲɪdvʲiːrʲɪs]
heldin (de)	dìdvyrė (m)	[ˈdʲɪdvʲiːrʲeː]

verrader (de)	išdavìkas (v)	[ɪʃdaˈvʲɪkas]
verraden (ww)	išdúoti	[ɪʃˈdʊɑtʲɪ]
deserteur (de)	dezertýras (v)	[dʲɛzʲɛrˈtʲiːras]
deserteren (ww)	dezertyrúoti	[dʲɛzʲɛrtʲiːˈrʊɑtʲɪ]

huurling (de)	samdinỹs (v)	[samdʲɪˈnʲiːs]
rekruut (de)	naujõkas (v)	[nɑʊˈjɔːkas]
vrijwilliger (de)	savanõris (v)	[savaˈnoːrʲɪs]

gedode (de)	nužudýtasis (v)	[nʊʒʊˈdʲiːtasʲɪs]
gewonde (de)	sužeistàsis (v)	[sʊʒʲɛɪˈstasʲɪs]
krijgsgevangene (de)	belaĩsvis (v)	[bʲɛˈlʲʌɪsvʲɪs]

155. Oorlog. Militaire acties. Deel 1

oorlog (de)	kãras (v)	[ˈkaːras]
oorlog voeren (ww)	kariáuti	[kaˈrʲæʊtʲɪ]

burgeroorlog (de)	piliėtinis kāras (v)	[pʲɪˈlʲɛtʲɪnʲɪs ˈkaːras]
achterbaks (bw)	klastingai	[klʲasˈtʲɪŋʌɪ]
oorlogsverklaring (de)	paskelbìmas (v)	[paskʲɛlʲˈbʲɪmas]
verklaren (de oorlog ~)	paskélbti	[pasˈkʲɛlʲptʲɪ]
agressie (de)	agrėsija (m)	[agˈrʲɛsʲɪjɛ]
aanvallen (binnenvallen)	pùlti	[ˈpulʲtʲɪ]

binnenvallen (ww)	užgróbti	[ʊʒˈgroptʲɪ]
invaller (de)	užgrobìkas (v)	[ʊʒgroˈbʲɪkas]
veroveraar (de)	užkariáutojas (v)	[ʊʒkaˈrʲæʊtoːjɛs]

verdediging (de)	gynýba (m)	[gʲiːˈnʲiːba]
verdedigen (je land ~)	gìnti	[ˈgʲɪntʲɪ]
zich verdedigen (ww)	gìntis	[ˈgʲɪntʲɪs]

vijand (de)	príešas (v)	[ˈprʲiɛʃas]
tegenstander (de)	príešininkas (v)	[ˈprʲiɛʃʲɪnʲɪŋkas]
vijandelijk (bn)	príešo	[ˈprʲiɛʃo]

strategie (de)	stratėgija (m)	[straˈtʲɛgʲɪjɛ]
tactiek (de)	tāktika (m)	[ˈtaːktʲɪka]

order (de)	įsākymas (v)	[iːˈsaːkʲɪːmas]
bevel (het)	kománda (m)	[kɔˈmanda]
bevelen (ww)	įsakýti	[iːsaˈkʲɪːtʲɪ]
opdracht (de)	užduotìs (m)	[ʊʒdʊɑˈtʲɪs]
geheim (bn)	slāptas	[ˈslʲaːptas]

strijd, slag (de)	mūšis (v)	[ˈmuːʃɪs]
strijd (de)	kautỹnės (m dgs)	[kaʊˈtʲiːnʲeːs]

aanval (de)	atakà (m)	[ataˈka]
bestorming (de)	štùrmas (v)	[ˈʃtʊrmas]
bestormen (ww)	šturmúoti	[ʃtʊrˈmʊɑtʲɪ]
bezetting (de)	apgulà (m)	[apgʊˈlʲa]

aanval (de)	puolìmas (v)	[pʊɑˈlʲɪmas]
in het offensief te gaan	pùlti	[ˈpulʲtʲɪ]

terugtrekking (de)	atsitraukìmas (v)	[atsʲɪtraʊˈkʲɪmas]
zich terugtrekken (ww)	atsitráukti	[atsʲɪˈtraʊktʲɪ]

omsingeling (de)	apsupìmas (v)	[apsʊˈpʲɪmas]
omsingelen (ww)	apsùpti	[apˈsuptʲɪ]

bombardement (het)	bombardãvimas (v)	[bombarˈdaːvʲɪmas]
een bom gooien	numėsti bombą	[nʊˈmʲɛstʲɪ ˈbomba:]
bombarderen (ww)	bombardúoti	[bombarˈdʊɑtʲɪ]
ontploffing (de)	sprogìmas (v)	[sproˈgʲɪmas]

schot (het)	šūvis (v)	[ˈʃuːvʲɪs]
een schot lossen	iššáuti	[ɪʃˈʃaʊtʲɪ]
schieten (het)	šáudymas (v)	[ˈʃaʊdʲɪːmas]

mikken op (ww)	táikytis į̃ ...	[ˈtʌɪkʲiːtʲɪs iː ..]
aanleggen (een wapen ~)	nutáikyti	[nʊˈtʌɪkʲɪːtʲɪ]

treffen (doelwit ~)	patáikyti	[pa'tʌɪkʲiːtʲɪ]
zinken (tot zinken brengen)	paskandìnti	[paskan'dʲɪntʲɪ]
kogelgat (het)	pradaužà (m)	[pradɑʊ'ʒa]
zinken (gezonken zijn)	grimzti į dùgną	['grʲɪmztʲɪ iː 'dʊgnaː]

front (het)	fròntas (v)	['frontas]
evacuatie (de)	evakuãcija (m)	[ɛvakʊ'aːtsʲɪjɛ]
evacueren (ww)	evakúoti	[ɛva'kʊɑtʲɪ]

prikkeldraad (de)	spygliúotoji vielà (m)	[spʲiːg'lʲʊatojɪ vʲiɛ'la]
verdedigingsobstakel (het)	ùžtvara (m)	['ʊʒtvara]
wachttoren (de)	bókštas (v)	['bokʃtas]

hospitaal (het)	kãro ligóninė (m)	['kaːrɔ lʲɪ'gonʲɪnʲeː]
verwonden (ww)	sužeìsti	[sʊ'ʒɛɪstʲɪ]
wond (de)	žaizdà (m)	[ʒʌɪz'da]
gewonde (de)	sužeistãsis (v)	[sʊʒʲɛɪ'stasʲɪs]
gewond raken (ww)	bũti sužeistám	['buːtʲɪ sʊʒʲɛɪs'tam]
ernstig (~e wond)	sunkùs	[sʊŋ'kʊs]

156. Wapens

wapens (mv.)	giñklas (v)	['gʲɪŋklʲas]
vuurwapens (mv.)	šaunamàsis giñklas (v)	[ʃɑʊna'masʲɪs 'gʲɪŋklʲas]
koude wapens (mv.)	šaltàsis giñklas (v)	[ʃalʲ'tasʲɪs 'gʲɪŋklʲas]

chemische wapens (mv.)	chèminis giñklas (v)	['xʲɛmʲɪnʲɪs 'gʲɪŋklʲas]
kern-, nucleair (bn)	branduolìnis	[brandʊɑ'lʲɪnʲɪs]
kernwapens (mv.)	branduolìnis giñklas (v)	[brandʊɑ'lʲɪnʲɪs 'gʲɪŋklas]

| bom (de) | bòmba (m) | ['bomba] |
| atoombom (de) | atòminė bòmba (m) | [a'tomʲɪnʲeː 'bomba] |

pistool (het)	pistolètas (v)	[pʲɪsto'lʲɛtas]
geweer (het)	šáutuvas (v)	['ʃɑʊtʊvas]
machinepistool (het)	automãtas (v)	[ɑʊto'maːtas]
machinegeweer (het)	kulkósvaidis (v)	[kʊlʲ'kosvʌɪdʲɪs]

loop (schietbuis)	žiótys (m dgs)	['ʒʲotʲiːs]
loop (bijv. geweer met kortere ~)	vamzdis (v)	['vamzdʲɪs]
kaliber (het)	kalìbras (v)	[ka'lʲɪbras]

trekker (de)	gaidùkas (v)	[gʌɪ'dʊkas]
korrel (de)	taikìklis (v)	[tʌɪ'kʲɪklʲɪs]
magazijn (het)	détuvė (m)	[dʲeːtʊ'vʲeː]
geweerkolf (de)	búožė (m)	['bʊɑʒʲeː]

| granaat (handgranaat) | granatà (m) | [grana'ta] |
| explosieven (mv.) | sprogmuõ (v) | ['sprogmʊɑ] |

kogel (de)	kulkà (m)	[kʊlʲ'ka]
patroon (de)	patrònas (v)	[pat'ronas]
lading (de)	šovinỹs (v)	[ʃovʲɪ'nʲiːs]

145

ammunitie (de)	**šáudmenys** (v dgs)	['ʃaʊdmʲɛnʲiːs]
bommenwerper (de)	**bombónešis** (v)	[bom'bonʲɛʃɪs]
straaljager (de)	**naikintùvas** (v)	[nʌɪkʲɪn'tʊvas]
helikopter (de)	**sraigtãsparnis** (v)	[srʌɪk'ta:sparnʲɪs]

afweergeschut (het)	**zenìtinis pabũklas** (v)	[zʲɛ'nʲiːtʲɪnʲɪs iːrʲɛŋgʲɪ'nʲɪːs]
tank (de)	**tánkas** (v)	['taŋkas]
kanon (tank met een ~ van 76 mm)	**patránka** (m)	[pat'raŋka]

artillerie (de)	**artilèrija** (m)	[artʲɪ'lʲɛrʲɪjɛ]
aanleggen (een wapen ~)	**nutáikyti**	[nʊ'tʌɪkʲiːtʲɪ]

projectiel (het)	**sviedinỹs** (v)	[svʲiɛdʲɪ'nʲiːs]
mortiergranaat (de)	**minà** (m)	[mʲɪ'na]
mortier (de)	**minósvaidis** (v)	[mʲɪ'nosvʌɪdʲɪs]
granaatscherf (de)	**skevéldra** (m)	[skʲɛ'vʲɛlʲdra]

duikboot (de)	**povandenìnis laĩvas** (v)	[povandʲɛ'nʲɪnʲɪs 'lʲʌɪvas]
torpedo (de)	**torpedà** (m)	[torpʲɛ'da]
raket (de)	**raketà** (m)	[rakʲɛ'ta]

laden (geweer, kanon)	**užtaisýti**	[ʊʒtʌɪ'sʲiːtʲɪ]
schieten (ww)	**šáuti**	['ʃaʊtʲɪ]
richten op (mikken)	**táikytis] ...**	['tʌɪkʲiːtʲɪs iː ..]
bajonet (de)	**dùrtuvas** (v)	['dʊrtʊvas]

degen (de)	**špagà** (m)	[ʃpa'ga]
sabel (de)	**kárdas** (v)	['kardas]
speer (de)	**íetis** (m)	['ɪɛtʲɪs]
boog (de)	**lañkas** (v)	['lʲaŋkas]
pijl (de)	**strélě** (m)	[strʲeː'lʲeː]
musket (de)	**muškietà** (m)	[mʊʃkʲiɛ'ta]
kruisboog (de)	**arbalètas** (v)	[arba'lʲɛtas]

157. Oude mensen

primitief (bn)	**pirmýkštis**	[pʲɪr'mʲiːkʃtʲɪs]
voorhistorisch (bn)	**priešistórinis**	[prʲiɛʃɪ'storʲɪnʲɪs]
eeuwenoude (~ beschaving)	**senóvinis**	[sʲɛ'novʲɪnʲɪs]

Steentijd (de)	**Akmeñs ámžius** (v)	[ak'mʲɛns 'amʒʲʊs]
Bronstijd (de)	**Žálvario ámžius** (v)	['ʒalʲvarʲɔ 'amʒʲʊs]
IJstijd (de)	**ledýnmetis** (v)	[lʲɛ'dʲiːnmʲɛtʲɪs]

stam (de)	**gentìs** (m)	[gʲɛn'tʲɪs]
menseneter (de)	**žmogédra** (m)	[ʒmo'gʲeːdra]
jager (de)	**medžiótojas** (v)	[mʲɛ'dʒʲoto:jɛs]
jagen (ww)	**medžióti**	[mʲɛ'dʒʲotʲɪ]
mammoet (de)	**mamùtas** (v)	[ma'mʊtas]

grot (de)	**ùrvas** (v)	['ʊrvas]
vuur (het)	**ugnìs** (v)	[ʊg'nʲɪs]
kampvuur (het)	**láužas** (v)	['lʲaʊʒas]

rotstekening (de)	piešinỹs ant olõs síenos (v)	[pⁱiɛʃɪ'nʲiːs ant oˈlʲoːs 'sⁱiɛnos]
werkinstrument (het)	dárbo įrankis (v)	['darbo 'iːraŋkʲɪs]
speer (de)	íetis (m)	['rⁱetʲɪs]
stenen bijl (de)	akmenìnis kírvis (v)	[akmʲɛ'nʲɪnʲɪs 'kʲɪrvʲɪs]
oorlog voeren (ww)	kariáuti	[ka'rⁱæʊtʲɪ]
temmen (bijv. wolf ~)	prijaukìnti	[prⁱɪjɛʊ'kʲɪntʲɪ]

idool (het)	stãbas (v)	['staːbas]
aanbidden (ww)	gárbinti	['garbⁱɪntʲɪ]
bijgeloof (het)	príetaras (v)	['prⁱiɛtaras]

evolutie (de)	evoliùcija (m)	[ɛvo'lʲʊtsʲɪjɛ]
ontwikkeling (de)	vỹstymasis (v)	['vⁱiːstʲiːmasʲɪs]
verdwijning (de)	išnykìmas (v)	[ɪʃnʲiː'kʲɪmas]
zich aanpassen (ww)	prisitáikyti	[prⁱɪsʲɪ'tʌɪkʲiːtʲɪ]

archeologie (de)	archeológija (m)	[arxʲɛo'lʲogʲɪjɛ]
archeoloog (de)	archeológas (v)	[arxʲɛo'lʲogas]
archeologisch (bn)	archeológinis	[arxʲɛo'lʲogʲɪnʲɪs]

opgravingsplaats (de)	kasinéjimai (m dgs)	[kasʲɪ'nʲɛjɪmʌɪ]
opgravingen (mv.)	kasinéjimai (m dgs)	[kasʲɪ'nʲɛjɪmʌɪ]
vondst (de)	radinỹs (v)	[radʲɪ'nʲiːs]
fragment (het)	fragmeñtas (v)	[frag'mʲɛntas]

158. Middeleeuwen

volk (het)	tautà (m)	[tɑʊ'ta]
volkeren (mv.)	tautõs (m dgs)	[tɑʊ'toːs]
stam (de)	gentìs (m)	[gʲɛn'tʲɪs]
stammen (mv.)	geñtys (m dgs)	['gʲɛntʲiːs]

barbaren (mv.)	bárbarai (v dgs)	['barbarʌɪ]
Galliërs (mv.)	gãlai (v dgs)	['gaːlʲʌɪ]
Goten (mv.)	gòtai (v dgs)	['gotʌɪ]
Slaven (mv.)	slãvai (m dgs)	['slʲaːvʌɪ]
Vikings (mv.)	vìkingai (v)	['vⁱɪkʲɪngʌɪ]

| Romeinen (mv.) | roménas (v) | [ro'mʲeːnas] |
| Romeins (bn) | roméniškas | [ro'mʲeːnʲɪʃkas] |

Byzantijnen (mv.)	bizantiẽčiai (v dgs)	[bⁱɪzan'tʲɛtʂⁱɛɪ]
Byzantium (het)	Bizántija (m)	[bⁱɪ'zantʲɪjɛ]
Byzantijns (bn)	bizántiškas	[bⁱɪ'zantʲɪʃkas]

keizer (bijv. Romeinse ~)	imperãtorius (v)	[ɪmpⁱɛ'raːtorʲʊs]
opperhoofd (het)	vãdas (v)	['vaːdas]
machtig (bn)	galìngas	[ga'lʲɪngas]
koning (de)	karãlius (v)	[ka'raːlʲʊs]
heerser (de)	valdõvas (v)	[valʲ'doːvas]

ridder (de)	rìteris (v)	['rⁱɪtʲɛrⁱɪs]
feodaal (de)	feodãlas (v)	[fⁱɛo'daːlʲas]
feodaal (bn)	feodãlinis	[fⁱɛo'daːlʲɪnʲɪs]

vazal (de)	vasãlas (v)	[va'sa:lʲas]
hertog (de)	hèrcogas (v)	['ɣʲɛrtsogas]
graaf (de)	grãfas (v)	['gra:fas]
baron (de)	barõnas (v)	[ba'ro:nas]
bisschop (de)	výskupas (v)	['vʲi:skʊpas]

harnas (het)	šarvuõté (m)	[ʃar'vʊɑtʲe:]
schild (het)	skýdas (v)	['skʲi:das]
zwaard (het)	kárdas (v)	['kardas]
vizier (het)	añtveidis (v)	['antvʲɛɪdʲɪs]
maliënkolder (de)	šarvìniai marškiniaĩ (v dgs)	[ʃar'vʲɪnʲɛɪ marʃkʲɪ'nʲɛɪ]

| kruistocht (de) | krýžiaus žýgis (v) | ['krʲi:ʒʲɛʊs 'ʒʲi:gʲɪs] |
| kruisvaarder (de) | kryžiuõtis (v) | [krʲi:ʒʲʊ'o:tʲɪs] |

gebied (bijv. bezette ~en)	teritòrija (m)	[tʲɛrʲɪ'torʲɪjɛ]
aanvallen (binnenvallen)	pùlti	['pʊlʲtʲɪ]
veroveren (ww)	užkariáuti	[ʊʒka'rʲæʊtʲɪ]
innemen (binnenvallen)	užgróbti	[ʊʒ'groptʲɪ]

bezetting (de)	apgulà (m)	[apgʊ'lʲa]
bezet (bn)	àpgultas	['apgʊlʲtas]
belegeren (ww)	apgul̃ti	[ap'gʊlʲtʲɪ]

inquisitie (de)	inkvizìcija (m)	[ɪŋkvʲɪ'zʲɪtsʲɪjɛ]
inquisiteur (de)	inkvizìtorius (v)	[ɪŋkvʲɪ'zʲɪtorʲʊs]
foltering (de)	kankìnimas (v)	[kaŋ'kʲɪnʲɪmas]
wreed (bn)	žiaurùs	[ʒʲɛʊ'rʊs]
ketter (de)	erètikas (v)	[ɛ'rʲɛtʲɪkas]
ketterij (de)	erèzija (m)	[ɛ'rʲɛzʲɪjɛ]

zeevaart (de)	navigãcija (m)	[navʲɪ'ga:tsʲɪjɛ]
piraat (de)	pirãtas (v)	[pʲɪ'ra:tas]
piraterij (de)	piratãvimas (v)	[pʲɪra'ta:vʲɪmas]
enteren (het)	abordažas (v)	[abor'daʒas]
buit (de)	gròbis (v)	['gro:bʲɪs]
schatten (mv.)	lòbis (v)	['lʲo:bʲɪs]

ontdekking (de)	atradìmas (v)	[atra'dʲɪmas]
ontdekken (bijv. nieuw land)	atràsti	[at'rastʲɪ]
expeditie (de)	ekspedìcija (m)	[ɛkspʲɛ'dʲɪtsʲɪjɛ]

musketier (de)	muškiètininkas (v)	[mʊʃkʲɛtʲɪnʲɪŋkas]
kardinaal (de)	kardinõlas (v)	[kardʲɪ'no:lʲas]
heraldiek (de)	heráldika (m)	[ɣʲɛ'ralʲdʲɪka]
heraldisch (bn)	heráldikos	[ɣʲɛ'ralʲdʲɪkos]

159. Leider. Baas. Autoriteiten

koning (de)	karãlius (v)	[ka'ra:lʲʊs]
koningin (de)	karalíené (m)	[kara'lʲiɛnʲe:]
koninklijk (bn)	karãliškas	[ka'ra:lʲɪʃkas]
koninkrijk (het)	karalýsté (m)	[kara'lʲi:stʲe:]
prins (de)	prìncas (v)	['prʲɪntsas]

prinses (de)	princėsė (m)	[prʲɪn'tsʲɛsʲe:]
president (de)	prezideñtas (v)	[prʲɛzʲɪ'dʲɛntas]
vicepresident (de)	viceprezideñtas (v)	[vʲɪtsʲɛprʲɛzʲɪ'dʲɛntas]
senator (de)	senãtorius (v)	[sʲɛ'na:torʲʊs]

monarch (de)	monárchas (v)	[mo'narxas]
heerser (de)	valdõvas (v)	[valʲ'do:vas]
dictator (de)	diktãtorius (v)	[dʲɪk'ta:torʲʊs]
tiran (de)	tirõnas (v)	[tʲɪ'ro:nas]
magnaat (de)	magnãtas (v)	[mag'na:tas]

directeur (de)	direktorius (v)	[dʲɪ'rʲɛktorʲʊs]
chef (de)	šėfas (v)	['ʃɛfas]
beheerder (de)	valdýtojas (v)	[valʲ'dʲi:to:jɛs]
baas (de)	bõsas (v)	['bo:sas]
eigenaar (de)	savininkas (v)	[savʲɪ'nʲnʲɪŋkas]

leider (de)	vãdas (v)	['va:das]
hoofd	vadõvas (v)	[va'do:vas]
(bijv. ~ van de delegatie)		
autoriteiten (mv.)	valdžiõs õrganai (v dgs)	[valʲ'dʒʲo:s 'organʌɪ]
superieuren (mv.)	vadovýbė (m)	[vado'vʲi:bʲe:]

gouverneur (de)	gubernãtorius (v)	[gʊbʲɛr'na:torʲʊs]
consul (de)	konsulas (v)	['konsʊlʲas]
diplomaat (de)	diplomãtas (v)	[dʲɪplʲo'ma:tas]
burgemeester (de)	mėras (v)	['mʲɛras]
sheriff (de)	šerìfas (v)	[ʃɛrʲɪfas]

keizer (bijv. Romeinse ~)	imperãtorius (v)	[ɪmpʲɛ'ra:torʲʊs]
tsaar (de)	cãras (v)	['tsa:ras]
farao (de)	faraõnas (v)	[fara'onas]
kan (de)	chãnas (v)	['xa:nas]

160. De wet overtreden. Criminelen. Deel 1

bandiet (de)	bandìtas (v)	[ban'dʲɪtas]
misdaad (de)	nusikaltìmas (v)	[nʊsʲɪkalʲ'tʲɪmas]
misdadiger (de)	nusikaltėlis (v)	[nʊsʲɪ'kaltʲe:lʲɪs]

dief (de)	vagìs (v)	[va'gʲɪs]
stelen (ww)	võgti	['vo:ktʲɪ]
stelen, diefstal (de)	vagỹstė (m)	[va'gʲi:stʲe:]

kidnappen (ww)	pagróbti	[pag'roptʲɪ]
kidnapping (de)	pagrobėjas (v)	[pagro'bʲe:jas]
kidnapper (de)	pagrobimas (v)	[pagro'bʲɪmas]

| losgeld (het) | ìšpirka (m) | ['ɪʃpʲɪrka] |
| eisen losgeld (ww) | reikaláuti ìšpirkos | [rʲɛɪka'lʲɑʊtʲɪ 'ɪʃpʲɪrkos] |

overvallen (ww)	plėšikáuti	[plʲe:ʃɪ'kɑʊtʲɪ]
overval (de)	apiplėšimas (v)	[apʲɪ'plʲe:ʃɪmas]
overvaller (de)	plėšìkas (v)	[plʲe:'ʃɪkas]

afpersen (ww)	prievartáuti	[priɛvar'taut'ɪ]
afperser (de)	prievartáutojas (v)	[priɛvar'tauto:jɛs]
afpersing (de)	prievartāvimas (v)	[priɛvar'ta:v'ɪmas]

vermoorden (ww)	nužudýti	[nuʒu'd'i:t'ɪ]
moord (de)	nužùdymas (v)	[nu'ʒud'i:mas]
moordenaar (de)	žudìkas (v)	[ʒu'd'ɪkas]

schot (het)	šǚvis (v)	['ʃu:v'ɪs]
een schot lossen	iššáuti	[ɪʃ'ʃaut'ɪ]
neerschieten (ww)	nušáuti	[nu'ʃaut'ɪ]
schieten (ww)	šáudyti	['ʃaud'i:t'ɪ]
schieten (het)	šáudymas (v)	['ʃaud'i:mas]

ongeluk (gevecht, enz.)	įvykis (v)	['i:v'ɪ:k'ɪs]
gevecht (het)	muštỹnės (m dgs)	[muʃ't'i:n'e:s]
Help!	Gélbėkit!	['g'ɛl'b'e:k'ɪt!]
slachtoffer (het)	aukà (m)	[au'ka]

beschadigen (ww)	sugadìnti	[suga'd'ɪnt'ɪ]
schade (de)	núostolis (v)	['nuostol'ɪs]
lijk (het)	lavónas (v)	[l'a'vonas]
zwaar (~ misdrijf)	sunkùs	[suŋ'kus]

aanvallen (ww)	užpùlti	[uʒ'pul't'ɪ]
slaan (iemand ~)	mùšti	['muʃt'ɪ]
in elkaar slaan (toetakelen)	sumùšti	[su'muʃt'ɪ]
ontnemen (beroven)	atim̃ti	[a't'ɪmt'ɪ]
steken (met een mes)	papjáuti	[pa'pjaut'ɪ]
verminken (ww)	sužalóti	[suʒa'l'ot'ɪ]
verwonden (ww)	sužalóti	[suʒa'l'ot'ɪ]

chantage (de)	šantãžas (v)	[ʃan'ta:ʒas]
chanteren (ww)	šantažúoti	[ʃanta'ʒuat'ɪ]
chanteur (de)	šantažúotojas (v)	[ʃanta'ʒuato:jɛs]

afpersing (de)	rèketas (v)	['r'ɛk'ɛtas]
afperser (de)	reketúotojas (v)	[r'ɛk'ɛ'tuato:jɛs]
gangster (de)	gángsteris (v)	['gangst'ɛr'ɪs]
maffia (de)	mãfija (m)	['ma:f'ɪjɛ]

kruimeldief (de)	kišénvagis (v)	[k'ɪ'ʃɛnvag'ɪs]
inbreker (de)	įsilaužė̃lis (v)	[i:s'ɪlau'ʒ'e:l'ɪs]
smokkelen (het)	kontrabánda (m)	[kontra'banda]
smokkelaar (de)	kontrabándininkas (v)	[kontra'band'ɪn'ɪŋkas]

namaak (de)	klastõtė (m)	[kl'as'to:t'e:]
namaken (ww)	klastóti	[kl'as'tot'ɪ]
namaak-, vals (bn)	klastõtė	[kl'as'to:t'e:]

161. De wet overtreden. Criminelen. Deel 2

| verkrachting (de) | išprievartāvimas (v) | [ɪʃpr'iɛvar'ta:v'ɪmas] |
| verkrachten (ww) | išprievartáuti | [ɪʃpr'iɛvar'taut'ɪ] |

verkrachter (de)	prievartáutojas (v)	[prⁱɛvar'tɑʊto:jɛs]
maniak (de)	maniãkas (v)	[manⁱɪ'jakas]

prostituee (de)	prostitùté (m)	[prostⁱɪ'tʊtⁱe:]
prostitutie (de)	prostitùcija (m)	[prostⁱɪ'tʊtsⁱɪjɛ]
pooier (de)	sutèneris (v)	[sʊ'tⁱɛnⁱɛrⁱɪs]

drugsverslaafde (de)	narkomãnas (v)	[narko'ma:nas]
drugshandelaar (de)	prekiáutojas narkòtikais (v)	[prⁱɛ'kⁱæʊto:jɛs nar'kotⁱɪkʌɪs]

opblazen (ww)	susprogdìnti	[sʊsprog'dⁱɪntⁱɪ]
explosie (de)	sprogìmas (v)	[spro'gⁱɪmas]
in brand steken (ww)	padègti	[pa'dⁱɛktⁱɪ]
brandstichter (de)	padegéjas (v)	[padⁱɛ'gⁱe:jas]

terrorisme (het)	terorìzmas (v)	[tⁱɛro'rⁱɪzmas]
terrorist (de)	terorìstas (v)	[tⁱɛro'rⁱɪstas]
gijzelaar (de)	įkaitas (v)	['i:kʌɪtas]

bedriegen (ww)	apgáuti	[ap'gɑʊtⁱɪ]
bedrog (het)	apgavỹsté (m)	[apga'vⁱi:stⁱe:]
oplichter (de)	sùkčius (v)	['sʊktʂⁱʊs]

omkopen (ww)	papìrkti	[pa'pⁱɪrktⁱɪ]
omkoperij (de)	papirkìmas (v)	[papⁱɪr'kⁱɪmas]
smeergeld (het)	kỹšis (v)	['kⁱi:ʃɪs]

vergif (het)	nuõdas (v)	['nʊɑdas]
vergiftigen (ww)	nunuõdyti	[nʊ'nʊɑdⁱi:tⁱɪ]
vergif innemen (ww)	nusinuõdyti	[nʊsⁱɪnʊɑdⁱi:tⁱɪ]

zelfmoord (de)	savižudýbé (m)	[savⁱɪʒʊ'dⁱi:bⁱe:]
zelfmoordenaar (de)	savìžudis (v)	[sa'vⁱɪʒʊdⁱɪs]

bedreigen	grasìnti	[gra'sⁱɪntⁱɪ]
(bijv. met een pistool)		
bedreiging (de)	grasìnimas (v)	[gra'sⁱɪnⁱɪmas]
een aanslag plegen	késìntis	[kⁱe:'sⁱɪntⁱɪs]
aanslag (de)	pasikésìnimas (v)	[pasⁱɪkⁱe:'sⁱɪnⁱɪmas]

stelen (een auto)	nuvarýti	[nʊva'rⁱi:tⁱɪ]
kapen (een vliegtuig)	nuvarýti	[nʊva'rⁱi:tⁱɪ]

wraak (de)	keřštas (v)	['kⁱɛrʃtas]
wreken (ww)	keřšyti	['kⁱɛrʃɪ:tⁱɪ]

martelen (gevangenen)	kankìnti	[kaŋ'kⁱɪntⁱɪ]
foltering (de)	kankìnimas (v)	[kaŋ'kⁱɪnⁱɪmas]
folteren (ww)	kankìnti	[kaŋ'kⁱɪntⁱɪ]

piraat (de)	pirãtas (v)	[pⁱɪ'ra:tas]
straatschender (de)	chuligãnas (v)	[xʊlⁱɪ'ga:nas]
gewapend (bn)	ginklúotas	[gⁱɪŋk'lⁱʊɑtas]
geweld (het)	príevarta (m)	['prⁱiɛvarta]
spionage (de)	špionãžas (v)	[ʃpⁱo'na:ʒas]
spioneren (ww)	šnipinéti	[ʃnⁱɪpⁱɪ'nⁱæ:tⁱɪ]

162. Politie. Wet. Deel 1

gerecht (het)	teĩsmas (v)	['tʲɛɪsmas]
gerechtshof (het)	teĩsmas (v)	['tʲɛɪsmas]
rechter (de)	teiséjas (v)	[tʲɛɪ'sʲeːjas]
jury (de)	prisíekusieji (v)	[prʲɪ'sʲiɛkʊsʲiɛji]
juryrechtspraak (de)	prisíekusiųjų teĩsmas (v)	[prʲɪ'sʲiɛkʊsʲuːju: 'tʲɛɪsmas]
berechten (ww)	teĩsti	['tʲɛɪstʲɪ]
advocaat (de)	advokãtas (v)	[advo'kaːtas]
beklaagde (de)	teisiamãsis (v)	[tʲɛɪsʲæ'masʲɪs]
beklaagdenbank (de)	teisiamūjų súolas (v)	[tʲɛɪsʲæ'muːju: 'sʊalʲas]
beschuldiging (de)	káltinimai (v)	['kalʲtʲɪnʲɪmʌɪ]
beschuldigde (de)	káltinamasis (v)	['kalʲtʲɪnamasʲɪs]
vonnis (het)	núosprendis (v)	['nʊasprʲɛndʲɪs]
veroordelen (in een rechtszaak)	nuteĩsti	[nʊ'tʲɛɪstʲɪ]
schuldige (de)	kaltiniñkas (v)	[kalʲtʲɪ'nʲɪŋkas]
straffen (ww)	nubaũsti	[nʊ'baʊstʲɪ]
bestraffing (de)	bausmě̃ (m)	[baʊs'mʲeː]
boete (de)	baudà (m)	[baʊ'da]
levenslange opsluiting (de)	kaléjimas ikì gyvõs galvõs (v)	[ka'lʲɛjɪmas ikʲɪ gʲiː'voːs galʲ'voːs]
doodstraf (de)	mirtiẽs bausmě̃ (m)	[mʲɪr'tʲɛs baʊs'mʲeː]
elektrische stoel (de)	elèktros kėdě̃ (m)	[e'lʲɛktros kʲeː'dʲeː]
schavot (het)	kártuvės (m dgs)	['kartʊvʲeːs]
executeren (ww)	baũsti mirtimì	['baʊstʲɪ mʲɪrtʲɪ'mʲɪ]
executie (de)	baudìmas mirtimì (v)	[baʊ'dʲɪmas mʲɪrtʲɪ'mʲɪ]
gevangenis (de)	kaléjimas (v)	[ka'lʲɛjɪmas]
cel (de)	kãmera (m)	['kaːmɛra]
konvooi (het)	konvòjus (v)	[kon'vojʊs]
gevangenisbewaker (de)	prižiūrétojas (v)	[prʲɪʒʲuː'rʲeːto:jɛs]
gedetineerde (de)	kalinỹs (v)	[kalʲɪ'nʲiːs]
handboeien (mv.)	añtrankiai (v dgs)	['añtrakʲɛɪ]
handboeien omdoen	uždéti añtrankius	[ʊʒ'dʲeːtʲɪ 'añtraŋkʲʊs]
ontsnapping (de)	pabėgìmas (v)	[pabʲeː'gʲɪmas]
ontsnappen (ww)	pabégti	[pa'bʲeːktʲɪ]
verdwijnen (ww)	diñgti	['dʲɪŋktʲɪ]
vrijlaten (uit de gevangenis)	paleĩsti	[pa'lʲɛɪstʲɪ]
amnestie (de)	amnèstija (m)	[am'nʲɛstʲɪjɛ]
politie (de)	polìcija (m)	[po'lʲɪtsʲɪjɛ]
politieagent (de)	polìcininkas (v)	[po'lʲɪtsʲɪnʲɪŋkas]
politiebureau (het)	polìcijos núovada (m)	[po'lʲɪtsʲɪjɔs 'nʊavada]
knuppel (de)	gumìnis pagalỹs (v)	[gʊ'mʲɪnʲɪs paga'lʲiːs]

152

megafoon (de)	garsiakalbis (v)	[gar'sʲækalʲbʲɪs]
patrouilleerwagen (de)	patrulio mašina (m)	[pat'rʊlʲɔ maʃɪ'na]
sirene (de)	sirena (m)	[sʲɪrʲɛ'na]
de sirene aansteken	įjungti sireną	[iːˈjʊŋktʲɪ sʲɪˈrʲɛnaː]
geloei (het) van de sirene	sirenos kaukimas (v)	[sʲɪˈrʲɛnos kɑʊˈkʲɪmas]

plaats delict (de)	įvykio vieta (m)	[ˈiːvɪːkʲɔ vʲiɛˈta]
getuige (de)	liudininkas (v)	[ˈlʲʊdʲɪnʲɪŋkas]
vrijheid (de)	laisvė (m)	[ˈlʲʌɪsvʲeː]
handlanger (de)	bendrininkas (v)	[ˈbʲɛndrʲɪnʲɪŋkas]
ontvluchten (ww)	pasislėpti	[pasʲɪˈslʲeːptʲɪ]
spoor (het)	pédsakas (v)	[ˈpʲeːdsakas]

163. Politie. Wet. Deel 2

opsporing (de)	paieška (m)	[paʲiɛʃˈka]
opsporen (ww)	ieškoti	[ɪɛʃˈkotʲɪ]
verdenking (de)	įtarimas (v)	[iːtaˈrʲiːmas]
verdacht (bn)	įtartinas	[iːˈtartʲɪnas]
aanhouden (stoppen)	sustabdyti	[sʊstabˈdʲiːtʲɪ]
tegenhouden (ww)	sulaikyti	[sʊlʲʌɪˈkʲiːtʲɪ]

strafzaak (de)	byla (m)	[bʲiːˈlʲa]
onderzoek (het)	tyrimas (v)	[tʲiːˈrʲɪmas]
detective (de)	detektyvas (v)	[dʲɛtʲɛkˈtʲiːvas]
onderzoeksrechter (de)	tyréjas (v)	[tʲiːˈrʲeːjas]
versie (de)	versija (m)	[ˈvʲɛrsʲɪjɛ]

motief (het)	motyvas (v)	[moˈtʲiːvas]
verhoor (het)	apklausa (m)	[apklʲɑʊˈsa]
ondervragen (door de politie)	apklausti	[apˈklʲɑʊstʲɪ]
ondervragen (omstanders ~)	apklausti	[apˈklʲɑʊstʲɪ]
controle (de)	patikrinimas (v)	[paˈtʲɪkrʲɪnʲɪmas]

razzia (de)	gaudynės (m dgs)	[gɑʊˈdʲiːnʲeːs]
huiszoeking (de)	krata (m)	[kra'ta]
achtervolging (de)	vijimasis (v)	[vʲɪˈjɪmasʲɪs]
achtervolgen (ww)	sekti	[ˈsʲɛktʲɪ]
opsporen (ww)	sekti	[ˈsʲɛktʲɪ]

arrest (het)	areštas (v)	[ˈaːrʲɛʃtas]
arresteren (ww)	areštuoti	[arʲɛʃˈtʊɑtʲɪ]
vangen, aanhouden (een dief, enz.)	pagauti	[paˈgɑʊtʲɪ]
aanhouding (de)	pagavimas (v)	[pagaˈvʲɪmas]

document (het)	dokumentas (v)	[dokʊˈmʲɛntas]
bewijs (het)	įrodymas (v)	[iːˈrodʲiːmas]
bewijzen (ww)	įrodyti	[iːˈrodʲɪːtʲɪ]
voetspoor (het)	pédsakas (v)	[ˈpʲeːdsakas]
vingerafdrukken (mv.)	pirštų antspaudai (v dgs)	[ˈpʲɪrʃtu: ˈantspɑʊdʌɪ]
bewijs (het)	įkaltis (v)	[ˈiːkalʲtʲɪs]
alibi (het)	alibi (v)	[ˈaːlʲɪbʲɪ]
onschuldig (bn)	nekaltas	[nʲɛˈkalʲtas]

onrecht (het)	neteisingùmas (v)	[nʲɛtʲɛɪsʲɪn'gʊmas]
onrechtvaardig (bn)	neteisìngas	[nʲɛtʲɛɪ'sʲɪngas]
crimineel (bn)	kriminãlinis	[krʲɪmʲɪ'na:lʲɪnʲɪs]
confisqueren	konfiskúoti	[kɔnfʲɪs'kʊɑtʲɪ]
(in beslag nemen)		
drug (de)	narkòtikas (v)	[nar'kotʲɪkas]
wapen (het)	giñklas (v)	['gʲɪŋklʲas]
ontwapenen (ww)	nuginklúoti	[nʊgʲɪŋ'klʲʊɑtʲɪ]
bevelen (ww)	įsakinéti	[i:sakʲɪ'nʲeːtʲɪ]
verdwijnen (ww)	diñgti	['dʲɪŋktʲɪ]
wet (de)	įstãtymas (v)	[i:'staːtiːmas]
wettelijk (bn)	teisétas	[tʲɛɪ'sʲeːtas]
onwettelijk (bn)	neteisétas	[nʲɛtʲɛɪ'sʲeːtas]
verantwoordelijkheid (de)	atsakomýbė (m)	[atsako'mʲiːbʲeː]
verantwoordelijk (bn)	atsakìngas	[atsa'kʲɪngas]

NATUUR

De Aarde. Deel 1

164. De kosmische ruimte

kosmos (de)	kosmosas (v)	['kosmosas]
kosmisch (bn)	kosminis	['kosmʲɪnʲɪs]
kosmische ruimte (de)	kosminė erdvė (m)	['kosmʲɪnʲe: ɛrd'vʲe:]
wereld (de)	visata (m)	[vʲɪsa'ta]
heelal (het)	pasáulis (v)	[pa'sɑʊlʲɪs]
sterrenstelsel (het)	galáktika (m)	[ga'lʲa:ktʲɪka]
ster (de)	žvaigždė (m)	[ʒvʌɪg'ʒdʲe:]
sterrenbeeld (het)	žvaigždýnas (v)	[ʒvʌɪgʒ'dʲi:nas]
planeet (de)	planeta (m)	[plʲanʲɛ'ta]
satelliet (de)	palydõvas (v)	[palʲi:'do:vas]
meteoriet (de)	meteoritas (v)	[mʲɛtʲɛo'rʲɪtas]
komeet (de)	kometa (m)	[komʲɛ'ta]
asteroïde (de)	asteroidas (v)	[astʲɛ'rɔɪdas]
baan (de)	orbita (m)	[orbʲɪ'ta]
draaien (om de zon, enz.)	suktis	['sʊktʲɪs]
atmosfeer (de)	atmosfera (m)	[atmosfʲɛ'ra]
Zon (de)	Sáulė (m)	['sɑʊlʲe:]
zonnestelsel (het)	Sáulės sistema (m)	['sɑʊlʲe:s sʲɪste'ma]
zonsverduistering (de)	Sáulės užtemimas (v)	['sɑʊlʲe:s ʊʒtʲɛ'mʲɪmas]
Aarde (de)	Žemė (m)	['ʒʲæmʲe:]
Maan (de)	Ménulis (v)	[mʲe:'nʊlʲɪs]
Mars (de)	Mársas (v)	['marsas]
Venus (de)	Venera (m)	[vʲɛnʲɛ'ra]
Jupiter (de)	Jupiteris (v)	[jʊ'pʲɪtʲɛrʲɪs]
Saturnus (de)	Saturnas (v)	[sa'tʊrnas]
Mercurius (de)	Merkurijus (v)	[mʲɛr'kʊrʲɪjʊs]
Uranus (de)	Uranas (v)	[ʊ'ra:nas]
Neptunus (de)	Neptūnas (v)	[nʲɛp'tu:nas]
Pluto (de)	Plutonas (v)	[plʲʊ'tonas]
Melkweg (de)	Paūkščių Tãkas (v)	['pɑʊkʃtʂʲu: 'ta:kas]
Grote Beer (de)	Didíeji Grĩžulo Rãtai (v dgs)	[dʲɪ'dʲiɛjɪ 'grʲɪ:ʒʊlʲɔ 'ra:tʌɪ]
Poolster (de)	Šiaurinė žvaigždė (m)	[ʃɛʊ'rʲɪnʲe: ʒvʌɪg'ʒdʲe:]
marsmannetje (het)	marsiẽtis (v)	[mar'sʲɛtʲɪs]
buitenaards wezen (het)	ateĩvis (v)	[a'tʲɛɪvʲɪs]

155

bovenaards (het)	ateìvis (v)	[a'tʲɛɪvʲɪs]
vliegende schotel (de)	skraĭdanti lėkštė (m)	['skrʌɪdantʲɪ lʲe:kʃtʲe:]
ruimtevaartuig (het)	kòsminis laĭvas (v)	['kosmʲɪnʲɪs 'lʲʌɪvas]
ruimtestation (het)	orbìtos stotìs (m)	[or'bʲɪtos sto'tʲɪs]
start (de)	staŕtas (v)	['startas]
motor (de)	varìklis (v)	[va'rʲɪklʲɪs]
straalpijp (de)	tūtà (m)	[tu:'ta]
brandstof (de)	kùras (v)	['kʊras]
cabine (de)	kabinà (m)	[kabʲɪ'na]
antenne (de)	antenà (m)	[antʲɛ'na]
patrijspoort (de)	iliuminàtorius (v)	[ɪlʲʊmʲɪ'na:torʲʊs]
zonnebatterij (de)	saŭlės batèrija (m)	['sɑʊlʲe:s ba'tʲɛrʲɪjɛ]
ruimtepak (het)	skafaǹdras (v)	[ska'fandras]
gewichtloosheid (de)	nesvarùmas (v)	[nʲɛsva'rumas]
zuurstof (de)	deguõnis (v)	[dʲɛ'gʊɑnʲɪs]
koppeling (de)	susijungìmas (v)	[sʊsʲɪjʊn'gʲɪmas]
koppeling maken	susijùngti	[sʊsʲɪ'jʊŋktʲɪ]
observatorium (het)	observatòrija (m)	[obsʲɛrva'torʲɪjɛ]
telescoop (de)	teleskòpas (v)	[tʲɛlʲɛ'skopas]
waarnemen (ww)	stebéti	[stɛ'bʲe:tʲɪ]
exploreren (ww)	tyrinéti	[tʲi:rʲɪ'nʲe:tʲɪ]

165. De Aarde

Aarde (de)	Žẽmė (m)	['ʒʲæmʲe:]
aardbol (de)	žẽmės rutulỹs (v)	['ʒʲæmʲe:s rʊtʊ'lʲi:s]
planeet (de)	planetà (m)	[plʲanʲɛ'ta]
atmosfeer (de)	atmosferà (m)	[atmosfʲɛ'ra]
aardrijkskunde (de)	geogrãfija (m)	[gʲɛo'gra:fʲɪjɛ]
natuur (de)	gamtà (m)	[gam'ta]
wereldbol (de)	gaublỹs (v)	[gɑʊb'lʲi:s]
kaart (de)	žemėlapis (v)	[ʒe'mʲe:lʲapʲɪs]
atlas (de)	ãtlasas (v)	['a:tlʲasas]
Europa (het)	Europà (m)	[ɛʊro'pa]
Azië (het)	ãzija (m)	['a:zʲɪjɛ]
Afrika (het)	ãfrika (m)	['a:frʲɪka]
Australië (het)	Austrãlija (m)	[ɑʊs'tra:lʲɪjɛ]
Amerika (het)	Amèrika (m)	[a'mʲɛrʲɪka]
Noord-Amerika (het)	Šiáurės Amèrika (m)	['ʃʲæʊrʲe:s a'mʲɛrʲɪka]
Zuid-Amerika (het)	Pietų̃ Amèrika (m)	[pʲiɛ'tu: a'mʲɛrʲɪka]
Antarctica (het)	Antarktidà (m)	[antarktʲɪ'da]
Arctis (de)	Árktika (m)	['arktʲɪka]

166. Windrichtingen

noorden (het)	šiáurė (m)	['ʃæʊrʲe:]
naar het noorden	į̃ šiáurę	[i: 'ʃæʊrʲɛ:]
in het noorden	šiáurėje	['ʃæʊrʲe:je]
noordelijk (bn)	šiaurìnis	[ʃɛʊ'rʲɪnʲɪs]

zuiden (het)	pietùs (v)	[pʲiɛ'tʊs]
naar het zuiden	į̃ pietùs	[i: pʲiɛ'tʊs]
in het zuiden	pietuosė	[pʲiɛtʊɑ'sʲɛ]
zuidelijk (bn)	pietìnis	[pʲiɛ'tʲɪnʲɪs]

westen (het)	vakaraĩ (v dgs)	[vaka'rʌɪ]
naar het westen	į̃ vãkarus	[i: 'va:karʊs]
in het westen	vakaruosė	[vakarʊɑ'sʲɛ]
westelijk (bn)	vakariẽtiškas	[vaka'rʲɛtʲɪʃkas]

oosten (het)	rytaĩ (v dgs)	[rʲiː'tʌɪ]
naar het oosten	į̃ rýtus	[i: 'rʲɪ:tʊs]
in het oosten	rytuosė	[rʲiː'tʊɑ'sʲɛ]
oostelijk (bn)	rytiẽtiškas	[rʲiː'tʲɛtʲɪʃkas]

167. Zee. Oceaan

zee (de)	jū́ra (m)	['ju:ra]
oceaan (de)	vandenýnas (v)	[vandʲɛ'nʲiːnas]
golf (baai)	į́lanka (m)	['i:lʲaŋka]
straat (de)	sąsiauris (v)	['sa:sʲɛʊrʲɪs]

continent (het)	žemýnas (v)	[ʒʲɛ'mʲiːnas]
eiland (het)	salà (m)	[sa'lʲa]
schiereiland (het)	pusiãsalis (v)	[pʊ'sʲæsalʲɪs]
archipel (de)	archipelãgas (v)	[arxʲɪpʲɛ'lʲa:gas]

baai, bocht (de)	užùtekis (v)	[ʊʒʊtʲɛkʲɪs]
haven (de)	úostas (v)	['ʊɑstas]
lagune (de)	lagūnà (m)	[lʲagu:'na]
kaap (de)	iškyšulỹs (v)	[ɪʃkʲiːʃʊ'lʲiːs]

atol (de)	atólas (v)	[a'tolʲas]
rif (het)	rìfas (v)	['rʲɪfas]
koraal (het)	korãlas (v)	[kɔ'ra:lʲas]
koraalrif (het)	korãlų rìfas (v)	[kɔ'ra:lʲu: 'rʲɪfas]

diep (bn)	gilùs	[gʲɪ'lʲʊs]
diepte (de)	gỹlis (v)	['gʲiː'lʲɪs]
diepzee (de)	bedùgnė (m)	[bʲɛ'dʊgnʲe:]
trog (bijv. Marianentrog)	į́duba (m)	['i:dʊba]

stroming (de)	srovė̃ (m)	[sro'vʲe:]
omspoelen (ww)	skaláuti	[ska'lʲɑʊtʲɪ]
oever (de)	pajūris (v)	['pajūris]
kust (de)	pakrántė (m)	[pak'rantʲe:]

vloed (de)	antplūdis (v)	['antplʲu:dʲɪs]
eb (de)	atoslūgis (v)	[a'toslʲu:gʲɪs]
ondiepte (ondiep water)	atābradas (v)	[a'ta:bradas]
bodem (de)	dugnas (v)	['dʊgnas]

golf (hoge ~)	banga (m)	[ban'ga]
golfkam (de)	bangōs keterà (m)	[ban'go:s kʲɛtʲɛ'ra]
schuim (het)	putos (m dgs)	['pʊtos]

orkaan (de)	uragānas (v)	[ʊra'ga:nas]
tsunami (de)	cunāmis (v)	[tsʊ'na:mʲɪs]
windstilte (de)	štilius (v)	[ʃtʲɪ'lʲʊs]
kalm (bijv. ~e zee)	ramus	[ra'mʊs]

pool (de)	ašigalis (v)	[a'ʃɪgalʲɪs]
polair (bn)	poliārinis	[po'lʲærʲɪnʲɪs]

breedtegraad (de)	platumà (m)	[plʲatʊ'ma]
lengtegraad (de)	ilgumà (m)	[ɪlʲgʊ'ma]
parallel (de)	paralèlè (m)	[para'lʲɛlʲe:]
evenaar (de)	ekvātorius (v)	[ɛk'va:torʲʊs]

hemel (de)	dangus (v)	[dan'gʊs]
horizon (de)	horizòntas (v)	[ɣorʲɪ'zontas]
lucht (de)	óras (v)	['oras]

vuurtoren (de)	švyturŷs (v)	[ʃvʲiːtʊ'rʲiːs]
duiken (ww)	nárdyti	['nardʲiːtʲɪ]
zinken (ov. een boot)	nuskęsti	[nʊ'skʲɛːstʲɪ]
schatten (mv.)	lóbis (v)	['lʲo:bʲɪs]

168. Bergen

berg (de)	kálnas (v)	['kalʲnas]
bergketen (de)	kalnų virtinė (m)	[kalʲ'nu: vʲɪrtʲɪnʲe:]
gebergte (het)	kalnāgūbris (v)	[kalʲ'na:gu:brʲɪs]

bergtop (de)	viršūnė (m)	[vʲɪr'ʃuːnʲe:]
bergpiek (de)	pikas (v)	['pʲɪkas]
voet (ov. de berg)	papédė (m)	[pa'pʲeːdʲe:]
helling (de)	núokalnė (m)	['nʊɑkalʲnʲe:]

vulkaan (de)	ugnìkalnis (v)	[ʊg'nʲɪkalʲnʲɪs]
actieve vulkaan (de)	veìkiantis ugnìkalnis (v)	['vʲɛɪkʲæntʲɪs ʊg'nʲɪkalʲnʲɪs]
uitgedoofde vulkaan (de)	užgęsęs ugnìkalnis (v)	[ʊʒ'gʲæsʲɛ:s ʊg'nʲɪkalʲnʲɪs]

uitbarsting (de)	išsivéržimas (v)	[ɪʃsʲɪvʲɛr'ʒʲɪmas]
krater (de)	krāteris (v)	['kra:tʲɛrʲɪs]
magma (het)	magmà (m)	[mag'ma]
lava (de)	lavà (m)	[lʲa'va]
gloeiend (~e lava)	įkaîtęs	[i:'kʌɪtʲɛ:s]

kloof (canyon)	kanjònas (v)	[ka'njɔ nas]
bergkloof (de)	tarpukalnė (m)	[tar'pʊkalʲnʲe:]

spleet (de)	tarpéklis (m)	[tar'pʲæklʲɪs]
bergpas (de)	kalnākelis (m)	[kalʲ'nakʲɛlʲɪs]
plateau (het)	gulstė (m)	[gʊlʲ'stʲe:]
klip (de)	uolà (m)	[ʊɑ'lʲa]
heuvel (de)	kalvà (m)	[kalʲ'va]

gletsjer (de)	ledýnas (v)	[lʲɛ'dʲi:nas]
waterval (de)	krioklŷs (v)	[krʲok'lʲi:s]
geiser (de)	geizeris (v)	['gʲɛɪzʲɛrʲɪs]
meer (het)	ēžeras (v)	['ɛʒʲɛras]

vlakte (de)	lygumà (m)	[lʲi:gʊ'ma]
landschap (het)	peizāžas (v)	[pʲɛɪ'za:ʒas]
echo (de)	aídas (v)	['ʌɪdas]

alpinist (de)	alpinìstas (v)	[alʲpʲɪ'nʲɪstas]
bergbeklimmer (de)	uolakopŷs (v)	[ʊɑlʲako'pʲi:s]
trotseren (berg ~)	pavérgti	[pa'vʲɛrktʲɪ]
beklimming (de)	kopìmas (v)	[kɔ'pʲɪmas]

169. Rivieren

rivier (de)	ùpė (m)	['ʊpʲe:]
bron (~ van een rivier)	šaltìnis (v)	[ʃalʲ'tʲɪnʲɪs]
rivierbedding (de)	vagà (m)	[va'ga]
rivierbekken (het)	baseĩnas (v)	[ba'sʲɛɪnas]
uitmonden in ...	įtekéti į ...	[i:tʲɛ'kʲe:tʲɪ i: ..]

| zijrivier (de) | antplūdis (v) | ['antplʲu:dʲɪs] |
| oever (de) | krañtas (v) | ['krantas] |

stroming (de)	srovė (m)	[sro'vʲe:]
stroomafwaarts (bw)	pasroviuĩ	[pasro'vʲʊɪ]
stroomopwaarts (bw)	priẽš sròvę	['prʲɛʃ 'sro:vʲɛ:]

overstroming (de)	pótvynis (v)	['potvʲi:nʲɪs]
overstroming (de)	póplūdis (v)	['poplʲu:dʲɪs]
buiten zijn oevers treden	išsilíeti	[ɪʃsʲɪ'lʲiɛtʲɪ]
overstromen (ww)	tvìndyti	['tvʲɪndʲi:tʲɪ]

| zandbank (de) | seklumà (m) | [sʲɛklʲʊ'ma] |
| stroomversnelling (de) | sleñkstis (v) | ['slʲɛŋkstʲɪs] |

dam (de)	ùžtvanka (m)	['ʊʒtvaŋka]
kanaal (het)	kanālas (v)	[ka'na:lʲas]
spaarbekken (het)	vandeñs saugyklà (m)	[van'dʲɛns saʊgʲi:k'lʲa]
sluis (de)	šliùzas (v)	['ʃlʲʊzas]

waterlichaam (het)	vandeñs telkinŷs (v)	[van'dʲɛns tʲɛlʲkʲɪ'nʲi:s]
moeras (het)	pélkė (m)	['pʲɛlʲkʲe:]
broek (het)	liũnas (v)	['lʲu:nas]
draaikolk (de)	verpētas (v)	[vʲɛr'pʲætas]
stroom (de)	upēlis (v)	[ʊ'pʲælʲɪs]
drink- (abn)	gēriamas	['gʲærʲæmas]

159

zoet (~ water)	gėlas	['gʲeːlʲas]
IJs (het)	lĕdas (v)	['lʲædas]
bevriezen (rivier, enz.)	užšálti	[ʊʒ'ʃalʲtʲɪ]

170. Bos

bos (het)	miškas (v)	['mʲɪʃkas]
bos- (abn)	miškìnis	[mʲɪʃ'kʲɪnʲɪs]

oerwoud (dicht bos)	tankumýnas (v)	[taŋkʊ'mʲiːnas]
bosje (klein bos)	giráitė (m)	[gʲɪ'rʌɪtʲeː]
open plek (de)	laūkas (v)	['lʲaʊkas]

struikgewas (het)	žolýnas, beržýnas (v)	[ʒo'lʲiːnas], [bʲɛr'ʒʲiːnas]
struiken (mv.)	krūmýnas (v)	[kruː'mʲiːnas]

paadje (het)	takēlis (v)	[ta'kʲælʲɪs]
ravijn (het)	griovỹs (v)	[grʲo'vʲiːs]

boom (de)	mēdis (v)	['mʲædʲɪs]
blad (het)	lãpas (v)	['lʲaːpas]
gebladerte (het)	lapijà (m)	[lʲapʲɪ'ja]

vallende bladeren (mv.)	lãpų kritìmas (v)	['lʲaːpuː krʲɪ'tʲɪmas]
vallen (ov. de bladeren)	krìsti	['krʲɪstʲɪ]
boomtop (de)	viršū́nė (m)	[vʲɪr'ʃuːnʲeː]

tak (de)	šakà (m)	[ʃa'ka]
ent (de)	šakà (m)	[ʃa'ka]
knop (de)	pumpuras (v)	['pʊmpʊras]
naald (de)	spyglỹs (v)	[spʲiːg'lʲiːs]
dennenappel (de)	kankórėžis (v)	[kaŋ'korʲeːʒʲɪs]

boom holte (de)	úoksas (v)	['ʊaksas]
nest (het)	lìzdas (v)	['lʲɪzdas]
hol (het)	olà (m)	[o'lʲa]

stam (de)	kamíenas (v)	[ka'mʲiɛnas]
wortel (bijv. boom~s)	šaknìs (m)	[ʃak'nʲɪs]
schors (de)	žievĕ (m)	[ʒʲiɛ'vʲeː]
mos (het)	sãmana (m)	['saːmana]

ontwortelen (een boom)	ráuti	['rɑʊtʲɪ]
kappen (een boom ~)	kìrsti	['kʲɪrstʲɪ]
ontbossen (ww)	iškìrsti	[ɪʃ'kʲɪrstʲɪ]
stronk (de)	kélmas (v)	['kʲɛlʲmas]

kampvuur (het)	láužas (v)	['lʲaʊʒas]
bosbrand (de)	gaĩsras (v)	['gʌɪsras]
blussen (ww)	gesìnti	[gʲɛ's'ɪntʲɪ]
boswachter (de)	mìškininkas (v)	['mʲɪʃkʲɪnʲɪŋkas]
bescherming (de)	apsaugà (m)	[apsɑʊ'ga]
beschermen (bijv. de natuur ~)	sáugoti	['sɑʊgotʲɪ]

stroper (de)	brakoniẽrius (v)	[brako'nʲɛrʲʊs]
val (de)	spą́stai (v dgs)	['spa:stʌɪ]

plukken (paddestoelen ~)	grybáuti	[grʲiː'baʊtʲɪ]
plukken (bessen ~)	uogáuti	[ʊɑ'gaʊtʲɪ]
verdwalen (de weg kwijt zijn)	pasiklýsti	[pasʲɪ'klʲiːstʲɪ]

171. Natuurlijke hulpbronnen

natuurlijke rijkdommen (mv.)	gamtìniai ištekliai (v dgs)	[gam'tʲɪnʲɛɪ 'ɪʃtʲɛklʲɛɪ]
delfstoffen (mv.)	naudìngos iškasenos (m dgs)	[naʊ'dʲɪngos 'ɪʃkasʲɛnos]
lagen (mv.)	telkiniaĩ (v dgs)	[tʲɛlʲkʲɪ'nʲɛɪ]
veld (bijv. olie~)	telkinỹs (v)	[tʲɛlʲkʲɪ'nʲiːs]

winnen (uit erts ~)	iškàsti	[ɪʃ'kastʲɪ]
winning (de)	laimìkis (v)	[lʲʌɪ'mʲɪkʲɪs]
erts (het)	rūdà (m)	[ru:'da]
mijn (bijv. kolenmijn)	rūdýnas (v)	[ru:'dʲiːnas]
mijnschacht (de)	šachtà (m)	[ʃax'ta]
mijnwerker (de)	šãchtininkas (v)	['ʃa:xtʲɪnʲɪŋkas]

gas (het)	dùjos (m dgs)	['dʊjɔs]
gasleiding (de)	dujótiekis (v)	[dʊ'jotʲiɛkʲɪs]

olie (aardolie)	naftà (m)	[naf'ta]
olieleiding (de)	naftótiekis (v)	[naf'totʲiɛkʲɪs]
oliebron (de)	nãftos bókštas (v)	['na:ftos 'bokʃtas]
boortoren (de)	grę̃žimo bókštas (v)	['grʲɛːʒʲɪmɔ 'bokʃtas]
tanker (de)	tánklaivis (v)	['taŋklʲʌɪvʲɪs]

zand (het)	smė̃lis (v)	['smʲeːlʲɪs]
kalksteen (de)	kálkinis akmuõ (v)	['kalʲkʲɪnʲɪs ak'mʊɑ]
grind (het)	žvýras (v)	['ʒvʲiːras]
veen (het)	dùrpės (m dgs)	['dʊrpʲeːs]
klei (de)	mólis (v)	['molʲɪs]
steenkool (de)	anglìs (m)	[ang'lʲɪs]

IJzer (het)	geležìs (v)	[gʲɛlʲɛ'ʒʲɪs]
goud (het)	áuksas (v)	['aʊksas]
zilver (het)	sidãbras (v)	[sʲɪ'da:bras]
nikkel (het)	nìkelis (v)	['nʲɪkʲɛlʲɪs]
koper (het)	vãris (v)	['va:rʲɪs]

zink (het)	cìnkas (v)	['tsʲɪŋkas]
mangaan (het)	mangãnas (v)	[man'ga:nas]
kwik (het)	gývsidabris (v)	['gʲiːvsʲɪdabrʲɪs]
lood (het)	švìnas (v)	['ʃvʲɪnas]

mineraal (het)	minerãlas (v)	[mʲɪnʲɛ'ra:lʲas]
kristal (het)	kristãlas (v)	[krʲɪs'ta:lʲas]
marmer (het)	mármuras (v)	['marmʊras]
uraan (het)	urãnas (v)	[ʊ'ra:nas]

De Aarde. Deel 2

172. Weer

weer (het)	oras (v)	['oras]
weersvoorspelling (de)	oro prognozė (m)	['orɔ prog'nozʲe:]
temperatuur (de)	temperatūra (m)	[tʲɛmpʲɛratu:'ra]
thermometer (de)	termometras (v)	[tʲɛrmo'mʲɛtras]
barometer (de)	barometras (v)	[baro'mʲɛtras]

vochtig (bn)	drėgnas	['drʲe:gnas]
vochtigheid (de)	drėgmė (m)	[drʲe:g'mʲe:]
hitte (de)	karštis (v)	['karʃtʲɪs]
heet (bn)	karštas	['karʃtas]
het is heet	karšta	['karʃta]

het is warm	šilta	['ʃɪlʲta]
warm (bn)	šiltas	['ʃɪlʲtas]

het is koud	šalta	['ʃalʲta]
koud (bn)	šaltas	['ʃalʲtas]

zon (de)	saulė (m)	['sauʲlʲe:]
schijnen (de zon)	šviesti	['ʃvʲɛstʲɪ]
zonnig (~e dag)	saulėta	[sau'lʲe:ta]
opgaan (ov. de zon)	pakilti	[pa'kʲɪlʲtʲɪ]
ondergaan (ww)	leistis	['lʲɛɪstʲɪs]

wolk (de)	debesis (v)	[dʲɛbʲɛ'sʲɪs]
bewolkt (bn)	debesuota	[dʲɛbʲɛ'suata]
regenwolk (de)	debesis (v)	[dʲɛbʲɛ'sʲɪs]
somber (bn)	apsiniaukę	[apsʲɪ'nʲæukʲɛ:]

regen (de)	lietus (v)	[lʲiɛ'tus]
het regent	lyja	['lʲi:ja]

regenachtig (bn)	lietingas	[lʲiɛ'tʲɪngas]
motregenen (ww)	lynoti	[lʲi:'notʲɪ]

plensbui (de)	liūtis (m)	['lʲu:tʲɪs]
stortbui (de)	liūtis (m)	['lʲu:tʲɪs]
hard (bn)	stiprus	[stʲɪp'rus]

plas (de)	bala (m)	[ba'lʲa]
nat worden (ww)	šlapti	['ʃlʲaptʲɪ]

mist (de)	rūkas (v)	['ru:kas]
mistig (bn)	miglotas	[mʲɪg'lʲotas]
sneeuw (de)	sniegas (v)	['snʲɛgas]
het sneeuwt	sninga	['snʲɪŋga]

173. Zwaar weer. Natuurrampen

noodweer (storm)	perkūnija (m)	[pʲɛr'ku:nʲɪjɛ]
bliksem (de)	žaìbas (v)	['ʒʌɪbas]
flitsen (ww)	žaibúoti	[ʒʌɪ'bʊɑtʲɪ]
donder (de)	griaustìnis (v)	[grʲɛʊs'tʲɪnʲɪs]
donderen (ww)	griáudėti	['grʲæʊdʲe:tʲɪ]
het dondert	griáudėja griaustìnis	['grʲæʊdʲe:ja grʲɛʊs'tʲɪnʲɪs]
hagel (de)	krušà (m)	[krʊ'ʃa]
het hagelt	krìnta krušà	['krʲɪnta krʊ'ʃa]
overstromen (ww)	užlíeti	[ʊʒ'lʲiɛtʲɪ]
overstroming (de)	pótvynis (v)	['potvʲi:nʲɪs]
aardbeving (de)	žẽmės drebėjimas (v)	['ʒʲæmʲe:s dre'bʲɛjɪmas]
aardschok (de)	smũgis (m)	['smu:gʲɪs]
epicentrum (het)	epiceñtras (v)	[ɛpʲɪ'tsʲɛntras]
uitbarsting (de)	išsiveržìmas (v)	[ɪʃsʲɪvʲɛr'ʒʲɪmas]
lava (de)	lavà (m)	[lʲa'va]
wervelwind (de)	víesulas (v)	['vʲiɛsʊlʲas]
windhoos (de)	tornãdo (v)	[tor'na:dɔ]
tyfoon (de)	taifũnas (v)	[tʌɪ'fu:nas]
orkaan (de)	uragãnas (v)	[ʊra'ga:nas]
storm (de)	audrà (m)	[ɑʊd'ra]
tsunami (de)	cunãmis (v)	[tsʊ'na:mʲɪs]
cycloon (de)	ciklònas (v)	[tsʲɪk'lʲonas]
onweer (het)	dárgana (m)	['dargana]
brand (de)	gaĩsras (v)	['gʌɪsras]
ramp (de)	katastrofà (m)	[katastro'fa]
meteoriet (de)	meteorìtas (v)	[mʲɛtʲɛo'rʲɪtas]
lawine (de)	lavinà (m)	[lʲavʲɪ'na]
sneeuwverschuiving (de)	griũtis (m)	[grʲu:'tʲɪs]
sneeuwjacht (de)	pūgà (m)	[pu:'ga]
sneeuwstorm (de)	pūgà (m)	[pu:'ga]

Fauna

174. Zoogdieren. Roofdieren

roofdier (het)	plėšrūnas (v)	[pˡʲeːʃru:nas]
tijger (de)	tìgras (v)	['tʲɪgras]
leeuw (de)	liū̃tas (v)	['lʲu:tas]
wolf (de)	vìlkas (v)	['vʲɪlʲkas]
vos (de)	lãpė (m)	['lʲa:pʲe:]

jaguar (de)	jaguãras (v)	[jagʊ'a:ras]
luipaard (de)	leopárdas (v)	[lʲɛo'pardas]
jachtluipaard (de)	gepárdas (v)	[gʲɛ'pardas]

panter (de)	panterà (m)	[pantʲɛ'ra]
poema (de)	pumà (m)	[pʊ'ma]
sneeuwluipaard (de)	snieginis leopárdas (v)	[snʲiɛ'gʲɪnʲɪs lʲɛo'pardas]
lynx (de)	lū̃šis (m)	['lʲu:ʃɪs]

coyote (de)	kojòtas (v)	[kɔ'jɔ tas]
jakhals (de)	šakãlas (v)	[ʃa'ka:lʲas]
hyena (de)	hienà (m)	[ɣʲiɛ'na]

175. Wilde dieren

dier (het)	gyvū̃nas (v)	[gʲi:'vu:nas]
beest (het)	žvėrìs (v)	[ʒvʲeː'rʲɪs]

eekhoorn (de)	voverė̃ (m)	[vovʲe'rʲe:]
egel (de)	ežỹs (v)	[ɛʒʲi:s]
haas (de)	kìškis, zuĩkis (v)	['kʲɪʃkʲɪs], ['zʊɪkʲɪs]
konijn (het)	triùšis (v)	['trʲʊʃɪs]

das (de)	barsùkas (v)	[bar'sʊkas]
wasbeer (de)	meškénas (v)	[mʲɛʃkʲe:nas]
hamster (de)	žiurkénas (v)	[ʒʲʊr'kʲe:nas]
marmot (de)	švilpìkas (v)	[ʃvʲɪlʲpʲɪkas]

mol (de)	kùrmis (v)	['kʊrmʲɪs]
muis (de)	pelė̃ (m)	[pʲɛ'lʲe:]
rat (de)	žiùrkė (m)	['ʒʲʊrkʲe:]
vleermuis (de)	šikšnósparnis (v)	[ʃɪkʃ'nosparnʲɪs]

hermelijn (de)	šermuonė̃lis (v)	[ʃermʊɑ'nʲe:lʲɪs]
sabeldier (het)	sãbalas (v)	['sa:balʲas]
marter (de)	kiáunė (m)	['kʲæʊnʲe:]
wezel (de)	žebenkštìs (m)	[ʒʲɛbʲɛŋkʃ'tʲɪs]
nerts (de)	audìnė (m)	[ɑʊ'dʲɪnʲe:]

| bever (de) | bebras (v) | ['bʲæbras] |
| otter (de) | ūdra (m) | ['uːdra] |

paard (het)	arklỹs (v)	[ark'lʲiːs]
eland (de)	briedis (v)	['brʲiɛdʲɪs]
hert (het)	elnias (v)	['ɛlʲnʲæs]
kameel (de)	kupranugãris (v)	[kʊpranʊ'gaːrʲɪs]

bizon (de)	bizonas (v)	[bʲɪ'zonas]
oeros (de)	stumbras (v)	['stʊmbras]
buffel (de)	buivolas (v)	['bʊivolʲas]

zebra (de)	zebras (v)	['zʲɛbras]
antilope (de)	antilopė (m)	[antʲɪ'lʲopʲeː]
ree (de)	stirna (m)	['stʲɪrna]
damhert (het)	danielius (v)	[da'nʲɛlʲʊs]
gems (de)	gemzė (m)	['gʲɛmzʲeː]
everzwijn (het)	šernas (v)	['ʃɛrnas]

walvis (de)	banginis (v)	[ban'gʲɪnʲɪs]
rob (de)	ruonis (v)	['rʊɑnʲɪs]
walrus (de)	veplỹs (v)	[vʲeːp'lʲiːs]
zeehond (de)	kotikas (v)	['kotʲɪkas]
dolfijn (de)	delfinas (v)	[dʲɛlʲ'fʲɪnas]

beer (de)	lokỹs (v), meška (m)	[lʲo'kʲiːs], [mʲɛʃka]
IJsbeer (de)	baltasis lokỹs (v)	[balʲ'tasʲɪs lʲo'kʲiːs]
panda (de)	panda (m)	['panda]

aap (de)	beždžionė (m)	[bʲɛʒ'dʒʲoːnʲeː]
chimpansee (de)	šimpanzė (m)	[ʃɪm'panzʲeː]
orang-oetan (de)	orangutángas (v)	[orangʊ'tangas]
gorilla (de)	gorila (m)	[gorʲɪ'lʲa]
makaak (de)	makaka (m)	[maka'ka]
gibbon (de)	gibonas (v)	[gʲɪ'bonas]

olifant (de)	dramblỹs (v)	[dram'blʲiːs]
neushoorn (de)	raganosis (v)	[raga'noːsʲɪs]
giraffe (de)	žirafa (m)	[ʒʲɪra'fa]
nijlpaard (het)	begemotas (v)	[bʲɛgʲɛ'motas]

| kangoeroe (de) | kengūra (m) | [kʲɛn'guːra] |
| koala (de) | koala (m) | [kɔa'lʲa] |

mangoest (de)	mangusta (m)	[mangʊs'ta]
chinchilla (de)	šinšila (m)	[ʃɪnʃɪ'lʲa]
stinkdier (het)	skunkas (v)	['skʊŋkas]
stekelvarken (het)	dygliuotis (v)	[dʲiːg'lʲʊotʲɪs]

176. Huisdieren

poes (de)	katė (m)	[ka'tʲeː]
kater (de)	katinas (v)	['kaːtʲɪnas]
hond (de)	šuõ (v)	['ʃʊɑ]

paard (het)	arklỹs (v)	[ark'lʲi:s]
hengst (de)	eřžilas (v)	['ɛrʒʲɪlʲas]
merrie (de)	kumēlė (m)	[kʊ'mʲælʲe:]

koe (de)	kárvė (m)	['karvʲe:]
stier (de)	bùlius (v)	['bʊlʲʊs]
os (de)	jáutis (v)	['jɑʊtʲɪs]

schaap (het)	avìs (m)	[a'vʲɪs]
ram (de)	ãvinas (v)	['a:vʲɪnas]
geit (de)	ožkà (m)	[oʒ'ka]
bok (de)	ožỹs (v)	[o'ʒʲi:s]

| ezel (de) | ãsilas (v) | ['a:sʲɪlʲas] |
| muilezel (de) | mùlas (v) | ['mʊlʲas] |

varken (het)	kiaũlė (m)	['kʲɛʊlʲe:]
biggetje (het)	paršēlis (v)	[par'ʃælʲɪs]
konijn (het)	triùšis (v)	['trʲʊʃɪs]

| kip (de) | vištà (m) | [vʲɪʃ'ta] |
| haan (de) | gaidỹs (v) | [gʌɪ'dʲi:s] |

eend (de)	ántis (m)	['antʲɪs]
woerd (de)	añtinas (v)	['antʲɪnas]
gans (de)	žą̃sinas (v)	['ʒa:sʲɪnas]

| kalkoen haan (de) | kalakùtas (v) | [kalʲa'kʊtas] |
| kalkoen (de) | kalakùtė (m) | [kalʲa'kʊtʲe:] |

huisdieren (mv.)	namìniai gyvū̃nai (v dgs)	[na'mʲɪnʲɛɪ gʲi:'vu:nʌɪ]
tam (bijv. hamster)	prijaukìntas	[prʲɪjɛʊ'kʲɪntas]
temmen (tam maken)	prijaukìnti	[prʲɪjɛʊ'kʲɪntʲɪ]
fokken (bijv. paarden ~)	augìnti	[ɑʊ'gʲɪntʲɪ]

boerderij (de)	fèrma (m)	['fʲɛrma]
gevogelte (het)	namìnis paũkštis (v)	[na'mʲɪnʲɪs 'pɑʊkʃtʲɪs]
rundvee (het)	galvìjas (v)	[gal'vʲɪjɛs]
kudde (de)	bandà (m)	[ban'da]

paardenstal (de)	arklìdė (m)	[ark'lʲɪdʲe:]
zwijnenstal (de)	kiaulìdė (m)	[kʲɛʊ'lʲɪdʲe:]
koeienstal (de)	karvìdė (m)	[kar'vʲɪdʲe:]
konijnenhok (het)	triušìdė (m)	[trʲʊ'ʃɪdʲe:]
kippenhok (het)	vištìdė (m)	[vʲɪʃ'tʲɪdʲe:]

177. Honden. Hondenrassen

hond (de)	šuõ (v)	['ʃʊɑ]
herdershond (de)	avìganis (v)	[a'vʲɪganʲɪs]
poedel (de)	pùdelis (v)	['pʊdʲɛlʲɪs]
teckel (de)	tãksas (v)	['ta:ksas]
buldog (de)	buldògas (v)	[bʊlʲ'dogas]
boxer (de)	bòkseris (v)	['boksʲɛrʲɪs]

mastiff (de)	mastìfas (v)	[mas'tʲɪfas]
rottweiler (de)	rotveìleris (v)	[rot'vʲɛɪlʲɛrʲɪs]
doberman (de)	dòbermanas (v)	['dobʲɛrmanas]

basset (de)	basètas (v)	[ba'sʲɛtas]
bobtail (de)	bobteìlas (v)	[bop'tʲɛɪlʲas]
dalmatièr (de)	dalamatìnas (v)	[dalʲama'tʲɪnas]
cockerspaniël (de)	kokerspaniėlis (v)	['kokʲɛr spa'nʲɛlʲɪs]

newfoundlander (de)	niufaundleñdas (v)	[nʲʊfaʊnd'lʲɛñdas]
sint-bernard (de)	senbernãras (v)	[sʲɛnbʲɛr'na:ras]

poolhond (de)	hãskis (v)	['ɣa:skʲɪs]
chowchow (de)	čiau čiau (v)	['tʃʲɛʊ 'tʃʲɛʊ]
spits (de)	špìcas (v)	['ʃpʲɪtsas]
mopshond (de)	mòpsas (v)	['mopsas]

178. Dierengeluiden

geblaf (het)	lojìmas (v)	[lʲo'jɪmas]
blaffen (ww)	lóti	['lʲotʲɪ]
miauwen (ww)	miaukséti	[mʲɛʊk'sʲe:tʲɪ]
spinnen (katten)	murkti	['mʊrktʲɪ]

loeien (ov. een koe)	mūkti	['mu:ktʲɪ]
brullen (stier)	baūbti	['baʊptʲɪ]
grommen (ov. de honden)	riaumóti	[rʲɛʊ'motʲɪ]

gehuil (het)	kaukìmas (v)	[kaʊ'kʲɪmas]
huilen (wolf, enz.)	kaūkti	['kaʊktʲɪ]
janken (ov. een hond)	iñkšti	['ɪŋkʃtʲɪ]

mekkeren (schapen)	bliáuti	['blʲæʊtʲɪ]
knorren (varkens)	kriukséti	[krʲʊk'sʲe:tʲɪ]
gillen (bijv. varken)	klýkauti	['klʲi:kaʊtʲɪ]

kwaken (kikvorsen)	kvakséti	[kvak'sʲe:tʲɪ]
zoemen (hommel, enz.)	zvimbti	['zvʲɪmptʲɪ]
tjirpen (sprinkhanen)	svìrpti	['svʲɪrptʲɪ]

179. Vogels

vogel (de)	paūkštis (v)	['paʊkʃtʲɪs]
duif (de)	balañdis (v)	[ba'lʲandʲɪs]
mus (de)	žvìrblis (v)	['ʒvʲɪrblʲɪs]
koolmees (de)	zýlė (m)	['zʲi:lʲe:]
ekster (de)	šárka (m)	['ʃarka]

raaf (de)	varnas (v)	['varnas]
kraai (de)	várna (m)	['varna]
kauw (de)	kúosa (m)	['kʊɑsa]
roek (de)	kovàs (v)	[kɔ'vas]

167

eend (de)	ántis (m)	['ant'ɪs]
gans (de)	žąsinas (v)	['ʒaːsʲɪnas]
fazant (de)	fazãnas (v)	[fa'zaːnas]

arend (de)	erẽlis (v)	[ɛ'rʲælʲɪs]
havik (de)	vãnagas (v)	['vaːnagas]
valk (de)	sãkalas (v)	['saːkalʲas]
gier (de)	grìfas (v)	['grʲɪfas]
condor (de)	kondóras (v)	[kɔn'doras]

zwaan (de)	gulbė (m)	['gulʲbʲeː]
kraanvogel (de)	gérvė (m)	['gʲɛrvʲeː]
ooievaar (de)	gandras (v)	['gandras]
papegaai (de)	papūgà (m)	[papuː'ga]
kolibrie (de)	kolìbris (v)	[kɔ'lʲɪbrʲɪs]
pauw (de)	póvas (v)	['povas]

struisvogel (de)	strùtis (v)	['strutʲɪs]
reiger (de)	garnỹs (v)	[gar'nʲiːs]
flamingo (de)	flamìngas (v)	[flʲa'mʲɪngas]
pelikaan (de)	pelikãnas (v)	[pʲɛlʲɪ'kaːnas]

nachtegaal (de)	lakštìngala (m)	[lʲakʃ'tʲɪngalʲa]
zwaluw (de)	kregždė (m)	[krʲɛgʒ'dʲeː]
lijster (de)	strãzdas (v)	['straːzdas]
zanglijster (de)	strãzdas giesminiñkas (v)	['straːzdas gʲiɛsmʲɪ'nʲɪŋkas]
merel (de)	juodàsis strãzdas (v)	[juɑ'dasʲɪs s'traːzdas]

gierzwaluw (de)	čiurlỹs (v)	[tʃʲur'lʲiːs]
leeuwerik (de)	vyturỹs, vieversỹs (v)	[vʲiːtu'rʲiːs], [vʲiɛvɛr'sʲiːs]
kwartel (de)	pùtpelė (m)	['putpelʲeː]

specht (de)	genỹs (v)	[gʲɛ'nʲiːs]
koekoek (de)	gegutė (m)	[gʲɛ'gutʲeː]
uil (de)	peléda (m)	[pʲɛ'lʲeːda]
oehoe (de)	apúokas (v)	[a'puɑkas]
auerhoen (het)	kurtinỹs (v)	[kurtʲɪ'nʲiːs]
korhoen (het)	tétervinas (v)	['tʲætʲɛrvʲɪnas]
patrijs (de)	kurapkà (m)	[kurap'ka]

spreeuw (de)	varnénas (v)	[var'nʲeːnas]
kanarie (de)	kanarėlė (m)	[kana'rʲeːlʲeː]
hazelhoen (het)	jerubė (m)	[jɛru'bʲeː]
vink (de)	kikìlis (v)	[kʲɪ'kʲɪlʲɪs]
goudvink (de)	sniẽgena (m)	['snʲɛgʲɛna]

meeuw (de)	žuvėdra (m)	[ʒu'vʲeːdra]
albatros (de)	albatròsas (v)	[alʲba't'rosas]
pinguïn (de)	pingvìnas (v)	[pʲɪng'vʲɪnas]

180. Vogels. Zingen en geluiden

fluiten, zingen (ww)	dainúoti, giedóti	[dʌɪ'nuɑtʲɪ], [gʲiɛ'dotʲɪ]
schreeuwen (dieren, vogels)	rėkti	['rʲeːktʲɪ]

| kraaien (ov. een haan) | giedóti | [gʲiɛ'dotʲɪ] |
| kukeleku | kakariekū | [kakarʲiɛ'kʊ] |

klokken (hen)	kudakóti	[kʊda'kotʲɪ]
krassen (kraai)	kar̃kti	['karktʲɪ]
kwaken (eend)	krekséti	[krʲɛk'sʲe:tʲɪ]
piepen (kuiken)	cȳpti	['tsʲi:ptʲɪ]
tjilpen (bijv. een mus)	čiulbéti	[tʂʲʊlʲ'bʲe:tʲɪ]

181. Vis. Zeedieren

brasem (de)	kar̃šis (v)	['karʃɪs]
karper (de)	kárpis (v)	['karpʲɪs]
baars (de)	ešerỹs (v)	[ɛʃɛ'rʲi:s]
meerval (de)	šãmas (v)	['ʃa:mas]
snoek (de)	lydeka (m)	[lʲi:dʲɛ'ka]

| zalm (de) | lašišā (m) | [lʲaʃɪ'ʃa] |
| steur (de) | erškétas (v) | [erʃ'kʲe:tas] |

| haring (de) | sílkė (m) | ['sʲɪlʲkʲe:] |
| atlantische zalm (de) | lašišā (m) | [lʲaʃɪ'ʃa] |

| makreel (de) | skùmbrė (m) | ['skʊmbrʲe:] |
| platvis (de) | plėkšnė (m) | ['plʲækʃnʲe:] |

| snoekbaars (de) | star̃kis (v) | ['starkʲɪs] |
| kabeljauw (de) | ménkė (m) | ['mʲɛŋkʲe:] |

| tonijn (de) | tùnas (v) | ['tʊnas] |
| forel (de) | upétakis (v) | [ʊ'pʲe:takʲɪs] |

| paling (de) | ungurỹs (v) | [ʊŋgʊ'rʲi:s] |
| sidderrog (de) | elektrìnė rajà (m) | [ɛlʲɛk'trʲɪnʲe: ra'ja] |

| murene (de) | murénā (m) | [mʊrʲɛ'na] |
| piranha (de) | pirānija (m) | [pʲɪ'ra:nʲɪjɛ] |

haai (de)	ryklỹs (v)	[rʲɪk'lʲi:s]
dolfijn (de)	delfìnas (v)	[dʲɛlʲ'fɪnas]
walvis (de)	bangìnis (v)	[ban'gʲɪnʲɪs]

krab (de)	krãbas (v)	['kra:bas]
kwal (de)	medūzā (m)	[mʲɛdu:'za]
octopus (de)	aštuonkójis (v)	[aʃtʊɑŋ'ko:jis]

zeester (de)	jū́ros žvaigždė̃ (m)	['ju:ros ʒvʌɪgʒ'dʲe:]
zee-egel (de)	jū́ros ežỹs (v)	['ju:ros ɛ'ʒʲi:s]
zeepaardje (het)	jū́ros arkliùkas (v)	['ju:ros ark'lʲʊkas]

oester (de)	áustrė (m)	['ɑʊstrʲe:]
garnaal (de)	krevėtė̃ (m)	[krʲɛ'vʲɛtʲe:]
kreeft (de)	omãras (v)	[o'ma:ras]
langoest (de)	langùstas (v)	[lʲan'gʊstas]

182. Amfibieën. Reptielen

slang (de)	gyvãtė (m)	[gʲiːˈvaːtʲeː]
giftig (slang)	nuodìngas	[nʊɑˈdʲɪngas]
adder (de)	angìs (v)	[anˈgʲɪs]
cobra (de)	kobra (m)	[kɔbˈra]
python (de)	pitõnas (v)	[pʲɪˈtonas]
boa (de)	smauglỹs (v)	[smɑʊgˈlʲiːs]
ringslang (de)	žaltỹs (v)	[ʒalʲˈtʲiːs]
ratelslang (de)	barškuõlė (m)	[barʃˈkʊɑlʲeː]
anaconda (de)	anakònda (m)	[anaˈkonda]
hagedis (de)	dríežas (v)	[ˈdrʲiɛʒas]
leguaan (de)	iguanà (m)	[ɪgʊaˈna]
varaan (de)	varãnas (v)	[vaˈraːnas]
salamander (de)	salamándra (m)	[salʲaˈmandra]
kameleon (de)	chameleònas (v)	[xamʲɛlʲɛˈonas]
schorpioen (de)	skorpiònas (v)	[skorpʲɪˈɔnas]
schildpad (de)	vėžlỹs (v)	[vʲeːʒˈlʲiːs]
kikker (de)	varlė̃ (m)	[varˈlʲeː]
pad (de)	rupūžė̃ (m)	[ˈrʊpuːʒʲeː]
krokodil (de)	krokodìlas (v)	[krokoˈdʲɪlʲas]

183. Insecten

insect (het)	vabzdỹs (v)	[vabzˈdʲiːs]
vlinder (de)	drugẽlis (v)	[drʊˈgʲælʲɪs]
mier (de)	skruzdėlė̃ (m)	[skrʊzˈdʲælʲeː]
vlieg (de)	mùsė (de)	[ˈmʊsʲeː]
mug (de)	úodas (v)	[ˈʊɑdas]
kever (de)	vãbalas (v)	[ˈvaːbalʲas]
wesp (de)	vapsvà (m)	[vapsˈva]
bij (de)	bìtė (m)	[ˈbʲɪtʲeː]
hommel (de)	kamãnė (m)	[kaˈmaːnʲeː]
horzel (de)	gylỹs (v)	[gʲiːˈlʲiːs]
spin (de)	vóras (v)	[ˈvoras]
spinnenweb (het)	vorãtinklis (v)	[voˈraːtɪŋklʲɪs]
libel (de)	laũmžirgis (v)	[ˈlʲɑʊmʒʲɪrgʲɪs]
sprinkhaan (de)	žiógas (v)	[ˈʒʲogas]
nachtvlinder (de)	petelìškė (m)	[pʲɛtʲɛˈlʲɪʃkʲeː]
kakkerlak (de)	tarakõnas (v)	[taraˈkoːnas]
mijt (de)	érkė (m)	[ˈærkʲeː]
vlo (de)	blusà (m)	[blʲʊˈsa]
kriebelmug (de)	mãšalas (v)	[ˈmaːʃalʲas]
treksprinkhaan (de)	skėrỹs (v)	[skʲeːˈrʲiːs]
slak (de)	sráigė (m)	[ˈsrʌɪgʲeː]

krekel (de)	svirplỹs (v)	[svˡɪrpˡˡiːs]
glimworm (de)	jônvabalis (v)	[ˈjɔːnvabalˡɪs]
lieveheersbeestje (het)	borùžė (m)	[boˈrʊʒˡeː]
meikever (de)	grambuolỹs (v)	[grambʊɑˡˡiːs]

bloedzuiger (de)	dėlễ (m)	[dˡeːˈˡˡeː]
rups (de)	vìkšras (v)	[ˈvˡɪkʃras]
aardworm (de)	slíekas (v)	[ˈslˡiɛkas]
larve (de)	kirmelễ (m)	[kˡɪrmeˈˡˡeː]

184. Dieren. Lichaamsdelen

snavel (de)	snãpas (v)	[ˈsnaːpas]
vleugels (mv.)	sparnaĩ (v dgs)	[sparˈnʌɪ]
poot (ov. een vogel)	kója (m)	[ˈkoja]
verenkleed (het)	apsiplunksnãvimas (v)	[apsˡɪplˡʊŋksˈnaːvˡɪmas]
veer (de)	plùnksna (m)	[ˈplˡʊŋksna]
kuifje (het)	skristùkas (v)	[skrˡɪˈstʊkas]

kieuwen (mv.)	žiáunos (m dgs)	[ˈʒˡæʊnos]
kuit, dril (de)	ìkrai (v dgs)	[ˈɪkrʌɪ]
larve (de)	lérva (m)	[ˈˡˡɛrva]
vin (de)	pėlekas (v)	[ˈpˡælˡɛkas]
schubben (mv.)	žvynaĩ (v dgs)	[ʒvˡiːˈnʌɪ]

slagtand (de)	ìltis (m)	[ˈɪlˡtˡɪs]
poot (bijv. ~ van een kat)	lễtena (m)	[ˈˡˡætˡɛna]
muil (de)	snùkis (v)	[ˈsnʊkˡɪs]
bek (mond van dieren)	nasraĩ (v)	[nasˈrʌɪ]
staart (de)	uodegã (m)	[ʊɑdˡɛˈga]
snorharen (mv.)	ũsai (v dgs)	[ˈuːsʌɪ]

| hoef (de) | kanópa (m) | [kaˈnopa] |
| hoorn (de) | rãgas (v) | [ˈraːgas] |

schild (schildpad, enz.)	šárvas (v)	[ˈʃarvas]
schelp (de)	kriauklễ (m)	[krˡɛʊkˈˡˡeː]
eierschaal (de)	lùkštas (v)	[ˈˡˡʊkʃtas]

| vacht (de) | vìlna (m) | [ˈvˡɪˡˡna] |
| huid (de) | káilis (v) | [ˈkʌɪlˡɪs] |

185. Dieren. Leefomgevingen

| leefgebied (het) | gývavimo aplinkà (m) | [gˡiːˈvavˡɪmɔ apˡˡɪŋˈka] |
| migratie (de) | migrãcija (m) | [mˡɪˈgraːtsˡɪjɛ] |

berg (de)	kálnas (v)	[ˈkalˡnas]
rif (het)	rìfas (v)	[ˈrˡɪfas]
klip (de)	uolã (m)	[ʊɑˈˡˡa]
bos (het)	mìškas (v)	[ˈmˡɪʃkas]
jungle (de)	džiùnglễs (m dgs)	[ˈdʒˡʊnglˡeːs]

| savanne (de) | savaná (m) | [sava'na] |
| toendra (de) | tùndra (m) | ['tʊndra] |

steppe (de)	stèpé (m)	['stʲɛpʲeː]
woestijn (de)	dykumá (m)	[dʲiːkʊ'ma]
oase (de)	oãzė (m)	[o'aːzʲeː]

zee (de)	júra (m)	['juːra]
meer (het)	ėžeras (v)	['ɛʒʲɛras]
oceaan (de)	vandenýnas (v)	[vandʲɛ'nʲiːnas]

moeras (het)	pélkė (m)	['pʲɛlʲkʲeː]
zoetwater- (abn)	gėlavandẽnis	[gʲeːlʲavan'dʲænʲɪs]
vijver (de)	tvenkinỹs (v)	[tvʲɛŋkʲɪ'nʲiːs]
rivier (de)	ùpė (m)	['ʊpʲeː]

berenhol (het)	irštvà (m)	[ɪrʃt'va]
nest (het)	lìzdas (v)	['lʲɪzdas]
boom holte (de)	drevė́ (m)	[dre'vʲeː]
hol (het)	olà (m)	[o'lʲa]
mierenhoop (de)	skruzdėlýnas (v)	[skrʊzdʲeː'lʲiːnas]

Flora

186. Bomen

boom (de)	mẽdis (v)	['mʲædʲɪs]
loof- (abn)	lapuõtis	[lʲapʊ'atʲɪs]
dennen- (abn)	spygliuõtis	[spʲi:g'lʲʊo:tʲɪs]
groenblijvend (bn)	vìsžalis	['vʲɪsʒalʲɪs]
appelboom (de)	obelìs (m)	[obʲɛ'lʲɪs]
perenboom (de)	kriáušě (m)	['krʲæʊʃe:]
zoete kers (de)	trẽšnė (m)	['trʲæʃnʲe:]
zure kers (de)	vyšnià (m)	[vʲi:ʃnʲæ]
pruimelaar (de)	slyvà (m)	[slʲi:'va]
berk (de)	béržas (v)	['bʲɛrʒas]
eik (de)	ąžuolas (v)	['a:ʒʊalʲas]
linde (de)	líepa (m)	['lʲiɛpa]
esp (de)	drebulě (m)	[drebʊ'lʲe:]
esdoorn (de)	klẽvas (v)	['klʲævas]
spar (de)	ẽglė (m)	['ʲæglʲe:]
den (de)	pušìs (m)	[pʊ'ʃɪs]
lariks (de)	maũmedis (v)	['maʊmʲɛdʲɪs]
zilverspar (de)	kẽnis (v)	['kʲe:nʲɪs]
ceder (de)	kèdras (v)	['kʲɛdras]
populier (de)	túopa (m)	['tʊapa]
lijsterbes (de)	šermùkšnis (v)	[ʃɛr'mʊkʃnʲɪs]
wilg (de)	glúosnis (v)	['glʲʊasnʲɪs]
els (de)	alksnis (v)	['alʲksnʲɪs]
beuk (de)	bùkas (v)	['bʊkas]
iep (de)	gúoba (m)	['gʊaba]
es (de)	úosis (v)	['ʊasʲɪs]
kastanje (de)	kaštõnas (v)	[kaʃto:nas]
magnolia (de)	magnòlija (m)	[mag'nolʲɪjɛ]
palm (de)	pálmė (m)	['palʲmʲe:]
cipres (de)	kiparìsas (v)	[kʲɪpa'rʲɪsas]
mangrove (de)	mañgro mẽdis (v)	['mañgrɔ 'mʲædʲɪs]
baobab (apenbroodboom)	baobãbas (v)	[bao'ba:bas]
eucalyptus (de)	eukalìptas (v)	[ɛʊka'lʲɪptas]
mammoetboom (de)	sekvojà (m)	[sʲɛkvo:'jɛ]

187. Heesters

struik (de)	krũmas (v)	['kru:mas]
heester (de)	krūmýnas (v)	[kru:'mʲi:nas]

| wijnstok (de) | vynuogýnas (v) | [vʲi:nʊɑ'gʲi:nas] |
| wijngaard (de) | vynuogýnas (v) | [vʲi:nʊɑ'gʲi:nas] |

frambozenstruik (de)	aviẽtė (m)	[a'vʲɛtʲe:]
rode bessenstruik (de)	raudonàsis serbeñtas (v)	[rɑʊdo'nasʲɪs sʲɛr'bʲɛntas]
kruisbessenstruik (de)	agrãstas (v)	[ag'ra:stas]

acacia (de)	akãcija (m)	[a'ka:tsʲɪjɛ]
zuurbes (de)	raugeŕškis (m)	[rɑʊ'gʲɛrʃkʲɪs]
jasmijn (de)	jazmìnas (v)	[jaz'mʲɪnas]

jeneverbes (de)	kadagỹs (v)	[kada'gʲi:s]
rozenstruik (de)	rõžių krūmas (v)	['ro:ʒʲu: 'kru:mas]
hondsroos (de)	erškė̃tis (v)	[erʃ'kʲe:tʲɪs]

188. Champignons

paddenstoel (de)	grỹbas (v)	['grʲi:bas]
eetbare paddenstoel (de)	vàlgomas grỹbas (v)	['valʲgomas 'grʲi:bas]
giftige paddenstoel (de)	nuodìngas grỹbas (v)	[nʊɑ'dʲɪngas 'grʲi:bas]
hoed (de)	kepurẽlė (m)	[kʲɛpu'rʲe:lʲe:]
steel (de)	kotas (v)	['kotas]

gewoon eekhoorntjesbrood (het)	baravỹkas (v)	[bara'vʲi:kas]
rosse populierenboleet (de)	raudonvìršis (v)	[rɑʊdon'vʲɪrʃɪs]
berkenboleet (de)	lẽpšis (v)	['lʲæpʃɪs]
cantharel (de)	voveraìtė (m)	[vove'rʌɪtʲe:]
russula (de)	ūmė̃dė (m)	[u:mʲe:'dʲe:]

morille (de)	briedžiùkas (v)	[brʲɪɛ'dʒʲukas]
vliegenzwam (de)	mùsmirė (m)	['mʊsmʲɪrʲe:]
groene knolzwam (de)	šùngrybis (v)	['ʃungrʲi:bʲɪs]

189. Vruchten. Bessen

vrucht (de)	vàisius (v)	['vʌɪsʲʊs]
vruchten (mv.)	vàisiai (v dgs)	['vʌɪsʲɛɪ]
appel (de)	obuolỹs (v)	[obʊɑ'lʲi:s]
peer (de)	kriáušė (m)	['krʲæʊʃʲe:]
pruim (de)	slyvà (m)	[slʲi:'va]

aardbei (de)	brãškė (m)	['bra:ʃkʲe:]
zure kers (de)	vyšnià (m)	[vʲi:ʃnʲæ]
zoete kers (de)	trẽšnė (m)	['trʲæʃnʲe:]
druif (de)	vỹnuogės (m dgs)	['vʲi:nʊɑgʲe:s]

framboos (de)	aviẽtė (m)	[a'vʲɛtʲe:]
zwarte bes (de)	juodíeji serbeñtai (v dgs)	[jʊɑ'dʲɪɛjɪ sʲɛr'bʲɛntʌɪ]
rode bes (de)	raudoníeji serbeñtai (v dgs)	[rɑʊdo'nʲɛjɪ sʲɛr'bʲɛntʌɪ]
kruisbes (de)	agrãstas (v)	[ag'ra:stas]
veenbes (de)	spanguolė̃ (m)	['spaŋgʊɑlʲe:]

sinaasappel (de)	apelsìnas (v)	[apⁱɛlⁱ'sⁱɪnas]
mandarijn (de)	mandarìnas (v)	[manda'rⁱɪnas]
ananas (de)	ananãsas (v)	[ana'na:sas]
banaan (de)	banãnas (v)	[ba'na:nas]
dadel (de)	datùlė (m)	[da'tʊlⁱe:]

citroen (de)	citrinà (m)	[tsⁱɪtrⁱɪ'na]
abrikoos (de)	abrikòsas (v)	[abrⁱɪ'kosas]
perzik (de)	pėrsikas (v)	['pⁱɛrsⁱɪkas]
kiwi (de)	kìvis (v)	['kⁱɪvⁱɪs]
grapefruit (de)	greìpfrutas (v)	['grⁱɛɪpfrʊtas]

bes (de)	ùoga (m)	['ʊaga]
bessen (mv.)	ùogos (m dgs)	['ʊagos]
vossenbes (de)	brùknės (m dgs)	['brʊknⁱe:s]
bosaardbei (de)	žėmuogės (m dgs)	['ʒⁱæmʊagⁱe:s]
bosbes (de)	mėlynės (m dgs)	[mⁱe:'lⁱi:nⁱe:s]

190. Bloemen. Planten

bloem (de)	gėlė̃ (m)	[gⁱe:'lⁱe:]
boeket (het)	puòkštė (m)	['pʊakʃtⁱe:]

roos (de)	rõžė (m)	['ro:ʒⁱe:]
tulp (de)	tùlpė (m)	['tʊlⁱpⁱe:]
anjer (de)	gvazdìkas (v)	[gvaz'dⁱɪkas]
gladiool (de)	kardėlis (v)	[kar'dⁱælⁱɪs]

korenbloem (de)	rùgiagėlė (m)	['rʊgⁱægⁱe:lⁱe:]
klokje (het)	varpẽlis (v)	[var'pⁱælⁱɪs]
paardenbloem (de)	piẽnė (m)	['pⁱɛnⁱe:]
kamille (de)	ramùnė (m)	[ra'mʊnⁱe:]

aloë (de)	alijòšius (v)	[alⁱɪ'jo:ʃʊs]
cactus (de)	kãktusas (v)	['ka:ktʊsas]
ficus (de)	fìkusas (v)	['fⁱɪkʊsas]

lelie (de)	lelijà (m)	[lⁱɛlⁱɪ'ja]
geranium (de)	pelargònija (m)	[pⁱɛlⁱar'gonⁱɪjɛ]
hyacint (de)	hiacìntas (v)	[ɣⁱɪja'tsⁱɪntas]

mimosa (de)	mimozà (m)	[mⁱɪmo'za]
narcis (de)	narcìzas (v)	[nar'tsⁱɪzas]
Oostindische kers (de)	nastùrta (m)	[nas'tʊrta]

orchidee (de)	orchidėja (m)	[orxⁱɪ'dⁱe:ja]
pioenroos (de)	bijūnas (v)	[bⁱɪ'ju:nas]
viooltje (het)	našlaitė (m)	[naʃ'lⁱʌɪtⁱe:]

driekleurig viooltje (het)	darželinė našlaitė (m)	[dar'ʒⁱælⁱɪnⁱe: naʃ'lʌɪtⁱe:]
vergeet-mij-nietje (het)	neužmirštuõlė (m)	[nⁱɛʊʒmⁱɪrʃ'tʊalⁱe:]
madeliefje (het)	saulùtė (m)	[saʊ'lⁱʊtⁱe:]
papaver (de)	aguonà (m)	[agʊa'na]
hennep (de)	kanãpė (m)	[ka'na:pⁱe:]

munt (de)	mėtà (m)	[mʲeˈta]
lelietje-van-dalen (het)	pakalnùtė (m)	[pakalʲˈnʊtʲe:]
sneeuwklokje (het)	sniẽgena (m)	[ˈsnʲɛɡʲɛna]
brandnetel (de)	dilgėlė (m)	[dʲɪlʲˈɡʲælʲe:]
veldzuring (de)	rūgštynė (m)	[ru:ɡʲˈtʲi:nʲe:]
waterlelie (de)	vandeñs lelijà (m)	[vanˈdʲɛns lʲɛlʲɪˈja]
varen (de)	papártis (v)	[paˈpartʲɪs]
korstmos (het)	kérpė (m)	[ˈkʲɛrpʲe:]
oranjerie (de)	oranžėrija (m)	[oranˈʒʲɛrʲɪjɛ]
gazon (het)	gazónas (v)	[ɡaˈzonas]
bloemperk (het)	klòmba (m)	[ˈklʲomba]
plant (de)	áugalas (v)	[ˈɑʊɡalʲas]
gras (het)	žolė̃ (m)	[ʒoˈlʲe:]
grasspriet (de)	žolẽlė (m)	[ʒoˈlʲælʲe:]
blad (het)	lãpas (v)	[ˈlʲa:pas]
bloemblad (het)	žíedlapis (v)	[ˈʒʲiɛdlʲapʲɪs]
stengel (de)	stíebas (v)	[ˈstʲiɛbas]
knol (de)	gum̃bas (v)	[ˈɡʊmbas]
scheut (de)	želmuõ (v)	[ʒʲɛlʲˈmʊɑ]
doorn (de)	spyglỹs (v)	[spʲi:ɡˈlʲi:s]
bloeien (ww)	žýdéti	[ʒʲi:ˈdʲe:tʲɪ]
verwelken (ww)	výsti	[ˈvʲi:stʲɪ]
geur (de)	kvãpas (v)	[ˈkva:pas]
snijden (bijv. bloemen ~)	nupjáuti	[nʊˈpjɑʊtʲɪ]
plukken (bloemen ~)	nuskìnti	[nʊˈskʲɪntʲɪ]

191. Granen, graankorrels

graan (het)	grū̃das (v)	[ˈgru:das]
graangewassen (mv.)	grūdìnės kultū̃ros (m dgs)	[gru:ˈdʲɪnʲe:s kʊlʲˈtu:ros]
aar (de)	várpa (m)	[ˈvarpa]
tarwe (de)	kviečiaĩ (v dgs)	[kvʲiɛˈtʂʲɛɪ]
rogge (de)	rugiaĩ (v dgs)	[rʊˈgʲɛɪ]
haver (de)	ãvižos (m dgs)	[ˈa:vʲɪʒos]
gierst (de)	sóra (m)	[ˈsora]
gerst (de)	miẽžiai (v dgs)	[ˈmʲɛʒʲɛɪ]
maïs (de)	kukurū̃zas (v)	[kʊkʊˈru:zas]
rijst (de)	rỹžiai (v)	[ˈrʲi:ʒʲɛɪ]
boekweit (de)	grìkiai (v dgs)	[ˈgrʲɪkʲɛɪ]
erwt (de)	žìrniai (v dgs)	[ˈʒʲɪrnʲɛɪ]
boon (de)	pupẽlės (m dgs)	[pʊˈpʲælʲe:s]
soja (de)	sojà (m)	[soːˈjɛ]
linze (de)	lę̃šiai (v dgs)	[ˈlʲɛːʃʲɛɪ]
bonen (mv.)	pùpos (m dgs)	[ˈpʊpos]

REGIONALE AARDRIJKSKUNDE

Landen. Nationaliteiten

192. Politiek. Overheid. Deel 1

politiek (de)	politika (m)	[po'lʲɪtʲɪka]
politiek (bn)	politinis	[po'lʲɪtʲɪnʲɪs]
politicus (de)	politikas (v)	[po'lʲɪtʲɪkas]

staat (land)	valstybė (m)	[valʲs'tʲi:bʲe:]
burger (de)	piliėtis (v)	[pʲɪ'lʲɛtʲɪs]
staatsburgerschap (het)	pilietybė (m)	[pʲɪlʲiɛ'tʲi:bʲe:]

| nationaal wapen (het) | nacionālinis hèrbas (v) | [natsʲɪjɔ'na:lʲɪnʲɪs 'ɣʲɛrbas] |
| volkslied (het) | valstybinis himnas (v) | [valʲs'tʲi:bʲɪnʲɪs 'ɣʲɪmnas] |

regering (de)	vyriausybė (m)	[vʲi:rʲɛʊ's	i:bʲe:]
staatshoofd (het)	šaliės vadõvas (v)	[ʃa'lʲɛs va'dɔ:vas]
parlement (het)	parlameñtas (v)	[parlʲa'mʲɛntas]
partij (de)	pártija (m)	['partʲɪjɛ]

| kapitalisme (het) | kapitalìzmas (v) | [kapʲɪta'lʲɪzmas] |
| kapitalistisch (bn) | kapitalìstinis | [kapʲɪta'lʲɪstʲɪnʲɪs] |

| socialisme (het) | socialìzmas (v) | [sotsʲɪja'lʲɪzmas] |
| socialistisch (bn) | socialìstinis | [sotsʲɪja'lʲɪstʲɪnʲɪs] |

communisme (het)	komunìzmas (v)	[kɔmʊ'nʲɪzmas]
communistisch (bn)	komunìstinis	[kɔmʊ'nʲɪstʲɪnʲɪs]
communist (de)	komunìstas (v)	[kɔmʊ'nʲɪstas]

democratie (de)	demokrãtija (m)	[dʲɛmo'kra:tʲɪjɛ]
democraat (de)	demokrãtas (v)	[dʲɛmo'kra:tas]
democratisch (bn)	demokrãtinis	[dʲɛmo'kra:tʲɪnʲɪs]
democratische partij (de)	demokrãtinė pártija (m)	[dʲɛmo'kra:tʲɪnʲe: 'partʲɪjɛ]

| liberaal (de) | liberãlas (v) | [lʲɪbʲɛ'ra:las] |
| liberaal (bn) | liberalùs | [lʲɪbʲɛra'lʊs] |

| conservator (de) | konservātorius (v) | [kɔnsʲɛr'va:torʲʊs] |
| conservatief (bn) | konservatyvùs | [kɔnsʲɛrvatʲi:'vʊs] |

republiek (de)	respùblika (m)	[rʲɛs'pʊblʲɪka]
republikein (de)	respublikõnas (v)	[rʲɛspʊblʲɪ'ko:nas]
Republikeinse Partij (de)	respublikìnė pártija (m)	[rʲɛspʊblʲɪ'kʲɪnʲe: 'partʲɪjɛ]

| verkiezing (de) | rinkìmai (v dgs) | [rʲɪŋ'kʲɪmʌɪ] |
| kiezen (ww) | išriñkti | [ɪʃ'rʲɪŋktʲɪ] |

| kiezer (de) | rinkėjas (v) | [rʲɪŋ'kʲeːjas] |
| verkiezingscampagne (de) | rinkìmo kampãnija (m) | [rʲɪŋ'kʲɪmɔ kam'paːnʲɪjɛ] |

stemming (de)	balsãvimas (v)	[balʲ'saːvʲɪmas]
stemmen (ww)	balsúoti	[balʲ'suɒtʲɪ]
stemrecht (het)	balsãvimo téisė (m)	[balʲ'saːvʲɪmɔ 'tʲæisʲeː]

kandidaat (de)	kandidãtas (v)	[kandʲɪ'daːtas]
zich kandideren	balotirúotis	[balʲotʲɪ'ruɒtʲɪs]
campagne (de)	kampãnija (m)	[kam'paːnʲɪjɛ]

| oppositie- (abn) | opozìcinis | [opo'zʲɪtsʲɪnʲɪs] |
| oppositie (de) | opozìcija (m) | [opo'zʲɪtsʲɪjɛ] |

bezoek (het)	vizìtas (v)	[vʲɪ'zʲɪtas]
officieel bezoek (het)	oficialùs vizìtas (v)	[ofʲɪtsʲɪja'lʲʊs vʲɪ'zʲɪtas]
internationaal (bn)	tarptautìnis	[tarptɒʊ'tʲɪnʲɪs]

| onderhandelingen (mv.) | derýbos (m dgs) | [dʲɛ'rʲiːbos] |
| onderhandelen (ww) | vèsti derýbas | ['vʲɛstʲɪ dʲɛ'rʲiːbas] |

193. Politiek. Overheid. Deel 2

maatschappij (de)	visúomenė (m)	[vʲɪ'suɒmenʲeː]
grondwet (de)	konstitùcija (m)	[konstʲɪ'tʊtsʲɪjɛ]
macht (politieke ~)	valdžià (m)	[valʲ'dʒʲæ]
corruptie (de)	korùpcija (m)	[kɔ'rʊptsʲɪjɛ]

| wet (de) | įstãtymas (v) | [iː'staːtiːmas] |
| wettelijk (bn) | teisétas | [tʲɛɪ'sʲeːtas] |

| rechtvaardigheid (de) | teisingùmas (v) | [tʲɛɪsʲɪn'gumas] |
| rechtvaardig (bn) | teisìngas | [tʲɛɪ'sʲɪngas] |

comité (het)	komitètas (v)	[komʲɪ'tʲɛtas]
wetsvoorstel (het)	įstãtymo projèktas (v)	[iː'staːtiːmɔ pro'jɛktas]
begroting (de)	biudžètas (v)	[bʲʊ'dʒʲɛtas]
beleid (het)	polìtika (m)	[po'lʲɪtʲɪka]
hervorming (de)	refòrma (m)	[rʲɛ'forma]
radicaal (bn)	radikalùs	[radʲɪka'lʲʊs]

macht (vermogen)	jėgà (m)	[jeː'ga]
machtig (bn)	galìngas	[ga'lʲɪngas]
aanhanger (de)	šalinìnkas (v)	[ʃalʲɪ'nʲɪŋkas]
invloed (de)	įtaka (m)	['iːtaka]

regime (het)	režìmas (v)	[rʲɛ'ʒʲɪmas]
conflict (het)	konflìktas (v)	[kon'flʲɪktas]
samenzwering (de)	sámokslas (v)	['saːmokslʲas]
provocatie (de)	provokãcija (m)	[provo'kaːtsʲɪjɛ]

omverwerpen (ww)	nuversti	[nʊ'vʲɛrstʲɪ]
omverwerping (de)	nuvertìmas (v)	[nʊvʲɛr'tʲɪmas]
revolutie (de)	revoliùcija (m)	[rʲɛvo'lʲʊtsʲɪjɛ]

staatsgreep (de)	pérversmas (v)	['pʲɛrvʲɛrsmas]
militaire coup (de)	karìnis pérversmas (v)	[ka'rʲɪnʲɪs 'pʲɛrvʲɛrsmas]
crisis (de)	krìzė (m)	['krʲɪzʲe:]
economische recessie (de)	ekonóminis kritìmas (v)	[ɛko'nomʲɪnʲɪs krʲɪ'tʲɪmas]
betoger (de)	demonstrántas (v)	[dʲɛmons'trantas]
betoging (de)	demonstrãcija (m)	[dʲɛmons'tra:tsʲɪjɛ]
krijgswet (de)	kãro padėtìs (m)	['ka:rɔ padʲe:'tʲɪs]
militaire basis (de)	karìnė bãzė (m)	[ka'rʲɪnʲe: 'ba:zʲe:]
stabiliteit (de)	stabilùmas (v)	[stabʲɪ'lʲʊmas]
stabiel (bn)	stabilùs	[stabʲɪ'lʲʊs]
uitbuiting (de)	eksploatãcija (m)	[ɛksplʲoa'ta:tsʲɪjɛ]
uitbuiten (ww)	eksploatúoti	[ɛksplʲoa'tʊatʲɪ]
racisme (het)	rasìzmas (v)	[ra'sʲɪzmas]
racist (de)	rasìstas (v)	[ra'sʲɪstas]
fascisme (het)	fašìzmas (v)	[fa'ʃɪzmas]
fascist (de)	fašìstas (v)	[fa'ʃɪstas]

194. Landen. Diversen

vreemdeling (de)	užsieniẽtis (v)	[ʊʒsʲiɛ'nʲɛtʲɪs]
buitenlands (bn)	užsieniẽtiškas	[ʊʒsʲiɛ'nʲɛtʲɪʃkas]
in het buitenland (bw)	užsienyje	['ʊʒsʲiɛnʲi:jɛ]
emigrant (de)	emigrántas (v)	[ɛmʲɪ'grantas]
emigratie (de)	emigrãcija (m)	[ɛmʲɪ'gra:tsʲɪjɛ]
emigreren (ww)	emigrúoti	[ɛmʲɪ'grʊatʲɪ]
Westen (het)	Vakaraĩ (v dgs)	[vaka'rʌɪ]
Oosten (het)	Rytaĩ (v dgs)	[rʲi:'tʌɪ]
Verre Oosten (het)	Tolimì Rytaĩ (v dgs)	[tolʲɪ'mʲɪ rʲi:'tʌɪ]
beschaving (de)	civilizãcija (m)	[tsʲɪvʲɪlʲɪ'za:tsʲɪjɛ]
mensheid (de)	žmonijà (m)	[ʒmonʲɪ'ja]
wereld (de)	pasáulis (v)	[pa'sɑʊlʲɪs]
vrede (de)	taikà (m)	[tʌɪ'ka]
wereld- (abn)	pasáulinis	[pa'sɑʊlʲɪnʲɪs]
vaderland (het)	tėvỹnė (m)	[tʲe:'vʲi:nʲe:]
volk (het)	tautà (m), liáudis (m)	[tɑʊ'ta], ['lʲæʊdʲɪs]
bevolking (de)	gyvéntojai (v)	[gʲi:'vʲento:jɛi]
mensen (mv.)	žmõnės (v dgs)	['ʒmo:nʲe:s]
natie (de)	nãcija (m)	['na:tsʲɪjɛ]
generatie (de)	kartà (m)	[kar'ta]
gebied (bijv. bezette ~en)	teritòrija (m)	[tʲɛrʲɪ'torʲɪjɛ]
regio, streek (de)	regiònas (v)	[rʲɛgʲɪ'jonas]
deelstaat (de)	valstijà (m)	[valʲstʲɪ'ja]
traditie (de)	tradìcija (m)	[tra'dʲɪtsʲɪjɛ]
gewoonte (de)	paprotỹs (v)	[papro'tʲi:s]

ecologie (de)	ekológija (m)	[ɛkoˈlʲogʲɪjɛ]
Indiaan (de)	indénas (v)	[ɪnˈdʲeːnas]
zigeuner (de)	čigónas (v)	[tʂʲɪˈgoːnas]
zigeunerin (de)	čigōnė (m)	[tʂʲɪˈgoːnʲeː]
zigeuner- (abn)	čigōniškas	[tʂʲɪˈgoːnʲɪʃkas]

rijk (het)	impérija (m)	[ɪmˈpʲɛrʲɪjɛ]
kolonie (de)	kolónija (m)	[kɔˈlʲonʲɪjɛ]
slavernij (de)	vergijà (m)	[vʲɛrgʲɪˈja]
invasie (de)	invāzija (m)	[ɪnˈvaːzʲɪjɛ]
hongersnood (de)	bādas (v)	[ˈbaːdas]

195. Grote religieuze groepen. Bekentenissen

| religie (de) | relìgija (m) | [rʲɛˈlʲɪgʲɪjɛ] |
| religieus (bn) | relìginis | [rʲɛˈlʲɪgʲɪnʲɪs] |

geloof (het)	tikéjimas (v)	[tʲɪˈkʲɛjɪmas]
geloven (ww)	tikéti	[tʲɪˈkʲeːtʲɪ]
gelovige (de)	tìkintis (v)	[ˈtʲɪkʲɪntʲɪs]

| atheïsme (het) | ateìzmas (v) | [atʲɛˈɪzmas] |
| atheïst (de) | ateìstas (v) | [atʲɛˈɪstas] |

christendom (het)	Krikščionýbė (m)	[krʲɪkʃtʂʲoˈnʲiːbʲeː]
christen (de)	krikščiónis (v)	[krʲɪkʃˈtʂʲonʲɪs]
christelijk (bn)	krikščióniškas	[krʲɪkʃˈtʂʲonʲɪʃkas]

katholicisme (het)	Katalicìzmas (v)	[katalʲɪˈtsʲɪzmas]
katholiek (de)	katalìkas (v)	[kataˈlʲɪkas]
katholiek (bn)	katalìkiškas	[kataˈlʲɪkʲɪʃkas]

protestantisme (het)	Protestantìzmas (v)	[protʲɛstanˈtʲɪzmas]
Protestante Kerk (de)	Protestántų bažnýčia (m)	[protʲɛsˈtantu: baʒˈnʲiːtʂʲæ]
protestant (de)	protestántas (v)	[protʲɛsˈtantas]

orthodoxie (de)	Stačiatikýbė (m)	[statʂʲætʲɪˈkʲiːbʲeː]
Orthodoxe Kerk (de)	Stačiātikių bažnýčia (m)	[staˈtʂʲætʲɪkʲu: baʒˈnʲiːtʂʲæ]
orthodox	stačiātikis	[staˈtʂʲætʲɪkʲɪs]

presbyterianisme (het)	Presbiterionìzmas (v)	[prʲɛsbʲɪtʲɛrʲɪjoˈnʲɪzmas]
Presbyteriaanse Kerk (de)	Presbiteriōnų bažnýčia (m)	[prʲɛsbʲɪtʲɛrʲɪˈjo:nu: baʒˈnʲiːtʂʲæ]
presbyteriaan (de)	presbiteriōnas (v)	[prʲɛsbʲɪtʲɛrʲɪˈjo:nas]

| lutheranisme (het) | Liuterōnų bažnýčia (m) | [lʲʊtʲɛˈro:nu: baʒˈnʲiːtʂʲæ] |
| lutheraan (de) | liuterōnas (v) | [lʲʊtʲɛˈro:nas] |

| baptisme (het) | Baptìzmas (v) | [bapˈtʲɪzmas] |
| baptist (de) | baptìstas (v) | [bapˈtʲɪstas] |

Anglicaanse Kerk (de)	Anglikōnų bažnýčia (m)	[anglʲɪˈko:nu: baʒˈnʲiːtʂʲæ]
anglicaan (de)	anglikōnas (v)	[anglʲɪˈko:nas]
mormoon (de)	mormónas (v)	[morˈmonas]
Jodendom (het)	Judaìzmas (v)	[jʊdʌˈɪzmas]

jood (aanhanger van het Jodendom)	žydas (v)	['ʒ⁽ⁱ⁾iː:das]
boeddhisme (het)	Budizmas (v)	[bʊ'dʲɪzmas]
boeddhist (de)	budistas (v)	[bʊ'dʲɪstas]

| hindoeïsme (het) | Induizmas (v) | [ɪndʊ'ɪzmas] |
| hindoe (de) | induistas (v) | [ɪndʊʲɪstas] |

islam (de)	Islāmas (v)	[ɪs'lʲaː:mas]
islamiet (de)	musulmōnas (v)	[mʊsʊlʲ'moː:nas]
islamitisch (bn)	musulmōniškas	[mʊsʊlʲ'moː:nʲɪʃkas]

| sjiisme (het) | Šiizmas (v) | [ʃɪ'ɪzmas] |
| sjiiet (de) | šiitas (v) | [ʃɪ'ɪtas] |

| soennisme (het) | Sunizmas (v) | [sʊ'nʲɪzmas] |
| soenniet (de) | sunitas (v) | [sʊ'nʲɪtas] |

196. Religies. Priesters

| priester (de) | šventikas (v) | [ʃvʲɛn'tʲɪkas] |
| paus (de) | Romos popiežius (v) | ['romos 'popʲiɛʒʲʊs] |

monnik (de)	vienuõlis (v)	[vʲiɛ'nʊɑlʲɪs]
non (de)	vienuõlė (m)	[vʲiɛ'nʊɑlʲeː:]
pastoor (de)	pāstorius (v)	['paː:storʲʊs]

abt (de)	abātas (v)	[a'baː:tas]
vicaris (de)	vikāras (v)	[vʲɪ'kaː:ras]
bisschop (de)	výskupas (v)	['vʲiː:skʊpas]
kardinaal (de)	kardinõlas (v)	[kardʲɪ'noː:lʲas]

predikant (de)	pamoksláutojas (v)	[pamok'slʲɑuto:jɛs]
preek (de)	pamókslas (v)	[pa'mokslʲas]
kerkgangers (mv.)	parapijiēčiai (v dgs)	[parapʲɪ'jɪɛtʂʲɛɪ]

| gelovige (de) | tikintis (v) | ['tʲɪkʲɪntʲɪs] |
| atheïst (de) | ateistas (v) | [atʲɛ'ɪstas] |

197. Geloof. Christendom. Islam

| Adam | Adõmas (v) | [a'doː:mas] |
| Eva | Ievà (m) | [ɪɛ'va] |

God (de)	Diēvas (v)	['dʲɛvas]
Heer (de)	Viēšpats (v)	['vʲɛʃpats]
Almachtige (de)	Visagālis (v)	[vʲɪsa'gaː:lʲɪs]

zonde (de)	núodėmė (m)	['nʊadʲeː:mʲeː:]
zondigen (ww)	nusidéti	[nʊsʲɪ'dʲeː:tʲɪ]
zondaar (de)	nuodėmìngas (v)	[nʊadʲeː:'mʲɪngas]
zondares (de)	nuodėmìngoji (m)	[nʊadʲeː:'mʲɪngojɪ]

hel (de)	prãgaras (v)	['pra:garas]
paradijs (het)	rõjus (v)	['ro:jʊs]
Jezus	Jézus (v)	['je:zʊs]
Jezus Christus	Jézus Krìstus (v)	['je:zʊs 'krʲɪstʊs]
Heilige Geest (de)	Šventóji dvasià (m)	[ʃvʲɛn'to:jɪ dva'sʲæ]
Verlosser (de)	Išganýtojas (v)	[ɪʃga'nʲi:to:jɛs]
Maagd Maria (de)	Diẽvo Mótina (m)	['dʲɛvɔ 'motʲɪna]
duivel (de)	Vélnias (v)	['vʲɛlʲnʲæs]
duivels (bn)	vélniškas	['vʲɛlʲnʲɪʃkas]
Satan	Šėtõnas (v)	[ʃe:'to:nas]
satanisch (bn)	šėtõniškas	[ʃe:'to:nʲɪʃkas]
engel (de)	ángelas (v)	['angʲɛlʲas]
beschermengel (de)	ángelas-sárgas (v)	['angʲɛlʲas-'sargas]
engelachtig (bn)	ángeliškas	['angʲɛlʲɪʃkas]
apostel (de)	apãštalas (v)	[a'pa:ʃtalʲas]
aartsengel (de)	archãngelas (v)	[ar'xangʲɛlʲas]
antichrist (de)	Antikrìstas (v)	[antʲɪ'krʲɪstas]
Kerk (de)	Bažnýčia (m)	[baʒ'nʲi:tʂʲæ]
bijbel (de)	bìblija (m)	['bʲɪblʲɪjɛ]
bijbels (bn)	biblijìnis	[bʲɪblʲɪ'jɪnʲɪs]
Oude Testament (het)	Senàsis Testameñtas (v)	[sʲɛ'nasʲɪs tʲɛsta'mʲɛntas]
Nieuwe Testament (het)	Naujàsis Testameñtas (v)	[nɑʊ'jasʲɪs tʲɛsta'mʲɛntas]
evangelie (het)	Evangèlija (m)	[ɛvan'gʲɛlʲɪjɛ]
Heilige Schrift (de)	Šveñtas rãštas (v)	['ʃvʲɛntas 'ra:ʃtas]
Hemel, Hemelrijk (de)	Dangùs (v),	[dan'gʊs], [dan'gɑʊs
	Dangaũs Karalỹstė (m)	kara'lʲi:stʲe:]
gebod (het)	įsãkymas (v)	[i:'sa:kʲɪ:mas]
profeet (de)	prãnašas (v)	['pra:naʃas]
profetie (de)	pranašỹstė (m)	[prana'ʃɪ:stʲe:]
Allah	Alãchas (v)	[a'lʲa:xas]
Mohammed	Magomètas (v)	[mago'mʲɛtas]
Koran (de)	Korãnas (v)	[kɔ'ra:nas]
moskee (de)	mečètė (m)	[mʲɛ'tʂʲɛtʲe:]
moellah (de)	mulà (m)	[mʊ'lʲa]
gebed (het)	maldà (m)	[malʲda]
bidden (ww)	meĺstis	['mʲɛlˀstʲɪs]
pelgrimstocht (de)	maldininkỹstė (m)	[malʲdʲɪnʲɪn'kỹstʲe:]
pelgrim (de)	maldinĩnkas (v)	[malʲdʲɪ'nʲɪŋkas]
Mekka	Mekà (m)	[mʲɛ'ka]
kerk (de)	bažnýčia (m)	[baʒ'nʲi:tʂʲæ]
tempel (de)	šventóvė (m)	[ʃven'tovʲe:]
kathedraal (de)	kãtedra (m)	['ka:tʲɛdra]
gotisch (bn)	gòtiškas	['gotʲɪʃkas]
synagoge (de)	sinagogà (m)	[sʲɪnago'ga]

moskee (de)	mečetė (m)	[mᴊɛ'tsᴊɛtᴊeː]
kapel (de)	koplyčià (m)	[kɔplᴊiː'tsᴊæ]
abdij (de)	abãtija (m)	[a'baːtᴊɪjɛ]
nonnenklooster (het)	vienuolýnas (v)	[vᴊiɛnʋɑ'lᴊiːnas]
mannenklooster (het)	vienuolýnas (v)	[vᴊiɛnʋɑ'lᴊiːnas]

klok (de)	vařpas (v)	['varpas]
klokkentoren (de)	vařpinė (m)	['varpᴊɪnᴊeː]
luiden (klokken)	skambinti	['skambᴊɪntᴊɪ]

kruis (het)	krỹžius (v)	['krᴊiːʒᴊʊs]
koepel (de)	kùpolas (v)	['kʋpolᴊas]
icoon (de)	ikonà (m)	[ɪko'na]

ziel (de)	síela (m)	['sᴊiɛlᴊa]
lot, noodlot (het)	likìmas (v)	[lᴊɪ'kᴊɪmas]
kwaad (het)	blõgis (v)	['blᴊoːgᴊɪs]
goed (het)	gěris (v)	['gᴊeːrᴊɪs]

vampier (de)	vampỹras (v)	[vam'pᴊiːras]
heks (de)	rãgana (m)	['raːgana]
demoon (de)	dèmonas (v)	['dᴊɛmonas]
geest (de)	dvasià (m)	[dva'sᴊæ]

verzoeningsleer (de)	atpirkìmas (v)	[atpᴊɪr'kᴊɪmas]
vrijkopen (ww)	išpìrkti	[ɪʃpᴊɪrktᴊɪ]

mis (de)	pãmaldos (m dgs)	['paːmalᴊdos]
de mis opdragen	tarnáuti	[tar'nɑʋtᴊɪ]
biecht (de)	išpažintìs (m)	[ɪʃpaʒᴊɪn'tᴊɪs]
biechten (ww)	atlìkti išpažintį	[at'lᴊɪːktᴊɪ 'iːʃpaʒᴊɪntᴊɪː]

heilige (de)	šventàsis (v)	[ʃvᴊɛn'tasᴊɪs]
heilig (bn)	švéntintas	['ʃvᴊɛntᴊɪntas]
wijwater (het)	šveñtas vanduõ (v)	['ʃvᴊɛntas van'dʋa]

ritueel (het)	ritualas (v)	[rᴊɪtʋ'aːlᴊas]
ritueel (bn)	ritualinis	[rᴊɪtʋ'aːlᴊɪnᴊɪs]
offerande (de)	aukójimas (v)	[ɑʋ'koːjɪmas]

bijgeloof (het)	prietaringùmas (v)	[prᴊiɛtarᴊɪn'gʋmas]
bijgelovig (bn)	prietaríngas	[prᴊiɛta'rᴊɪngas]
hiernamaals (het)	pomirtìnis gyvẽnimas (v)	[pomᴊɪr'tᴊɪnᴊɪs gᴊiː'vᴊænᴊɪmas]
eeuwige leven (het)	ámžinas gyvẽnimas (v)	['amʒᴊɪnas gᴊiː'vᴊænᴊɪmas]

DIVERSEN

198. Diverse nuttige woorden

achtergrond (de)	fonas (v)	['fonas]
balans (de)	balánsas (v)	[ba'lʲansas]
basis (de)	bāzė (m)	['baːzʲeː]
begin (het)	pradžià (m)	[prad'ʒʲæ]
beurt (wie is aan de ~?)	eilė̃ (m)	[ɛɪ'lʲeː]

categorie (de)	kategòrija (m)	[katʲɛ'gorʲɪjɛ]
comfortabel (~ bed, enz.)	patogùs	[pato'gʊs]
compensatie (de)	kompensācija (m)	[kɔmpʲɛn'saːtsʲɪjɛ]
deel (gedeelte)	dalìs (m)	[da'lʲɪs]

deeltje (het)	dalelýtė (m)	[dalʲɛ'lʲiːtʲeː]
ding (object, voorwerp)	dáiktas (v)	['dʌɪktas]
dringend (bn, urgent)	skubùs	[skʊ'bʊs]
dringend (bw, met spoed)	skubiaĩ	[skʊ'bʲɛɪ]
effect (het)	efèktas (v)	[ɛ'fɛktas]

eigenschap (kwaliteit)	savýbė (m)	[sa'vʲiːbʲeː]
einde (het)	pabaigà (m)	[pabʌɪ'ga]
element (het)	elemeñtas (v)	[ɛlʲɛ'mʲɛntas]
feit (het)	fāktas (v)	['faːktas]
fout (de)	klaidà (m)	[klʲʌɪ'da]

geheim (het)	paslaptìs (m)	[paslʲap'tʲɪs]
graad (mate)	láipsnis (v)	['lʲʌɪpsnʲɪs]
groei (ontwikkeling)	augìmas (v)	[ɑʊ'gʲɪmas]
hindernis (de)	ùžtvara (m)	['ʊʒtvara]
hinderpaal (de)	kliū̃tis (m)	['klʲuːtʲɪs]

hulp (de)	pagálba (m)	[pa'galʲba]
ideaal (het)	ideālas (v)	[idʲɛ'aːlʲas]
inspanning (de)	pāstangos (m dgs)	['pa:stangos]
keuze (een grote ~)	pasirinkìmas (v)	[pasʲɪrʲɪŋ'kʲɪmas]
labyrint (het)	labirìntas (v)	[lʲabʲɪ'rʲɪntas]

manier (de)	bū̃das (v)	['buːdas]
moment (het)	momeñtas (v)	[mo'mʲɛntas]
nut (bruikbaarheid)	naudà (m)	[nɑʊ'da]
onderscheid (het)	skìrtumas (v)	['skʲɪrtʊmas]

ontwikkeling (de)	výstymas (v)	['vʲiːstʲiːmas]
oplossing (de)	sprendìmas (v)	[sprʲɛn'dʲɪmas]
origineel (het)	originālas (v)	[orʲɪgʲɪ'naːlʲas]
pauze (de)	páuzė (m)	['pɑʊzʲeː]
positie (de)	pozìcija (m)	[po'zʲɪtsʲɪjɛ]
principe (het)	prìncipas (v)	['prʲɪntsʲɪpas]

probleem (het)	problemà (m)	[problʲɛ'ma]
proces (het)	procèsas (v)	[pro'tsʲɛsas]
reactie (de)	reãkcija (m)	[rʲɛ'a:ktsʲɪjɛ]

reden (om ~ van)	priežastìs (m)	[prʲiɛʒas'tʲɪs]
risico (het)	rìzika (m)	['rʲɪzʲɪka]
samenvallen (het)	sutapìmas (v)	[suta'pʲɪmas]
serie (de)	sèrija (m)	['sʲɛrʲɪjɛ]

situatie (de)	situãcija (m)	[sʲɪ'tua:tsʲɪjɛ]
soort (bijv. ~ sport)	rū̃šis (m)	['ru:ʃɪs]
standaard (bn)	standártinis	[stan'dartʲɪnʲɪs]
standaard (de)	standártas (v)	[stan'dartas]
stijl (de)	stìlius (v)	['stʲɪlʲus]

stop (korte onderbreking)	sustojìmas (v)	[susto'jɪmas]
systeem (het)	sistemà (m)	[sʲɪstʲɛ'ma]
tabel (bijv. ~ van Mendelejev)	lentẽlė (m)	[lʲɛn'tʲælʲe:]
tempo (langzaam ~)	tem̃pas (v)	['tʲɛmpas]
term (medische ~en)	tẽrminas (v)	['tʲɛrmʲɪnas]

type (soort)	tìpas (v)	['tʲɪpas]
variant (de)	variántas (v)	[varʲɪ'jantas]
veelvuldig (bn)	dãžnas	['da:ʒnas]
vergelijking (de)	palýginimas (v)	[pa'lʲi:gʲɪnʲɪmas]
voorbeeld (het goede ~)	pavyzdỹs (v)	[pavʲi:z'dʲi:s]

voortgang (de)	progrèsas (v)	[pro'grʲɛsas]
voorwerp (ding)	objèktas (v)	[ob'jɛktas]
vorm (uiterlijke ~)	fòrma (m)	['forma]
waarheid (de)	tiesà (m)	[tʲiɛ'sa]
zone (de)	zonà (m)	[zo'na]

www.ingramcontent.com/pod-product-compliance
Lightning Source LLC
LaVergne TN
LVHW051310080426
835509LV00020B/3212